Schriftenreihe
des Evangelischen Regionalverbandes
Frankfurt am Main

Nr. 12

DIE KIRCHE IN FRANKFURT AM MAIN
IM WANDEL DER ZEITGESCHICHTE

Von den Anfängen bis zur Reformation

Ernst Schäfer

ISSN 0344-3957
ISBN 3-922179-12-6

Inhaltsverzeichnis

In Memoriam
Walter Adlhoch
Stadtpfarrer
(Plebanus)
in Frankfurt am Main

Die Kirche in Frankfurt am Main im Wandel der Zeitgeschichte

A. Vorwort

Von den Anfängen bis zur Reformation

Mit dem vorliegenden Band wird der Versuch unternommen, eine Geschichte der Kirche in Frankfurt am Main aufzuzeichnen. Dies geschieht aus ökumenischer Sicht und beginnt darum mit der Darstellung christlichen Glaubens und Lebens seit den Anfängen der Stadtgeschichte.

Dabei soll und muß aber das christliche Leben und kirchliche Werden in den allgemeinen zeitgeschichtlichen Ablauf und Wandel in der Stadt einbezogen und auf dem Hintergrund der jeweiligen geschichtlichen Ereignisse sowie der sie gestaltenden und prägenden Persönlichkeiten dargestellt werden.

Damit soll dieses Buch das Interesse des Lesers für die Geschichte der Kirche in der Stadt Frankfurt wecken und beleben.

Um dies dem Leser zu erleichtern, ist in einem zweiten Teil der Darstellung eine Sammlung zeitgenössischer Quellen beigefügt, die es ermöglicht, sich intensiver mit der Zeitgeschichte, ihrer Umwelt und den Hintergründen zu befassen.

Die im Anhang zugefügte Auswahl an Sagen und Geschichten soll schließlich das geschichtliche Geschehen lebendiger und damit bunter erscheinen lassen.

Das Buch ist bewußt so gestaltet, daß es das Interesse einer für das kirchliche Leben in der Stadt Frankfurt aufgeschlossenen Leserschaft wecken und vertiefen soll und auch im Geschichts-, Religions- und Konfirmandenunterricht oder in der Gemeindearbeit verwendet werden kann. Indem hier die gemeinsame geschichtliche und kirchliche Entwicklung dargestellt wird, soll das ökumenische Miteinanderleben und -umgehen in unserer Stadt gefördert werden.

Darum ist dieser Band auch dem Andenken des 1985 verstorbenen Stadtpfarrers, des „Plebanus" des ehemaligen St. Bartholomäusstiftes, Monsignore Walter Adlhoch, in dankbarer Verbundenheit ökumenischen Wirkens gewidmet.

Der Rahmen der Darstellung ist so gezogen, daß kirchengeschichtliche Entwicklungen und Persönlichkeiten, die sie hervorgerufen oder beeinflußt haben, auch wenn sie Frankfurt und seine Stadtgeschichte nur mittelbar berühren, um des Gesamtzusammenhangs willen aufgenommen wurden. Die Herausgabe dieses Bandes einer Frankfurter Kirchengeschichte in der Schriftenreihe des Ev. Regionalverbandes Frankfurt am Main wurde durch eine Spende der Stadt Frankfurt am Main mitermöglicht, für die ich Herrn Stadtkämmerer Ernst Gerhardt herzlich danke.

Ernst Schäfer

Frankfurt am Main, im Frühjahr 1987

1. Die Geschichte der Stadt Frankfurt am Main

In diesem Kapitel der Geschichte der Kirche in der Stadt Frankfurt soll dem Leser ein kurzgefaßter Überblick über das geschichtliche Geschehen und die damit verbundene Entwicklung der Stadt gegeben werden. Dies soll dem besseren Verständnis der folgenden Kapitel dienen, in denen dann diese Entwicklung eingehender aufgezeigt wird.

Ausgrabungen zwischen Dom und Römerberg zeigen uns an, daß sich hier im ersten nachchristlichen Jahrhundert ein römisches Kastell befand, das wohl die Aufgabe besaß, die Furt durch den Main zu sichern. Man hat Ziegel mit dem Stempel der 14. Legion gefunden, die dies bestätigen. Römische Städte waren damals Mainz (Moguntiacum) und Nida. So wie man heute bei dem rekonstruierten Kastel ,,Saalburg'' sehen kann, siedelten sich um die größeren Kastelle Händler, Handwerker und Wirte an. Dies dürfen wir wohl auch für das Kastell am Main annehmen.

Von einem ,,ältesten Frankfurt'', einer Ansiedlung im Bereich des Domhügels und des Römerberges, können wir aber erst in der karolingischen Zeit reden, als Karl der Große hier eine königliche Pfalz errichtet hatte, um die herum eine Ansiedlung von Bediensteten, sogenannten ,,Ministerialen'', Handwerkern und Händlern entstanden war. Diese muß allerdings 794 bereits so groß gewesen sein, daß die Besucher der Reichsversammlung und Synode dieses Jahres untergebracht und versorgt werden konnten. Frankfurt wurde damals bereits ,,locus celeber'', das heißt also ,,Berühmter Platz'' genannt, denn hier befand sich eine kaiserliche Münze. Als Handelsplatz am Schnittpunkt wichtiger Handelsstraßen gewann der Ort mehr und mehr an Ansehen und Bedeutung.

Karls Sohn Ludwig der Fromme (814 - 40) weilte oft und gern in der königlichen Pfalz und errichtete in ihr neue Gebäude. Ludwig der Deutsche (840 - 76) erhielt im Vertrag zu Verdun 843 das Ostfrankenreich mit der Hauptstadt Frankfurt und ließ in ihr an Stelle der Pfalzkapelle die Sankt Salvatorkirche erbauen.

Die Bedeutung, die Frankfurt unter den Karolingern gewonnen hatte, zuletzt sogar als Hauptstadt des Ostfrankenreiches, trat dann jedoch unter den sächsischen Kaisern zurück, obwohl auch sie sich in Frankfurt aufhielten. So etwa Otto der Große, als er sich Weihnachten 941 hier mit seinem

Bruder Heinrich aussöhnte und als er 951 einen Reichstag abhielt. Der letzte der Sachsenkaiser, Heinrich II. (1002 - 24), ließ 1007 auf einer Synode in Frankfurt das Bistum Bamberg errichten.

Von den salischen Kaisern hielt Konrad II (1024 - 39) im Jahre 1027 in der St. Salvatorkirche eine Synode ab. Er machte die Lehen seiner Fürsten und Ritter erblich, um dadurch den Adel fester an die Krone zu binden. Dies erschien in den sich anbahnenden Auseinandersetzungen zwischen Kaiser- und Papsttum nötig. Dieser Streit erreichte unter Heinrich IV. (1056 - 1106) einen Höhepunkt durch den päpstlichen Bann gegen den Kaiser, von dem dieser nur durch einen Gang nach Canossa (1077) gelöst werden konnte. Die Synode 1069 in Frankfurt hatte diese Zuspitzung der Auseinandersetzung bereits angezeigt.

Wenn Frankfurt in dieser Zeit auch keine besondere politische Bedeutung besaß, so war jedoch ihr Ansehen als wichtiger Handelsplatz gewachsen. Aus dem Markt am Kirchweihfest der St. Salvator- und späteren St. Bartholomäuskirche war bereits eine Messe geworden, die mit Markt- und Asylrecht unter dem königlichen Schutz des Messefriedens stand und dadurch auch für den Fernhandel eine große Anziehungskraft besaß.

Durch das Geschlecht der Staufer erhielt Frankfurt dann aber auch wieder mehr politisches Gewicht in der deutschen Reichsgeschichte. Konrad III. (1138 - 52) begegnete Bernhard von Clairvaux in der St. Salvatorkirche und wurde von ihm bedrängt, am Kreuzzug teilzunehmen.

Mit der Wahl Friedrichs I. Barbarossa zum deutschen König in Frankfurt wurde die Stadt zum Wahlort der deutschen Könige. Als ein Mittelpunkt des politischen Geschehens erstrahlte die Stadt im Glanz ritterlichen Lebens. Der Zuzug neuer Bürger machte eine Stadterweiterung notwendig, so daß in der Mitte des zwölften Jahrhunderts ein zweiter Mauerring, die „Staufenmauer" erbaut wurde.

Während des Reichstages, der 1220 in der Stadt tagte, machte Kaiser Friedrich II (1215 - 50) den Schultheiß der königlichen Pfalz zum Verwalter der gesamten Stadt und unterstellte ihm die Einwohnerschaft mit Ausnahme der zum Bartholomäusstift gehörenden Leute.

Frankfurt war nun eine königliche Stadt mit freien Bürgern. Es war weder dem Bartholomäusstift noch einem der Fürsten aus dem Umland gelungen, die Stadt in ihre Abhängigkeit zu bringen.

Nicht nur durch seine günstige Lage am Schnittpunkt vieler Handelsstraßen, sondern auch durch die Verbindungen der Staufer nach Italien wuchs in dieser Zeit die wirtschaftliche und handelspolitische Bedeutung der Stadt. Kaiser Friedrich stellte die Messe unter seinen Schutz und erließ ein Landfriedensgesetz. Ein königliches Schöffengericht, aus Ministerialen und vornehmen Bürgern gebildet, sorgte für Recht und Ordnung. Das „Frankfurter Recht" diente vielen Städten als Vorbild. In der Auseinandersetzung zwischen König- und Papsttum stand Frankfurt treu auf der Seite der Hohenstaufen, denen es ja so viel für seine Entwicklung verdankte. Erst nach dem Aussterben der Hohenstaufen öffnete sich die Stadt dem Gegenkönig Wilhelm von Holland (1247 - 56), der aber so klug war, sich nicht an der Stadt für ihre Gegnerschaft zu rächen.

Frankfurt war und blieb die freie, königliche Stadt, die Messestadt, die von dem königlichen Beamten, dem Schultheiß, geleitet wurde.

Seit dem Ende des dreizehnten Jahrhunderts gab es dann aber neben dem Schultheiß und den Schöffen auch einen „Rat der Stadt" mit zwei jährlich neugewählten Bürgermeistern an seiner Spitze. Waren zunächst nur die reichen Kaufleute und Grundbesitzer Mitglieder des Rates, so kamen mit der Zeit auch Handwerker aus den Zünften dazu, insgesamt zweiundvierzig Mitglieder. Schließlich bestand der Rat aus drei „Bänken", von denen die erste mit den Schöffen, die zweite mit Patriziern und die dritte von den Zünften besetzt waren.

Gegen die immer wieder vorkommenden Überfälle und Übergriffe der Fürsten und Ritter schloß Frankfurt einen Bund mit den Städten Friedberg, Gelnhausen, Wetzlar und Oppenheim, die freie Reichsstädte waren. Im Thronstreit zwischen Ludwig dem Bayern (Wittelsbach) und Friedrich dem Schönen (1314 - 30 Habsburg) hielt Frankfurt zu Ludwig, blieb ihm auch in der Auseinandersetzung mit dem Papst treu, und ertrug zwanzig Jahre lang das Interdikt, das Verbot sämtlicher kirchlicher Handlungen. Ludwig hat dafür seinerseits den Frankfurtern diese Treue durch die Verleihung vieler Privilegien, wie etwa der Zollfreiheit im gesamten Reich, belohnt. Auf Betreiben des Papstes war 1346 Karl IV. von Luxemburg-Böhmen (1347 - 78) zum Gegenkönig gewählt worden. Als Kaiser Ludwig 1347 starb, wählte ein Teil der Kurfürsten Günther von Schwarzburg zum Gegenkönig gegen Karl IV. Frankfurt ließ Günther in seine Mauern und stellte sich damit gegen Karl. Günther von Schwarzburg aber dankte zugunsten Karls ab und verstarb zu Frankfurt. Die Stadt mußte sich nun Karl IV. öffnen. Karl rächte sich aber nicht an der Stadt für ihre gegnerische Haltung, sondern bestätigte ihr, allerdings gegen eine Geldbuße, alle ihre Rechte und Privilegien. Ja, mehr noch: die Regierungszeit Karls IV. wurde für Frankfurt von großer Bedeutung. Karl ernannte seinen Freund, den Frankfurter Patrizier Siegfried zum Paradies, gegen den Widerstand des Schultheißen Ulrich von Hanau, der auch Landvogt der Wetterau war, sowie der Schöffen und des Rates zuerst zum Schöffen und bald darauf sogar zum Schultheiß. Siegfried durfte das Schultheißenamt und den Reichsforst Dreieich von Ulrich von Hanau, dem beides verpfändet war, einlösen und erwerben. 1372 trat er dann beides mit Zustimmung des Kaisers an die Stadt Frankfurt ab. Nun war Frankfurt eine „Freie Reichsstadt", deren Schultheiß vom Rat der Stadt gewählt wurde. Lediglich eine jährliche Stadtsteuer war noch an den Kaiser zu zahlen. Aller Einnahmeüberschuß konnte nun für städtische Belange verwandt werden. Sogar die städtischen Juden, die „Kaiserlichen Kammerknechte", hatte die Stadt dem Kaiser abgekauft und konnte sie nun selbst besteuern.

Durch die „Goldene Bulle" von 1356 war Frankfurt schließlich zur offiziellen Wahlstadt der deutschen Könige geworden.

Zu dieser Zeit hatte Frankfurt etwa zehntausend Einwohner, die dicht gedrängt zusammenwohnten. Die Straßen waren enge Gassen, meist ungepflastert und schmutzig. Die Häuser, meist Fachwerkbauten mit Strohdächern, waren schmal mit überhängenden Stockwerken. Pestseuchen wüteten im vierzehnten Jahrhundert in der Stadt, begünstigt durch verseuchte Brunnen, Ställe und Misthaufen. Mauern mit Wehrtürmen und Wassergräben davor schützten die Stadt gegenFeinde, und die wehrhaften Bürger verteidigten sie.

In der Fehde mit den Rittern und Fürsten der Wetterau und Umgebung und ihren Verbündeten verloren die Frankfurter aber 1389 die Schlacht vor Kronberg und mußten nun die vielen Gefangenen loskaufen. Die Schulden dafür lasteten lange und schwer auf der Stadt. Steuern und Abgaben mußten erhöht und gegen viel Widerstand sogar die Geistlichen zu Steuern mit herangezogen werden.

Mit dem ausgehenden vierzehnten und im beginnenden fünfzehnten Jahrhundert bildete sich in der Stadt eine umfassende Verwaltung, die sowohl für die Verteidigung und Vertretung der Stadt nach außen, wie auch für Recht, Schutz und Ordnung im Inneren zu sorgen hatte und der die Verantwortung für Handel und Wandel, Gesundheitswesen und Fürsorge, aber auch für Kunst, Wissenschaft und kulturelle Belange der Bürger oblag. Dabei waren die Ratsherren ehrenamtlich die Aufsichtsführenden der verschiedenen Ämter.

Die Bedeutung der beiden Frankfurter Messen im Frühjahr und im Herbst wuchs ständig, und da es wegen des durch die politische Unsicherheit gefährdeten Geldtransportes üblich geworden war, mit Wechseln zu bezahlen, wurde Frankfurt mehr und mehr zum großen Wechselmarkt. Dazu hatte der Rat das Recht erworben, Silbermünzen zu prägen und gründete nun im fünfzehnten Jahrhundert sogar eine eigene Bank zur Abwicklung dieses Geld- und Wechselverkehrs sowie der Kredit- und Darlehensgeschäfte. Bedeutende, reiche Patrizier vertraten die Interessen und Belange der Stadt auf den Reichstagen nach außen und als Anhänger des Humanismus auch im Inneren des Stadtgeschehens. Namen wie Dr. Ludwig zum Paradies, Jakob Heller, Hamman von Holzhausen, Philipp Fürstenberger, sowie die Stalburgs und Melems sind hier zu nennen.

2. Überblick der Geschichte der Kirche in Frankfurt am Main

Auch in diesem Kapitel soll dem Leser zunächst ein allgemeiner Überblick über die kirchliche Entwicklung in Frankfurt gegeben werden, der dann in den folgenden Kapiteln näher erläutert und untersucht wird. In den römischen Städten in Gallien und Germanien und auch vereinzelt unter den römischen Soldaten hat es bereits Christen gegeben. Ob dies aber auch auf die kleine Ansiedlung um das römische Kastell am Main zutraf, ist sehr ungewiß. So kam der christliche Glaube wohl zuerst durch die Mission der Iro-schottischen Mönche, an die zum Beispiel heute noch der Ortsname „Schotten" erinnert und durch die Landnahme der bereits Christen gewordenen Franken in unser Gebiet.

Von Anfang an waren aber die geschichtliche und die kirchliche Entwicklung Frankfurts eng miteinander verbunden.

Bereits 794 fand unter dem Vorsitz Kaiser Karls des Großen in der königlichen Pfalz zu Frankfurt ein bedeutendes Konzil statt, an dem päpstliche Legaten teilnahmen. In der Pfalz und der Ansiedlung um sie herum wurden die Teilnehmer untergebracht und versorgt.

Ludwig der Deutsche (840 - 76) ließ dann an Stelle der Pfalzkapelle, in der die Synode stattgefunden hatte, die größere Sankt Salvatorkirche erbauen und 852 von dem Mainzer Erzbischof Hrabanus Maurus, dem bedeutendsten Gelehrten jener Zeit, einweihen. Ludwig errichtete an St. Salvator ein Kollegiatstift, in dem 12 Kleriker lebten. St. Salvator war aber zugleich auch die Pfarrkirche für die Einwohner der Stadt und Sachsenhausens.

Das Stift wurde mit reichen Schenkungen bedacht, die Karl der Dicke (876 - 87) noch um die Zehnten von den Kammergütern Frankfurt, Trebur und Ingelheim erweiterte. Von dem sächsischen Kaiser Otto III. (983 - 1002) erhielt das Stift die Schenkung aller am Freitag im Main gefangenen Fische. Im Jahre 1007 wurde auf einer Kirchenversammlung in St. Salvator durch Kaiser Heinrich II. (1002 - 24) das Bistum Bamberg gegründet.

In der Regierungszeit Konrads II. (1024 - 39) und Heinrichs IV. (1056 - 1106) fanden zu Frankfurt wichtige Synoden statt.

Der Hohenstaufer Konrad III. (1138 - 52) begegnete in der St. Salvatorkirche dem gewaltigen Prediger Bernhard von Clairvaux, der ihn 1142 mit leidenschaftlichen Worten zur Teilnahme am Kreuzzug zu bewegen versuchte.

Im dreizehnten Jahrhundert, während der Regierungszeit der Staufer, begann in der größer und wohlhabender gewordenen Stadt eine Blütezeit des kirchlichen Lebens, ausgelöst durch die von den Kreuzzugsideen entzündete Frömmigkeit und bestimmt oder beeinflußt durch die Reformen des Mönchtums und das Entstehen neuer Orden, die nach den altchristlichen Idealen lebten.

Kaiser Friedrich II. (1215 - 50) überließ der Stadt einen Bauplatz für eine Kapelle am Mainufer, die zuerst dem Heiligen Georg und der Jungfrau Maria, später aber auch dem Heiligen Leonhard, geweiht wurde. Dieser Kirche schloß sich 1317 ein Stift an, das zweite in Frankfurt.

Die neuentstandenen Orden errichteten in der Stadt Niederlassungen.

Bereits 1221 kam der ritterliche Deutsche Orden nach Sachsenhausen und übernahm das von Kuno von Münzenberg hier gegründete Hospital. Als erster der neuen Bettelorden kamen 1233 die Dominikaner in die Stadt und begannen auf einem ihnen vom Rat der Stadt überlassenen Gelände mit dem Bau eines Klosters und einer Kirche, die aber erst 1280 fertiggestellt war. Den Dominikanern folgten 1246 die Karmeliter, die ebenfalls ein Kloster samt einer Kirche bauten. Aber auch bei ihnen zog sich der Kirchbau sehr lange hin. Der Grund dafür war: Kloster und Kirche wurden aus Spenden, Opfergaben und Stiftungen erbaut. Päpstliche und bischöfliche Ablässe mußten dazu ausgeschrieben werden. Immerhin ist aber die reiche Opferbereitschaft ein Ausdruck der mittelalterlichen Frömmigkeit, deren Verlangen darin gipfelte, sich durch Opfer und gute Werke das Heil und die Seligkeit zu verdienen.

Da die St. Salvatorkirche im Laufe der Jahre baufällig geworden war, wurde 1238 von Papst Gregor IX. ein Ablaß für einen Neubau ausgeschrieben. In dieser Zeit nannte sich das Stift an St. Salvator nach dem Heiligen Bartholomäus, von dem es seit 1215 eine Reliquie besaß.

1264 wurde auch die dem Heiligen Nikolaus von Myra geweihte St. Nikolaikirche erstmals urkundlich erwähnt, ursprünglich wohl eine königliche Hofkapelle, wurde sie im fünfzehnten Jahrhundert zur Ratskirche des Frankfurter Stadtrates.

Ebenfalls im dreizehnten Jahrhundert entstanden Spitäler, die für die gesundheitliche Versorgung der Bürger von großer Bedeutung waren. 1227 entstand das „Spital zum Heiligen Geist."

1228 kamen die „Büßerinnen der Heiligen Maria Magdalena", nach ihrem weißen Ordensgewand auch „Weißfrauen" genannt, nach Frankfurt und gründeten ein Kloster. Als letzter der großen Bettelorden kamen die auch „Barfüßer" genannten Franziskaner und begannen 1271 mit dem Bau eines Klosters. Im Vergleich zu der damaligen Einwohnerzahl der Stadt, die um zehntausend Menschen betrug, bedeutete diese Konzentration von Orden und Geistlichen sowohl eine Vertiefung des religiösen Lebens, als auch eine „Konkurrenz" für das Bartholomäusstift, dem die gesamte geistliche Betreuung der Bürger oblag und das für diese Aufgabe lediglich den „Plebanus", den Stadtpfarrer, mit einigen Vikaren zur Verfügung hatte. So füllten die Orden durch Predigt, Beichte und Seelsorge eine Lücke in der geistlichen Versorgung der Stadt.

Die Orden waren bei der Bevölkerung beliebt und erhielten darum viele Spenden, Stiftungen und Opfergaben.

Aus der religiösen Lebenseinstellung der Bürger entstand durch die Initiative frommer Patrizier das dritte Stift, das „Liebfrauenstift", im Jahre 1325.

Die großen kirchenpolitischen Spannungen zwischen Königtum und Papsttum, die es während der Regierungszeit Ludwigs des Bayern (1314 - 47) mit Papst Johannes VII. gab, wirkten sich auch auf die Stadt Frankfurt und in ihr aus. Der Papst hatte Ludwig mit dem Bann belegt und über die Stadt, die treu zu ihrem Kaiser hielt, das „Interdikt", das heißt das Verbot aller Messen, Sakramente und gottesdienstlichen Handlungen, verhängt, was bei der religiösen Einstellung und Lebenshaltung der Bürger eine sehr harte Strafe war. Trotzdem ertrugen sie zwanzig Jahre lang das Interdikt und standen in Treue auf der kaiserlichen Seite. Die Geistlichkeit der Stadt war in ihrer Haltung gespalten. Die Dominikaner, Karmeliter und die beiden Stifte St. Bartholomäus und St. Liebfrauen entschieden sich für den Papst und die Durchführung des Interdiktes, während die Franziskaner und das St. Leonhardsstift Ludwig treu blieben. Ludwig ließ die Bannbulle öffentlich auf dem Römerberg verbrennen, und Dominikaner und Karmeliter mußten die Stadt verlassen. Sie kamen erst nach der Aufhebung des Interdikts zurück.

Im vierzehnten Jahrhundert lösten die großen Pestepidemien, die ganz Europa heimsuchten und entvölkerten, neue religiöse Bewegungen aus. Es kamen die „Geißler- und Flagellantenzüge", die durch Sühne, Buße und Selbstkasteiung Erlösung von der Pest, der Strafe Gottes, zu erlangen hofften. Schuld für diese Strafe Gottes suchten sie aber auch bei den Juden, weil diese Christus gekreuzigt hatten, und so kam es bei den Geißlerzügen auch immer wieder zu Judenpogromen, wie im Jahre 1349 in Frankfurt.

Nach der Niederlage der Frankfurter 1389 in der Schlacht bei Kronberg durch die vereinigten Ritter und Fürsten, kam es zu großen Auseinandersetzungen zwischen dem Erzbischof Konrad von Mainz und dem Rat der Stadt um die Besteuerung der bis dahin von allen Abgaben befreiten Geistlichen. Um die vielen Gefangenen der verlorenen Schlacht auslösen zu können, hatte sich die Stadt hoch verschuldet und mußte darum alle Steuern erhöhen. Die Steuerfreiheit des Klerus erregte den Ärger der Bürger, und sie forderten Steuern nun auch von der Geistlichkeit. Der Mainzer Erzbischof pochte auf seine Gerichtsbarkeit und verhängte über die Stadt sogar die Exkommunikation. Jetzt hielten die Bettelmönche aber zum Rat und mit Geld, Vermittlung des Papstes und durch den Wechsel im Mainzer Bischofsamt konnte dieser für die Stadt und ihre Messen gefährliche Streit beigelegt werden.

Neben solchem Streit gab es aber auch eine neue tiefe Verinnerlichung des Glaubens und der Frömmigkeit. Dies wird an den „Gottesfreunden" sichtbar, zu denen in dieser Zeit im Deutschordenshaus der „Frankfurter" gehörte, dessen „Theologia deutsch" Martin Luther sehr geschätzt und 1516 neu herausgegeben hat. Aus der Frömmigkeit der Bürger heraus entstand Mitte des vierzehnten Jahrhunderts das St. Katharinenkloster, eine Stiftung des wohlhabenden Wicker Frosch und schließlich zu Beginn des fünfzehnten Jahrhunderts die St. Peterskirche in der Neustadt. Um sie gab es einen Streit mit dem St. Bartholomäusstift um die Einnahmen, Kollekten und dergl., der schließlich durch die Vermittlung des päpstlichen Legaten Nikolaus von Cues zwischen Rat und Stift beigelegt werden konnte. 1453 wurde St. Peter zur „Tochterkirche" von St. Bartholomäus.

Die Spannungen zwischen Rat und Klerus verstärkten sich im ausgehenden fünfzehnten Jahrhundert durch zunehmende Verweltlichung der Kirche bei sinkender Autorität, nicht zuletzt durch das Schisma des Papsttums von 1378 - 1415 mit den Mittelpunkten in Rom und Avignon, von denen aus sich die beiden Päpste mit Bannflüchen belegten. Nicht zufällig verband sich das Zeitalter des Niedergangs päpstlicher Macht und Autorität mit den aufkommenden Reformversuchen. Immer stärker wurde der Ruf nach einer „Reform der Kirche an Haupt und Gliedern". Mit dem religiösen Widerspruch gegen das Papsttum verband sich - vor allem in Frankreich, England und Böhmen auch ein nationaler. In England erhob der Oxforder Theologieprofessor John Wiclif die Heilige Schrift zur Richtschnur des kirchlichen Lehrens und Lebens. Wanderprediger, die „Lollharden", verbreiteten seine Lehren. Tschechische Adlige, die in Oxford studiert hatten, brachten seine Lehren nach Prag mit, wo sie auf fruchtbaren Boden fielen und von Johannes Hus aufgenommen wurden.

Das Konzil von Konstanz (1414 - 18) verurteilte Hus zum Tode, konnte aber weder die wiclifitisch-hussitische Unruhe beilegen noch eine Reform der Kirche herbeiführen. Dies gelang auch nicht auf dem Konzil zu Basel (1431 - 49). Die Päpste strebten nun danach, den Konziliarismus durch den Kurialismus zu überwinden. Der Kirchenstaat wurde zum italienischen

Fürstentum mit dynastischen Interessen der kunstliebenden Renaissance-
päpste. Von Italien aus verbreitete sich eine neue Geistesbildung, die Renaissance oder der Humanismus. An die Stelle der asketischen Weltverneinung
trat das Ideal des Genusses ihrer Schönheit, das seine Kraft zum Teil aus den
wiederentdeckten Schriften der Antike und ihrer Kunst zog. Zu den bedeutendsten deutschen Humanisten zählten: Johann Reuchlin (1455 - 1522)
und Erasmus von Rotterdam (1466 - 1536), die eine Modernisierung der
Theologie erstrebten. Reformen im religiösen Leben wurden auch über die
Schulen durch die „Brüder vom gemeinsamen Leben" versucht, deren
Schule in Magdeburg Martin Luther besucht hatte. Trotz aller noch vorhan-
denen Kirchlichkeit, die sich in Heiligenverehrung, Wallfahrten, der Mit-
gliedschaft in kirchlichen Bruderschaften, einer wachsenden Bedeutung der
Predigt in der Volkssprache und immer noch reichen Opfergaben und Stiftungen äußerte, fehlte es nicht an Kritik der kirchlichen Zustände und blieb
der Ruf nach einer Reform der Kirche lebendig Dabei dachte man aber
nur an die Beseitigung kirchlicher Mißstände, nicht aber an eine Veränderung der religiösen Grundlagen.

3. Die Juden in Frankfurt am Main

a) Die Vorgeschichte:

Mit der Zerstörung des Tempels in Jerusalem im Jahre 70 nach Christus
(n.C.) wurden alle waffenfähigen Juden als Sklaven in alle Gegenden des
römischen Imperiums verschleppt, in dem schon an vielen Plätzen, vor allem
in den Städten, Juden lebten. Mit dem Tempel war nun aber das gottes-
dienstliche Zentrum der jüdischen Religion verlorengegangen. Als Kaiser
Caracalla den Juden dann im Jahre 212 n.C. das römische Bürgerrecht verlieh, wurde die Synagoge die Grundlage ihrer ethnischen und geistlichen
Existenz. In ihrer religiösen Gemeindeverfassung bewahrten sie sich zugleich
auch eine innere Selbstverwaltung. Bereits zu Beginn des vierten nachchristlichen Jahrhunderts gab es jüdische Gemeinden in den römischen
Städten Trier, Köln, Mainz, Worms und Xanten. Christen und Juden lebten hier neben- und miteinander, wobei den Christen allerdings die Ehe mit
Juden verboten war; denn theologisch galt der Grundsatz, daß nun nicht

mehr die Juden, sondern die Christen das „auserwählte Volk Gottes"
seien und die Juden den Christen darum untertan sein müßten, „wie einst
Esau dem jüngeren Jakob."

Auch im wirtschaftlichen Leben der jungen germanischen Staaten nahmen
die Juden eine wichtige Position ein; denn ihre Verbindungen zu den weit-
verbreiteten jüdischen Gemeinden machten sie zu Handelsträgern bis in
den Orient. Als Lieferanten von Königen und Bischöfen betrieben die Juden
überseeischen Handel. Politisch aber hatten sie eine niedere Stellung und
durften keine öffentlichen Ämter bekleiden. Immer wieder wurde auch
der Versuch - sogar mit Gewalt - ihrer Bekehrung unternommen.
Maßgeblich für die Stellung der mittelalterlichen Kirche gegenüber den
Juden wurde um 590 n.C. die Stellungnahme Papst Gregors d. Gr. Er
bestimmte: Die Juden sollten nicht belästigt oder in den Rechten ihrer
Selbstverwaltung oder den Rechten der Judengesetzgebung beschränkt
werden. Sie sollten Religionsfreiheit besitzen. Zwangstaufen lehnte Gregor ab. Bekehrung sollte durch Überzeugung in Liebe erfolgen. Allerdings
verbot er den Juden christliche Sklaven zu besitzen.

Auch die Karolinger schützten die Juden durch königliches Gebot und
duldeten sie als Händler, Kaufleute oder Ärzte, so daß enge Beziehungen
zum König und Adel bestanden. Allerdings war es den Juden verboten
Kirchengut als Pfand, oder christliche Geiseln für Schulden zu nehmen,
und mit Getreide und Wein zu handeln. Die Juden erhielten Schutzbriefe,
gelegentlich einzelne sogar das Bürgerrecht, und mußten dafür den „Judenzehnten" entrichten. Beaufsichtigt wurden sie von dem „Judenmeister".
Trotz alledem blieben die Juden in dem abendländischen Staatswesen
letztlich aber doch Fremde, am Rande der bürgerlichen Gesellschaft, also
zuletzt in einer unklaren Rechtslage.

Das Zeitalter der ottonischen Könige und Kaiser war für die Juden eine
ruhige und friedliche Zeit, in der sie ihre wirtschaftliche Existenz festigen
konnten. Mainz wurde seit dem zehnten Jahrhundert zu einem Hort jüdischer Gelehrsamkeit, Rechts- und Gesetzeskunde. Die Talmudschule des
Rabbi Gerschom ben Jehuda machte die jüdischen Gemeinden des
Abendlandes von den Schulen des Orients unabhängig, und seine Schriften über die Talmudauslegung, die Gesetze über die liturgischen Fragen
formten das europäische Judentum in entscheidender Weise. So konnte

sich das Judentum dem ethisch-sittlichen Leben Europas angleichen. In Worms gab es 1034 die erste erwähnte Synagoge.

Aus Dankbarkeit für die staatliche Loyalität gegenüber den Juden unterstützten diese im Investiturstreit Heinrich IV. und erhielten von ihm dafür wiederum Zollfreiheit in den kaiserlichen Städten, darunter also auch in Frankfurt.

Grundsätzlich garantierten die mittelalterlichen kaiserlichen Judengesetze: Die Erlaubnis zum Geldwechsel, Handel mit Gold und Silber und Arzneimitteln. Sie waren von Zwangseinquartierungen befreit und durften sogar - außer an Sonn- und Feiertagen - christliche Lohnarbeiter beschäftigen. Zwangstaufen waren verboten, und in der Rechtsprechung waren sie den Christen gleichgestellt. Kaiser Friedrich II. bestimmte 1236 den für ganz Deutschland gültigen „Kammerschutz".

b) Die Juden in Frankfurt am Main

Während in den ehemals römischen Städten bereits im frühen Mittelalter jüdische Gemeinden bestanden, trifft dies für Frankfurt erst ab etwa 1150 zu. Darum fanden in Frankfurt im Umfeld des ersten Kreuzzuges auch noch keine Judenpogrome statt. Zum Beginn des zweiten Kreuzzuges hielt Bernhard von Clairvaux in der St. Salvatorkirche und im Hainer Hof seine zündenden Reden, um Konrad III. zur Teilnahme am Kreuzzug zu bewegen. Zugleich versuchte er aber auch die erregte Zuhörermenge von Judenverfolgungen abzuhalten.

Frankfurt hatte sich in das zwölfte Jahrhundert hinein zu einer Handelsstadt entwickelt, auch in der Folge der Kreuzzüge, die Handelsbeziehungen nach Italien und bis in den Orient eröffnet hatten. Dies bedingte den Übergang von der Agrar- zur Geldwirtschaft.

Um 1150 erwähnte Rabbi Elieser ben Nathan in Mainz in seinem Werk „Eben-ha-Eser" Juden in Frankfurt, die zu den Kölner Juden an diesem großen Handelsplatz in Beziehungen standen.

Zu Beginn des dreizehnten Jahrhunderts hören wir von der Einkerkerung mehrerer Juden, die durch den Rabbi Elieser ben Joel durch Lösegeld befreit wurden. Der Rabbi Simon wurde als Prediger erwähnt. Die Juden wohnten im Süden der Stadt, am Main, in der Nähe der Brücke nach Sachsenhausen und an der Fahrgasse nach Westen, also in einem verkehrsreichen

Stadtbezirk, in dem Handel getrieben wurde. Ganz in der Nähe waren hier aber auch die St. Bartholomäuskirche, das Rathaus und die Münze. Sie wohnten also im städtischen Zentrum mit den anderen Bürgern zusammen.

Als Friedrich II. 1236 die Juden unter seinen „Kammerschutz" gestellt hatte, mußten sie wie alle Bürger dem Kaiser eine Jahressteuer zahlen. Die Juden Deutschlands gehörten nun als „Kammerknechte" unmittelbar zur königlichen Kammer und unterstanden damit dem königlichen Schutz. Trotzdem kam es im Jahre 1241 zur „ersten Frankfurter Judenschlacht". Es waren schwierige politische Zeitumstände: Friedrich II. war durch Papst Gregor IX. gebannt, sein Sohn Konrad, der in Deutschland als König regierte, war ein schwacher Herrscher, so daß es unter den Fürsten Machtkämpfe gab. Die Mongolen fielen in Schlesien ein und besiegten Herzog Heinrich den Frommen bei Liegnitz. Viele Gerüchte kursierten im Land. Man sagte, die Mongolen seien der Rest der verlorengegangenen 10 Stämme Israels, sie stellten den Vorläufer des Jüngsten Gerichtes dar, oder auch: im mongolischen Heer befänden sich jüdische Stämme vom Land Chorasan, und die Juden in Deutschland seien so eine Art „Fünfte Kolonne", die die Mongolen unterstütze. Darüber hinaus war es das Jahr Fünftausend der jüdischen Geschichte, und manche jüdischen Gemeinden erwarteten eine allgemeine Umwälzung der Dinge und die Ankunft des Messias. So herrschte eine den Juden gegenüber aufgeheizte Stimmung, die am 29. Mai 1241 in Frankfurt dadurch zum gewalttätigen Ausbruch geriet, daß sich das Gerücht verbreitete, ein jüdischer Jüngling habe sich taufen lassen wollen und sei aber von seinen Eltern und Freunden gewaltsam daran gehindert worden. Dadurch brach der offene Kampf aus, der zwei Tage dauerte und bei dem die Judenhäuser gestürmt, die Bewohner gemartert oder erschlagen wurden und wobei ein Brand ausbrach, der die halbe Stadt einäscherte. Die Synagoge war verwüstet und zwei Lehrhäuser zerstört. Nackte Tote lagen auf der Straße, insgesamt forderte das Pogrom 159 Opfer. Viele Juden, darunter drei Rabbiner, ließen sich aus Angst taufen.

Die Tage des Schreckens gingen vorüber, die Mongolen wurden nach Ungarn zurückgeschlagen, und ihr geheimes Bündnis mit den Juden wurde als Gerücht und bloße Fabel erkannt. Der Mord an den „Königlichen Kammerknechten" wurde streng geahndet. Nun kam für die Frankfurter Bürger

die Ernüchterung, denn Friedrich II. wollte die Frankfurter - allein schon wegen des Steuerausfalls - zur Verantwortung ziehen. Er überließ diesen Fall seinem Sohn Konrad, der die Sache fünf Jahre untersuchte, dann aber schließlich der Stadt verzieh, „da mehr Zufall als böser Wille gewaltet habe". Nun kamen auch wieder Juden, die sich in der Stadt niederließen. Frankfurt war nicht zuletzt durch die Herbstmesse, die Friedrich II. 1240 unter seinen besonderen Schutz gestellt hatte, ein immer wichtiger werdender Handelsplatz. So kamen um 1255 jüdische Einwanderer aus Köln. 1270 wurde ein „Judenfriedhof" außerhalb der Mauer und ab 1288 eine „Judengemeinde" in Frankfurt erwähnt. Sehr hilfreich für die jüdischen Gemeinden war eine Bulle von Papst Innozenz IV. 1247 von Lyon aus, in der er die Kirchenfürsten Frankreichs und Deutschlands ermahnte, sich der verfolgten Juden anzunehmen und sie gegen Anklagen zu verteidigen wie etwa solche: „daß sie zur Passahzeit das Herz eines ermordeten Knaben untereinander verteilten" oder „daß Judenfeinde einen irgendwo gefundenen Leichnam in Judenhäuser warfen, um diese dann zu berauben und dergleichen böse Gerüchte."
Solche Übeltäter bedrohte der Papst mit dem Kirchenbann.
Ostern 1252 wurde bei Mainz ein toter Christenknabe gefunden, und sofort kam das Gerücht auf, „eine christliche Amme habe ihn an die Juden verkauft, und diese hätten sein Blut für das Passahfest gebraucht." Nur das sofortige Eingreifen des Erzbischofs Wernher gegen das beginnende Pogrom verhinderte größeres Unheil. Religiöser Wahn und judenfeindlicher Fanatismus bedrohte auch die Frankfurter Judengemeinde, so daß diese sich schutzflehend an den Schultheiß und den Rat der Stadt wandten und beiden dabei die Bullen von Papst Innozenz IV. und Gregor X. übergaben. Gregor X. hatte 1274 verboten, Juden ohne richterlichen Spruch zu verwunden oder ihrer Güter zu berauben. König Rudolf bestätigte als „Schutzherr" die beiden Bullen.
Adolf von Nassau, Rudolfs Nachfolger 1292 ,lebte nach seiner Wahl in Frankfurt und hielt, da er finanziell sehr schwach war, hier Hof auf Kosten der Bürger, und als diese endlich auf die Zahlung von zwanzigtausend ihm vorgestreckter Silbermark drängten, erhob er sie kurzerhand von den Frankfurter Juden. Da jedoch der Stadtschultheiß Heinrich von Praunheim sich tapfer für die Juden einsetzte, hatte der König nicht den Mut, weiter gegen

die Juden vorzugehen. So sprang denn der Erzbischof von Mainz ein und verpfändete für den König einige Stiftsgüter, und der König bestätigte verärgert erst zwei Jahre nach seiner Wahl die städtischen Privilegien. Die Juden fühlten sich zu dieser Zeit sogar so sicher, daß sie sich weigerten, von Häusern und Grundstücken, die sie erworben hatten, dem Rektor des St. Bartholomäusstiftes die kirchlichen Abgaben zu zahlen. So mußte schließlich Papst Clemens V. eingeschaltet werden, und dieser bestimmte, die Juden müßten entweder die Abgaben zahlen oder die Häuser wieder an Christen verkaufen, woraus ersichtlich ist, daß die Juden damals den Christen in den Besitzverhältnissen gleichgestellt und in das Bürgerbuch der Stadt eingetragen waren. Sie mußten darum auch das Bürgergeld von drei Pfund Heller zahlen.

Seit der Zeit Rudolfs I. war die ,,Kammerknechtschaft'' der Juden völlig ausgebildet. So durften sie zum Beispiel das Reich ohne Zustimmung des Königs nicht verlassen. Unter Ludwig dem Bayern wurden die Juden schließlich rechtlos. Die Judensteuer aber wurde zu einer wichtigen königlichen Einnahme, zumal die Wahlkönige seit Rudolf I. von Habsburg große Summen für Wahl und Krönung benötigten und nur wenig Reichsgut vorhanden war. Die Juden wurden geradezu (n ,,Finanzobjekt'', da man die Judensteuer ja auch verpfänden konnte. Dabei lastete die Steuer auf der Judengemeinde als ganzer, nicht auf dem einzelnen. Steuerobjekt war der bewegliche Besitz, und die Juden hatten eine eigene ,,Einschätzungskommission'' für die jeweils zu Martini fällige Steuer. Außerdem war von je her der ,,Judenzehnte'' zu zahlen, den der Erzbischof von Mainz dafür erhielt, daß er als ,,Erzkanzler'' stellvertretend für den Kaiser den Judenschutz auszuüben hatte. Besonders die Frankfurter Judenschaft wurde dazu herangezogen. Aber auch an die Stadt hatte die Judengemeinde Abgaben zu leisten. 1316 kam die Frankfurter Judenschaft dadurch so sehr in finanzielle Bedrängnis, daß sie von einem Frankfurter Bürger ein Darlehen auf ihre Liegenschaften aufnehmen mußte, das als Grundschuld auf ihre Synagoge, den Friedhof und vor der Stadt gelegene Häuser mit einem Zinssatz von 8 1/3 % eingetragen wurde.

Ludwig der Bayer, der sich in dreiunddreißig Jahren seiner Regierungszeit neunundvierzig mal für meist längere Zeit in Frankfurt aufhielt, besonders weil die Stadt trotz des Interdiktes, mit dem sie seit 1329 belegt war, treu zu ihm stand, verhielt sich den Juden gegenüber sehr wohlwollend und gestattete weitere Ansiedlungen in der Stadt; denn je mehr sich der volkswirtschaftliche Umschwung von der Agrar- zur Geldwirtschaft vollzog, desto weniger konnte man die Juden entbehren. In ihren Händen waren erhebliche Kapitalien. Aber auch Ludwig preßte die Juden aus und belohnte auf ihre Kosten seine Anhänger und Günstlinge, „denn Leib und Gut seiner 'lieben Kammerknechte' gehöre ihm und er dürfe damit handeln wie es ihm gutdünke."

1336/1337 erfolgte eine Judenverfolgung im Elsaß, am Rhein und in Süd- und Westdeutschland „um den Kreuzestod Christi zu rächen". Der Kaiser griff ein, ließ den Anführer hinrichten und ermahnte die Herren um Frankfurt und den Rat der Stadt, die Frankfurter Juden zu schützen, wofür er dann von ihnen wiederum eine hohe Reichssteuer erhob. Ja, schließlich führte er sogar noch eine weitere Steuer, den „güldenen Pfennig" ein. Danach mußte jeder Jude mit seinem zwölften Lebensjahr jährlich einen Gulden „güldenen Opferpfennig" zahlen.

Eine neue Bedrohung der Juden kam mit den um 1348 von Österreich über Bayern heranziehenden Geißlerscharen, deren Fanatismus sich auch gegen die Juden richtete. Hinzu kam die Pest, vor der eine allgemeine Angst und Erregung die Volksmassen befiel und die Schuld bei den Juden, die die Brunnen angeblich vergiftet hätten, suchen ließ. Der König sah dieser Entwicklung untätig zu und überließ die Juden ihrem Schicksal. Karl IV. benötigte nach seiner Wahl zum König viel Geld und verpfändete darum den Grafen von Nassau den „Güldenen Pfennig" von Frankfurt, Gelnhausen und Friedberg. 1349 schloß er einen Vertrag mit dem Rat der Stadt Frankfurt, in dem er gegen die Summe von 15.200 Pfund Heller die Judenschaft der Stadt - über deren Köpfe hinweg - an die Stadt abtrat. Dies kam den Zielen der Stadt im vierzehnten Jahrhundert entgegen, die darauf hinzielten, sowohl den kaiserlichen Boden in und außerhalb der Stadt wie auch alle Regalien und Rechte des Kaisers zu erwerben und dadurch selbständig und Herr auf eigenem Gebiet zu werden. Nun unterstanden die Juden der städtischen Gerichtsbarkeit des Schöffengerichtes. Dazu versprach Karl der Stadt auch noch Straffreiheit bei eventuellen Judenpogromen.

Vergessen worden war aber in diesem Vertrag, den „Güldenen Pfennig" ausdrücklich mit einzubeziehen, so daß es darum in der Folgezeit bis in das fünfzehnte Jahrhundert immer wieder Streit mit Kaiser und Königen gab.

Am 24. Juli 1349 kamen Geißlergruppen in die Stadt und drangen sofort in das Judenquartier ein und setzten es in Brand. Es kam zu einem Pogrom, obwohl Bürger der Stadt dies zu verhindern suchten. Viele Juden wurden getötet, aber schließlich siegten die Bürger über die Geißelbrüder und retteten den Rest der Juden, einige waren auch entkommen und nach Böhmen geflohen. Die Bartholomäuskirche war durch den Brand stark beschädigt. Bedauerlicherweise hatten sich aber auch Frankfurter Bürger an dem Pogrom beteiligt. Die Frankfurter Judengemeinde war zum zweitenmal vernichtet. Die Stadt nahm nun Besitz von dem Grund und Boden der verbrannten Judenhäuser und dem verbliebenen Rest ihrer Habe. Aber auch Orden und Edelleute erhoben Anspruch auf den jüdischen Besitz, so daß die Stadt an Karl IV. appellieren mußte. Schließlich kam ein Kompromiß zwischen der Stadt, dem Erzbischof von Mainz und den Herren von Eppstein und Sachsenhausen zustande, bei dem die Stadt eine Abfindung zahlte. Da nun die Stadt ihrerseits wieder Geld brauchte, war sie an einem erneuten Zuzug von Juden interessiert. Karl IV. genehmigte dies 1360 mit dem Recht, „den Juden Gesetz und Ordnungen zu geben". Allerdings war damit die Verpfändungsurkunde von 1349 erledigt, und die Juden in Frankfurt waren wieder „Kaiserliche Kammerknechte". Zum Ausgleich erhielt aber die Stadt die Hälfte der Frankfurter Judensteuer „zum Unterhalt der Mainbrücke". Mit der Erhebung der Judensteuer beauftragte Karl IV. seinen „lieben Hofgesind und Getreuen", den Patrizier Siegfried zum Paradies. 1360 kamen die ersten acht Juden, ab 1363 dann wieder mehrere und 1365 waren schon wieder zwanzig steuerzahlende Juden in der Stadt. Siegfried zum Paradies, Patrizier und Gegner der die Macht anstrebenden Zünfte, Freund des Kaisers und dadurch Schultheiß der Stadt, fand nun alle, die einen Anspruch auf Geld von den Juden hatten, ab, auch die kaiserliche Steuerhälfte zugunsten der Stadt. So kamen 1372 die Juden endgültig in den Besitz der Stadt. Allerdings stellten die habsburgischen Herrscher trotz aller Proteste der Stadt doch immer wieder Ansprüche an die Frankfurter Juden. Frankfurt war keineswegs an einer Schwächung der jüdischen Steuerkraft, womöglich noch zugunsten des der Stadt feindlich gesonnenen Adels interessiert, zumal sich bei der Stadt die finanziellen Folgen der Cronberger Niederlage in Höhe von dreiundsiebzigtausend Goldgulden für die Freilassung der Gefangenen spürbar niederschlugen. Auf dem Reichstag zu Nürnberg sollte unter dem Sohn und Nachfolger Karls IV., Wenzel, verhandelt werden. Der Rat schickte die Ratsherren Adolf Wisse und Bernhard Neubauer mit einem Fuder Wein und etlichen Schmiergeldern nach Prag zu König Wenzel und ließ sich 1389 von ihm die Verpfändungsurkunde Karls IV. erneut bestätigen.

Als Kaiser Karl IV. am 29. 11. 1378 in Prag verstorben war, folgte auf ihn sein achtzehnjähriger Sohn Wenzel. Er fand ein Reich vor, das in nicht endenwollende Kämpfe und Fehden zwischen Fürsten, Rittern und Städten um die Macht und Vorherrschaft verstrickt war. Die Städte schlossen sich dagegen im Westen im „Rheinischen" und im Süden im „Schwäbischen Bund" zusammen, die Ritter bildeten den „Schlegler Bund", im Süden und den der „Löwenritter" in der Wetterau.

Fürsten, Rittern und Städten gegenüber war das Königtum machtlos. Wenzel versuchte es daher, sich über den Parteien zu halten und die Macht dieser Sonderbündnisse durch gemischte „Landfriedenseinigungen" aller drei Stände auszugleichen. Aber auch in den Städten gab es Machtkämpfe zwischen Patriziern und Zünften, die Zutritt zum Rat und damit zur Stadtregierung erstrebten. Da nun die Juden mit ihrer Kapitalmacht den Rat, von dem sie abhängig waren, stützten, hatten sie die Zünfte gegen sich. Darüber hinaus waren viele Handwerker in den Zünften auch bei den Juden verschuldet. So erschien manchem die Vertreibung oder sogar Vernichtung der Juden ein Ausweg aus dieser Situation zu sein, und es kam hier und dort in Süddeutschland zu Pogromen.

König Wenzel schließlich sah die Juden nur unter dem Aspekt der Ausbeutung, zumal er für seine politischen Pläne große Summen benötigte. Dem allen versuchte er den sozialpolitischen Mantel der Rettung eines tief verschuldeten Volkes umzuhängen. Er versuchte daher 1381, von den Frankfurter Juden den Judenzehnten zu erhalten, wobei ihn Fürsten und Bischöfe unterstützten.

Mit den Städten des „Schwäbischen Bundes" gelang Wenzel 1385 ein erstes „Judenschulden-Tilgungsgesetz". Dabei zahlten ihm achtunddreißig Städte vierzigtausend Gulden und erhielten dafür für zweieinhalb Jahre freie Hand gegen die Juden in der Weise, daß die Schuldner dreiviertel ihrer

Schulden bei Juden nicht an diese, sondern an die Obrigkeit zahlten. Dazu wurden alle Juden verhaftet und ihrer Schuldverschreibungen beraubt. Das machte aber der Rheinische Städtebund so nicht mit, und in Frankfurt widersetzte sich der Schultheiß Siegfried zum Paradies diesem Ansinnen. Die Juden machten dem Rat dafür große Schenkungen. Leider wurde aber die Volksstimmung in der Stadt, von dem Verhalten der süddeutschen Städte beeinflußt, immer judenfeindlicher. Daher ließen die Bürgermeister Hertwin Wisse und Siegfried von Holzhausen die Juden in der Synagoge zusammenkommen und verboten ihnen bei hoher Strafe von hundert Gulden, christliche Mägde und Ammen sowie die Ehe zwischen Juden und Christen.

Nach der Niederlage der Frankfurter 1389 vor Cronberg stellte sich König Wenzel auf die Seite der Fürsten, verlangte die Auflösung der Städtebündnisse und die Rückgabe der Frankfurter Juden an ihn, konnte sich aber nicht durchsetzen. In Süddeutschland gab es aber 1390 ein erneutes „Judenschulden-Tilgungsgesetz", das König, Fürsten und Adel zugute kam.

Die Stadt hatte nun freie Hand in der Judenfrage und konnte 1391 mit Fürsten und Adel einen Vertrag über den Wenzelschen Judenerlaß schließen. Sie forderte alle Schuldbriefe vor 1390 zurück und ließ sich die Zuständigkeit des Frankfurter Gerichts bestätigen. Eine städtische Kommission regelte die Schuldentilgung des stark verschuldeten Adels, und die Juden gingen auf die Kompromisse der Kommission ein, was blieb ihnen auch anderes übrig. Immerhin wurden sie besser behandelt als in anderen Städten, so daß auch kein Jude aus Frankfurt floh.

Auch König Wenzel selbst trat der rasch aufkommenden Meinung, „man könne ja ruhig wieder bei den Juden borgen, es käme doch wieder ein Schuldenerlaß", mit einem Edikt von 1391 entgegen, in dem es hieß: „Der König werde seine Kammerknechte schützen und ein abermaliger Schuldenerlaß käme nicht mehr in Frage. Darüber hinaus dürften die Juden jedes Pfand, das binnen Jahresfrist nicht eingelöst sei, verkaufen."

Als es nun am Rhein wieder zu Ausschreitungen gegen die Juden kam, verbot der Rat dies für Frankfurt unter Strafandrohung. So genossen die Juden leidlichen Schutz. Der Rat bestimmte jedoch die jüdischen Vorsteher der Judengemeinde ohne deren Mitwirkung. Die jüdischen Verhältnisse wurden in „Sättigkeitsstatuten", die ihre Rechte und Pflichten enthielten, geregelt. Weil bereits auf dem IV. Laterankonzil 1215 und dann auf dem Konzil zu Basel 1431 die Einschließung der Juden in besonderen Gettos beschlossen wurde, ordnete Kaiser Friedrich II. 1442 und 1458 an, die Frankfurter Juden aus dem Wohnviertel in der Nähe der St. Bartholomäuskirche zu entfernen. So richtete der Frankfurter Rat 1462 ein jüdisches Getto ein vor der alten Stadtmauer in der Neustadt, der heutigen Börnestraße an dem Rest der Staufenmauer. Sie durften auch nur über eine äußerlich unansehnliche Synagoge verfügen, behielten aber ihre Selbstverwaltung und ihr Gemeindeleben. Häuser und Synagoge waren Eigentum der Stadt.

c) Die Juden in Rödelheim

Im Jahre 1290 erteilte Kaiser Rudolf I. von Habsburg dem früheren Frankfurter Schultheiß Heinrich auf der Reichsburg zu Rödelheim die Erlaubnis, sechs Juden anzusiedeln, die den Frankfurter Juden gleichgestellt waren und Handelserlaubnis erhielten. Auch in Königstein wurden Juden angesiedelt. Die Rödelheimer Juden besaßen eine Synagoge, Schule und Badehaus. Sie gehörten keiner Zunft an und waren von Dienst- und Kriegslasten befreit. Sie waren verpflichtet, besondere Kleidung mit Judenabzeichen zu tragen und lange Bärte zu haben, mußten ohne Stock und Waffen gehen und durften keine christlichen Wirtshäuser betreten, auch keine christlichen Dienstboten haben. 1349 litten sie, wie die Frankfurter Juden, unter den Geißlerbanden. Im fünfzehnten Jahrhundert mußten sie als Leibeigene des Kaisers im Getto einer Judengasse wohnen und sich sonntags still in ihren Häusern verhalten.

4. Das älteste Frankfurt

Während der Regierungszeit des römischen Kaisers Domitian eroberten im Jahre 83 nach Christus (n.C.) fünf römische Legionen mit etwa sechzigtausend Soldaten das Gebiet um den Main sowie die angrenzende Wetterau und unterwarfen die seit etwa 400 v.C. dort ansässigen Kelten und Chatten. Auf dem Taunuskamm befanden sich keltische Fliehburgen mit starken und hohen Ringwällen, deren Überreste heute noch am Altkönig zu sehen sind.

Die Römer eroberten diese Befestigungen durch ihre überlegene Belagerungskunst. So wurde nun das gesamte Gebiet um Main und Wetterau zur römischen Provinz Obergermanien mit der Hauptstadt Mainz.

An der Furt durch den Main errichteten die Römer auf einem von Mainarmen umflossenen und von Sumpfgebieten umgebenen Kalksandsteinhügel ein Kastell, dem sich alsbald auch eine Siedlung von Händlern und Handwerkern anschloß. Das war also das „älteste Frankfurt", eine kleine Siedlung um das römische Kastell an der Mainfurt.

Hier mag es wohl auch die ersten Christen gegeben haben, während bei den römischen Soldaten wohl mehr der Mithraskult verbreitet war, wie das Funde in der Römerstadt Nida und auf der Saalburg ergeben haben. In der Wetterau gab es römische Gutshöfe, an die heute noch Ortschaften mit der Endsilbe „weil" (von dem römischen Wort: villa) erinnern (z.B. „Dortelweil").

Das gesamte Gebiet war durch den Limes mit seinen Kastellen, von denen die Saalburg rekonstruiert wurde, geschützt.

Unter dem ständig zunehmenden Druck der germanischen Stämme räumten jedoch die Römer gegen Ende des dritten Jahrhunderts n.C. das gesamte Gebiet um Main und Wetterau wieder und zogen sich an die Rheingrenze zurück. Nun drangen Alemannen ein. Sie verehrten Wotan und die Asen-Götter in heiligen Hainen und an heiligen Quellen und brachten ihnen Feldfrüchte und Tiere als Opfergaben dar.

Im Jahre 496 n.C. besiegte der Frankenkönig aus dem Geschlecht der Merowinger, Chlodwig, die Alemannen. Fränkische Siedler strömten nun in das Main-Wetteraugebiet ein und gründeten Ortschaften, die heute noch an der Endsilbe „heim" der Ortsnamen zu erkennen sind.

Das große Waldgebiet südlich ddes Mains bis hin zum Rhein und Odenwald wurde als „Reichsforst Dreieich" zum Königsgut.

Auch das am unteren Main eroberte Gebiet wurde Königsgut und durch Kammergüter verwaltet, aus denen dann Meierhöfe als Königshöfe, Königsorte oder Pfalzen mit Königsschlössern entstanden. Sie wurden von königlichen Beamten, den „Ministerialen" verwaltet und mit leibeigenen oder zinspflichtigen Leuten bewirtschaftet. Einige dieser Höfe wurden auch an Ministeriale als Lehen vergeben.

Frankfurt war von Anfang an ein königlicher Ort und königliches Eigentum, die ersten Jahrhunderte unter Leitung königlicher Beamter und ab 1372 bis 1806 als „Freie Reichsstadt". Diese besondere Stellung der Stadt wird aus dem Stadtwappen ersichtlich, das auf rotem Grunde, den weißen, einköpfigen Adler, das Reichswappen, zeigt.

Bereits in der Merowingerzeit war Frankfurt ein Königshof samt Kapelle mit einer kleinen Ansiedlung darum herum.

Die Christianisierung der Franken hatte mit der Bekehrung König Chlodwigs und seiner Taufe durch den Bischof Remigius von Reims begonnen. Die dabei nun neuentstehende fränkische Kirche war eine Landeskirche nach westgotischem Vorbild. Auf sie hatte der König von Anfang an einen sehr großen Einfluß, was sich besonders bei der Besetzung der Bistümer zeigte. Eine weitere Besonderheit der fränkischen Kirche stellen die „Eigenkirchen" dar, die dem jeweiligen Grundherren gehörten, von ihm mit Geistlichen besetzt wurden, eine Sitte, die germanischem Rechtsverständnis entsprach und bis in unsere Zeit in dem „Kirchenpatronat" wirksam geblieben ist.

Von entscheidender Bedeutung für die weitere Entwicklung des fränkischen Kirchentums war aber die Tatsache, daß die Franken nicht wie andere germanische Völker „arianische" Christen wurden, sondern der „katholisch-athanasianischen" Glaubensrichtung angehörten, die auch die römische Papstkirche vertrat. Dies erleichterte wesentlich die Missionsaufgabe der ebenfalls zur athanasianischen Glaubensrichtung gehörenden iro-schotti-schen Mönche, wie etwa Kilians, der mit seinen Gefährten im siebten Jahrhundert an Frankfurt vorbeikam, um sich dann in Würzburg niederzulassen und die des Bonifatius, der im achten Jahrhundert Bischof in Mainz wurde und die Christianisierung der Franken und Chatten zum Abschluß brachte.

Mit Pippin dem Kleinen kamen die Hausmeier der merowingischen Könige auf den fränkischen Thron, von dem sie die Merowinger gewaltsam verdrängten. Sie wurden dabei von Papst Zacharias durch die Krönung Pippins gedeckt. Papst Stephan II. stellte sich dann gegen die in Oberitalien seßhaften Langobarden unter Pippins Schutz und ernannte ihn zum „Patricius Romanorum". Er erhielt dafür die „Pippinsche Schenkung", die zusammen mit der „Konstantinischen Schenkung" die Grundlage für den Kirchenstaat um Rom und Ravenna bildete. So kam schon sehr früh eine enge Verbindung zwischen dem fränkischen Königstum und dem römischen Papst zustande, die auf die Missionsarbeit des Bonifatius Einfluß hatte.

Anmerkungen:

1. Arius: Arius war um 320 n.c. Presbyter in Alexandria und vertrat die theologische Richtung der Schule von Antiochia, die lehrte, Christus sei von Gott als erstes und höchstes Wesen geschaffen und gezeugt worden und darum nicht Gott oder Gott gleich, sondern er sei unter Gott. Bei der Menschwerdung des „Logos", des göttlichen Geistes, habe dieser einen menschlichen Körper, jedoch ohne menschliche Seele, angenommen und sei darum leidensfähig und nicht sittlich vollkommen, dennoch aber unser sittliches Vorbild.

2. Athanasius: Er vertrat demgegenüber in der geistigen Nachfolge des Bischofs Alexander von Alexandria die Lehre: Christus sei „wesenseins" (homoousios) mit Gott. Diese Lehre setzte sich auf dem Konzil von Nicäa 325 n.C. durch, und der Arianismus wurde als Irrlehre verworfen. Er hielt sich aber doch noch lange, da über die Westgoten, deren Apostel der arianische Bischof Wulfila (+ 383 n.C.) war, viele germanische Stämme arianische Christen wurden.

Erst auf dem Konzil zu Konstantinopel 381 n.C. kam die athanasianische Lehre voll zur Geltung.

Es war deutlich geworden, daß durch die Unterscheidung Christi von Gott-Vater die Gottheit Christi gemindert und damit die Erlösung der Menschen durch Christus gefährdet, ja in Frage gestellt war. So wurde die arianische Lehre zu Recht verworfen.

3.   Die Konstantinische Schenkung: Die sogenannte „Konstantinische Schenkung" ist das Ergebnis der Verselbständigung Roms gegenüber Byzanz - aber „historisch" auf Kaiser Konstantin zurückgeführt. Papst Silvester I. habe den Kaiser Konstantin bekehrt und vom Aussatz geheilt. Zum Dank dafür habe der Kaiser dem Papst Rechte übertragen sowie den lateranischen Kaiserpalast samt „Romae urbis et omnes Italiae

seu occidentalium regionum provincies loca et civitates",
d.h.: Die Stadt Rom sowie sämtliche (kaiserliche) Provinzen, Orte und Staaten in Italien und im Abendland". Damit
war der westliche Besitz Ostroms - mit Ausnahme der germanischen Länder - in den päpstlichen Besitz übergegangen
und der Kirchenstaat entstanden. In der späteren mittelalterlichen Auseinandersetzung zwischen Kaiser und Papsttum wurde damit auch der päpstliche Herrschaftsanspruch
über das gesamte Abendland begründet.

Laurentius Valla hat 1438 die Unechtheit der Schenkung
nachgewiesen, entstanden unter Paul I. in der päpstlichen
Kanzlei.

5. Die Christianisierung der germanischen Stämme

Am Oberlauf des Rheins und südlich der Donau gab es in den ehemaligen
Römerstädten wie etwa Trier, Köln, Mainz und Regensburg noch Reste des
Christentums aus der römischen Besatzungszeit, die jedoch für die Bekehrung
der germanischen Stämme ohne besondere Bedeutung waren. Erst seit der
Bekehrung der Franken drang das Christentum von Westen her über den
Rhein. Da die Franken mit der Taufe ihres Königs Chlodwig das römisch-
katholische, also das athanasianische Christentum angenommen hatten,
blieb ihnen der Umweg anderer germanischer Völker über den Arianismus
erspart und zugleich war auch für sie die Verschmelzung mit der gallo-
römischen Bevölkerung erleichtert.

Dabei war das Papsttum zu jener Zeit immer noch auf die byzantinische
Reichsmacht und ihre Reichskirche ausgerichtet und noch nicht auf die
Germanenwelt, obwohl doch der römische Papst keinerlei Autorität über die
griechisch beherrschte Reichskirche mehr besaß. Hinzu kam, daß der Papst
von der übrigen Germanenwelt durch deren Zugehörigkeit zum arianischen
Christentum geschieden war. Die Christianisierung der Germanen war auch
noch keineswegs abgeschlossen, vor allem Friesen und Sachsen hielten zäh
am heidnischen Glauben fest.

Die Iro-schottischen Wandermönche hatten Einsiedeleien und Klöster in das heidnische germanische Gebiet vorgeschoben, wie etwa in Würzburg Kilian, der auch das Martyrium erlitt und heilig gesprochen wurde, oder Emmeran, der um 700 das Emmeranskloster bei Regensburg gründete und Corbinian, der 725 das Kloster Freising stiftete. Unter den Alemannen wirkten Columbanus und Gallus sowie Pirminius, der das Kloster Reichenau gründete. Überall aber war das Christentum noch mit heidnischen Bräuchen vermischt und vor allem ohne jede feste kirchliche Organisation. Hier schuf erst Bonifatius einen entscheidenden Wandel und wurde dadurch zum Initiator des abendländischen Mittelalters.

Bei den Franken, die seit dem achten Jahrhundert die einzige Großmacht Westeuropas darstellten, denen der ganze römische Fiskalbesitz zugefallen war und die eine aristokratische Sozialordnung besaßen, stand die Königshoheit über die Kirche fest. Sie war eine „Landeskirche", die sich in Pfarreien, Eigenkirchen, Klöster und Bistümer aufgliederte. Die „Eigenkirche" war eine fränkische Besonderheit, denn sie war mit ihren Einnahmen das Eigentum des Grundherrn, der sie errichtet hatte und die Geistlichen an sie berief. Diese Besonderheit entsprach der bäuerlichen Struktur des Frankenreiches im Gegensatz zu der antiken und römischen Stadtkultur. Auch Bistümer konnten so Eigentümer von Kirchen und Klöstern sein.

Bonifatius hat dann die kirchliche Entwicklung über das Landeskirchentum hinausgeführt, indem er das Papsttum als von Ostrom isoliertes reichskirchlichen Restgebildes von seinem Blick nach Osten wegführte und es in Verbindung mit dem neuen germanischen Staatengebilde brachte. Das rechtsrheinische Gebiet um den unteren Main bis über die Wetterau hin zum Vogelsberg war allerdings bereits im siebten Jahrhundert von Mainz her christianisiert worden, wobei die adligen fränkischen Grundherren eine entscheidende Rolle gespielt hatten.

6. Bonifatius (Wynfrith)

Wynfrith wurde um 673 im Westen des Königreiches Wessex (England) als Sohn freier Bauern geboren und kam bereits im Alter von sieben Jahren in das Kloster Exeter, der romverbundenen Kirche seiner Heimat, zu Abt Wulfhard. Im Kloster lebte man nach der Regel des Benedikt von Nursia, der das Kloster Monte Cassino (Italien) gegründet hatte. Alle Lebensverhältnisse der Mönche waren durch Gebet, Arbeit, maßvolle Askese und Gehorsam geregelt. Die Angelsachsen waren am Ende des sechsten Jahrhunderts im Auftrag Papst Gregors des Großen von Rom aus missioniert und organisiert worden. Im Kloster Nursling bei Abt Winbert fand Wynfrith eine Stätte theologischer Bildung und Schulung. Dreißigjährig hier zum Priester geweiht, übernahm er eine Lehrtätigkeit. Erst im Alter von fünfzig Jahren entschloß er sich - ähnlich wie die früheren iro-schottischen Wandermönche - als Missionar zu den heidnischen Friesen zu gehen, hatte aber in einer Zeit friesisch-fränkischer Kriege keine Missionserfolge und ging darum in sein Kloster zurück. Im Jahre 717 ließ er sich von dort erneut freistellen und reiste nach Rom, um sich vom Papst für seine Missionsaufgabe bevollmächtigen zu lassen. Für ihn, der ja von seiner Heimatkirche eine Bindung an Rom besaß, wurde für seine Missionsaufgabe die römisch-kanonische Ordnung zur entscheidenen Richtschnur. Es gelang ihm auch in manchem vertrauten Gespräch mit Papst Gregor, dessen Interesse an der germanischen Welt zu wecken. 719 erhielt er die erbetene Missionsvollmacht im päpstlichen Auftrag. Von nun an nannte er sich „Bonifatius", nach dem Märtyrer Bonifatius, der um 300 in Tarsus sein Leben gelassen hatte und dessen Reliquien auf dem Aventin (Rom) aufbewahrt werden. Er wollte durch diesen Namenswechsel auch äußerlich sichtbar seine Aufnahme in die Gemeinschaft der römischen Kirche zum Ausdruck bringen.

Seine Missionsaufgabe begann Bonifatius nun bei den Franken, aber mit dem Ziel auf Thüringen.

Dabei kam es aber leider nicht zu der von ihm geplanten Zusammenarbeit mit den fränkischen Grundherren, da der römisch-katholisch denkende Angelsachse hier auf die desorganisierte fränkische Kirche stieß. Um sich in diesen Spannungen durchsetzen zu können, fehlte Bonifatius die notwendige bischöfliche Autorität. Darum verließ er Thüringen und ging zu Willibrod in die Friesenmission, blieb aber nicht, sondern suchte seine Aufgabe in Hessen. Von den Klöstern Amöneburg und Fritzlar aus missionierte er hier zwanzig Jahre bis 741 mit großem Erfolg in einer Region, in der er christlich-heidnische Mischformen, d. h. also von den Christen noch beibehaltene heidnische Bräuche, vorfand.

Als „Missionsbischof" besaß er keinen festen Bischofssitz. Dabei wurde ihm deutlich, daß sein kirchliches Erneuerungswerk nur Bestand haben konnte, wenn es sowohl beim Papst als auch bei dem fränkischen Staat Rückhalt finden würde. Vom Papst 722 zum Bischof geweiht, wurde er damit zugleich in die „familiaritas", d.h. die Hausgenossenschaft des apostolischen Stuhles aufgenommen.

So kam mit Bonifatius und seinem Wirken nun das römisch-kanonische Erbe der christlich-antiken Welt in das fränkische Kirchentum. Der Papst teilte dem Hausmeier Karl Martell die Weihe Bonifatius' mit und bat ihn, Bonifatius zu unterstützen. Daraufhin erhielt Bonifatius von Karl Martell ein Schreiben seiner Schutzgewalt an alle Bischöfe, Herzöge und Grafen und damit waren Bonifatius und seine Gefährten nicht mehr auf sich allein gestellt. Es war eine „Mission von oben" her, die Bonifatius durchführte, mit Zerstörung heidnischer Kultstätten und Massentaufen, denen dann aber Unterweisung und Erziehung zum Glauben folgen sollten. Nach Abschluß der Mission in Hessen wandte sich Bonifatius nach Erfurt und Ohrdruf in Thüringen. Aber Organisation und Reorganisation des Kirchentums führte auch zu Spannungen mit dem fränkischen Klerus und Adel um die Eigenständigkeit der Kirche. 732 wurde Bonifatius Erzbischof ohne festen Sprengel, durfte aber einen Bischofssitz errichten.

Aus England ließ Bonifatius darum Helfer für seine Arbeit kommen, darunter auch die mit ihm verwandte, ein Menschenalter jüngere Lioba, einst seine Schülerin, eine feingebildete Persönlichkeit, die das Frauenkloster Tauberbischofsheim leitete.

Auf der Romreise 737/38 zu Papst Gregor III.trug er seine Pläne zur Missionierung der Sachsen und Bayern vor. Pippin d. Jüngere gab Bonifatius dazu freie Hand und gestattete die Errichtung fester Diözesen in Fritzlar, Erfurt und Würzburg. In Fulda wurde eine Musterabtei gegründet, die zu Bonifatius' bevorzugtem Aufenthalt wurde, hier wollte er auch begraben sein.

753 begann Bonifatius noch einmal mit der Friesenmission und fand dabei Pfingsten 754 bei der Taufe von Neubekehrten mit 50 Gefährten den Märtyrertod.

Die Franken führten eine Strafexpedition durch, an der Stelle seines Martyriums wurde eine Kirche errichtet, sein Leichnam wurde über die Zuidersee-Utrecht nach Mainz und von da nach Fulda gebracht. Nördlich Frankfurts bei Bonames wurde Rast gemacht und an dieser Stelle auch eine Kirche gebaut.

Am 5. Juli 755 kam der Trauerzug mit der Leiche des Bonifatius in feierlicher Prozession unter Führung des Mainzer Erzbischofs Lullus von Mainz her nordwestlich an dem Dorf Praunheim vorbei in Richtung Niederursel. Hier wurde der Urselbach überschritten und auf dem Riedberg dann Rast gemacht. Auf dem Riedberg war früher eine germanische Thingstätte und ein heidnischer Kultplatz gewesen. Eine Quelle entsprang hier, die später „Bonifatiusbrunnen" genannt wurde. Die Christen der Gegend hatten an dieser ehemals heidnischen Stätte bereits Kreuze aufgerichtet. Im Jahre 799 ließ das Kloster Fulda an dieser Stelle eine Kirche „zu Crutzen" erbauen, die dem Heiligen Bonifatius geweiht war. Die Kirche bestand bis zur Reformationszeit, wurde dann aber aufgegeben. Heute ist von der Kirche und dem Bonifatiusbrunnen nichts mehr zu sehen.

Fulda und Mainz sind die Stätten der Bonifatiustradition.

7. Karl der Große und die Karolinger

Nach dem frühen Tode seines jüngeren Bruders Karlmann wurde Karl im Jahre 771 n.C. alleiniger König der Franken. Er setzte die Politik Pippins fort und baute die Macht und die Größe des fränkischen Reiches durch die Unterwerfung der Langobarden in Oberitalien und die Roms aus. Er wurde zum Herren Roms, erneuerte jedoch die Pippinsche Schenkung an den Papst. Unter Karl vollzog sich der Bruch des Papsttums mit Byzanz und die Verbindung des römischen Papsttums mit dem fränkischen Herrscherhaus. Diese Verbindung war entscheidend und bestimmend für die weitere Geschichte des Abendlandes.

Durch die Eroberung von Bayern und Kärnten und die Angliederung sächsischer Gebiete und der spanischen Mark sowie die Unterwerfung der Awaren baute Karl ein abendländisches Universalreich auf mit einer fränkischen Reichskirche.

Gegen die fränkische Expansionspolitik erhoben sich im Jahre 778 n.C. die Sachsen unter ihrem Herzog Widukind. Sie wurden besiegt und mußten ihren Göttern Wotan, Donar und Saxnot abschwören und den christlichen Glauben annehmen. Von nun an galt der Abfall vom Christenglauben als

Karl der Große
Gemälde von Ph. Veit im Kaisersaal des Römers zu Frankfurt am Main

Ungehorsam gegenüber König und Gott und wurde als solches Majestäts-verbrechen mit der Todesstrafe geahndet.

Im Jahre 785 n.C. kapitulierte Widukind endgültig und ließ sich christlich taufen. Dennoch erhoben sich die Sachsen immer wieder in Aufständen gegen die fränkische Herrschaft, bis sie 804 in Verden endgültig besiegt wurden. Es folgte ein Blutgericht und die Deportation tausender Sachsen in fränkische Gebiete und der Ansiedlung von Franken in Sachsen (z.B. Sachsenhausen).

Man hat Karl wegen seines Vorgehens gegen die immer wieder aufsässigen Sachsen, das mit dem Blutbad zu Verden endete, polemisch den „Sachsenschlächter" genannt und verurteilt. Wenn man aber aus unserer heutigen Sicht heraus einer geschichtlichen Persönlichkeit gerecht werden will, so muß man sie aus den Ansichten und Gegebenheiten ihrer Zeit heraus zu verstehen und zu beurteilen versuchen. Dies gilt auch für das Verhalten Karls gegenüber den immer wieder aufständischen und besiegten Sachsen. Für Karl waren die Hinrichtungen in Verden ein Akt der Justiz, nämlich Strafe für den Hochverrat an Aufständischen, Strafe zugleich auch für den Hochverrat an dem Christengott, der größere Verehrung haben mußte als die Heidengötter. Die Todesstrafe aber war festgesetzt für: Die Beschädigung von Kirchen, den Mord an Geistlichen, für Hexenglaube, heidnische Leichenverbrennung, Menschenopfer und die Verweigerung des an die Kirche abzuliefernden Zehnten. Daß aber das Christentum den besiegten Sachsen nicht nur äußerlich übergestülpt war, zeigt am deutlichsten der um das Jahr 850 n.C. in Verden entstandene „Heliand", an dem sichtbar wird, wie tief doch der Christenglaube in das Leben der Sachsen eingedrungen war. Der Heliand ist ein Heldengedicht, das die Christusgestalt in die sächsische Umwelt überträgt als „der Könige Kräftigsten und Mächtigsten", der seinen Sieg über den Satan durch den Kreuzestod vollendet. Und auch nur aus dieser starken Verwurzelung des Christentums im Leben der Sachsen konnte dann das Werden des Deutschen Reiches unter sächsischer Führung nach der Zeit der Karolinger erfolgen.

Alkuin, der bedeutende Ratgeber Karls, nannte um das Jahr 797 das Frankenreich „Imperium Christianum", d.h.: Christliches Weltreich. So ergab es sich nun eigentlich auch folgerichtig, daß Karl im Jahre 800 in Rom kaiserlich empfangen und als der „Schutzherr der Christenheit" von Papst

Leo III. am 25. Dezember 800 zum Kaiser gekrönt wurde.

Diese Kaiserkrönung war nur möglich, weil der Kaisertitel, den die ost-römischen Kaiser in Byzanz trugen, gewissermaßen vakant geworden war, denn Irene von Byzanz hatte im Jahre 792 n.C. ihren Sohn Konstantin VI. abgesetzt und sich selbst zur Kaiserin gemacht. Dies galt aber als ein unmögliches Verhalten und wurde darum in der gesamten Christenheit nicht anerkannt. Mit der Kaiserkrönung Karls war also auch der Bruch des römischen Papsttums mit Byzanz endgültig vollzogen.

Während der feierlichen Krönungsmesse in St. Peter zu Rom erklangen nun die fränkischen Kaiser-Laudes, und man brachte Karl den Purpurmantel und das Zepter des Kaisers.

In seiner „Vita Caroli", der Lebensbeschreibung Karls, schreibt sein Geschichtsschreiber Einhard dazu, Karl sei über diese Krönung ärgerlich gewesen. Wir können vermuten, daß er dies vielleicht über ihre Art und Weise war, denn er muß ja doch wohl um sie gewußt haben. Dennoch galt ihm nun der Gruß Roms: „Carde Augusto, a deo coronato, magno et pacifice imperatori Romanorum: vita et victoria!", wie es auch heute noch in den Kaiser-Laudes erklingt (Dem kaiserlichen Angelpunkt der Welt, von Gott gekrönt, dem großen und friedenstiftenden Herrscher der Römer: langes und siegreiches Leben!").

Mit der Kaiserwürde übernahm Karl auch die römisch-christliche Reichsidee, und sein offizieller Titel lautete nun: „Carolus serenissimus Augustus, a deo coronatus, magnus et pacificus imperator, Romanorum gubernans imperium, qui et misseriocordiam dei rex Francorum et Langobardorum." (Karl, strahlendster Kaiser, von Gott gekrönt, der große und friedenstiftende Herrscher, der das Reich der Römer regiert und durch Gottes Barmherzigkeit König der Franken und Langobarden ist.")

Im Jahre 812 krönte Karl seinen Sohn Ludwig zum Mitregenten als „imperator et Augustus" mit Akklamation der Anwesenden ohne besondere geistliche Krönung. Am 28. Januar 814 starb Karl und wurde in der Aachener Marienkirche beigesetzt. Da Karl der Große im Jahre 1165 von dem damaligen Gegenpapst Paschalis heiliggesprochen und Schutzheiliger der St. Bartholomäuskirche zu Frankfurt wurde, findet dort auch heute noch an seinem Todestage eine Vesper statt, in der die alten Kaiser-Laudes erklingen.

Selbst den Kirchenbau ließ Karl sich angelegen sein: neben die überkommene Saalkirche und die dreischiffige Basilika trat jetzt als neuer Baustil die römische Basilika mit Querhaus und Apsis und das karolingische Westwerk sowie die Doppelchöre. Die um 810 in Höchst errichtete Justinuskirche wurde im Stil der Kirchen von Ravenna erbaut, ebenso wie die Pfalzkapelle in Aachen, die den theokratischen Herrscherstil Karls verkörpert. Hier soll sichtbar werden: Der Kaiser ist der „Dominus terrae", der Herr der Erde und darum der Schutzherr der Kirche. Kirche und Welt bilden als das gewaltige Gottesreich eine Einheit.

Aus dieser inneren Einstellung heraus berief Karl im Jahre 794 eine Reichsversammlung und eine Synode nach Frankfurt am Main. In diesem Jahr taucht auch zum erstenmal in einer Schenkungsurkunde der Name „Franconofurd" auf. Das Konzil von Frankfurt fand in der Kaiserpfalz mit der Kapelle St. Salvator statt, und die Ansiedlung darum herum muß immerhin schon in der Lage gewesen sein, die vielen Gäste, unter denen sich neben vielen hohen Würdenträgern auch zwei päpstliche Gesandte befanden, zu beherbergen. Kaiserpfalz und St. Salvator befanden sich an der Stelle des heutigen Domes.

Auf der Synode zu Frankfurt wurde das „Filioque", d.h. die Gottmenschlichkeit Christi gegen die Irrlehre spanischer Bischöfe, Jesus sei nur der „Adoptivsohn" Gottes gewesen, verteidigt und zugleich die Verehrung religiöser Bilder gegen die päpstlich anerkannte Auffassung abgelehnt! Karl der Große und die fränkische Kirche sahen durch diese „adoptianische" Theologie des Erzbischofs Elipandus von Toledo - wie im arianisch-athanasianischen Streit - die volle Gottheit Christi gefährdet. Darum heißt es auch in den „Libri Carolini": „Der Heilige Geist geht von dem Vater und dem Sohne (filioque) aus." Aber erst im Jahre 1014 wurde das „Filioque" endgültig in das nicänische Glaubensbekenntnis (Nicänum) aufgenommen. Bei der Ablehnung der Bilderverehrung berief sich die Synode auf das Bibelwort: „Du sollst Gott, deinen Herrn, anbeten und ihm allein dienen!" Von daher wurde erklärt, seien Bilder nicht notwendig, ja sogar ein Irrweg. Es entsprach dem religiösen Selbstbewußtsein Karls, daß er für diese von ihm gebilligte und sogar unterstützte Position der Synode den Streit mit den Christen in Spanien, Byzanz und sogar mit dem Papst in Kauf nahm. Allerdings verkündete Papst Gregor der Große nach dem Tode

Karls im Jahre 824/25 die Lehre von der Nützlichkeit der Bilder als „Biblia pauperum", d.h. Bilderbuch für die Analphabeten.

Aus seiner religiösen Überzeugung und Stellung als Schirmherr der Kirche bezeichnete sich Karl als Devotus sanctae ecclesiae, defensor et humilis adjutor", d.h. als Leiter der Kirche in den Stürmen der Zeit.

Sein geistliches Vorbild war dabei die Tempelreform des Königs Josia im Alten Testament.

So verordnete Karl auch die Pflicht des Gottesdienstbesuches und die Heiligung der Feiertage. Jedermann mußte das Vaterunser und das Glaubensbekenntnis können, und die Geistlichen wurden angewiesen, durch Unterweisung und Predigt in der Volkssprache dazu auf die Menschen einzuwirken.

Aus seinem religiösen Selbstbewußtsein heraus konnte Karl auch an die Bischöfe in Spanien schreiben: „Wir, Karl, durch Gottes Gnade König der Franken und Langobarden, Patricius der Römer, Sohn und Verteidiger der Heiligen Kirche Gottes."

Im Jahre 794 starb Fastrada, Karls vierte Gemahlin, in Frankfurt, wurde aber in Mainz, dem Bischofssitz und kirchlichen Zentrum der Region bestattet. Im Jahre 1165 wurde Karl der Große von dem damaligen Gegenpapst Paschalis heiliggesprochen und galt dann neben dem Heiligen Bartholomäus als Schutzpatron des St. Bartholomäusstiftes. An der rechten Chorwand der Kirche, gegenüber von St. Bartholomäus, wurde eine farbige Steinplastik Karls angebracht.

Für den Regierungsstil Karls des Großen war es charakteristisch, daß er stets von Königshof zu Königspfalz mit seinem gesamten Gefolge unterwegs war und keine feste Residenz besaß. Von seiner Pfalz in Frankfurt, wo er sich oft und gern aufhielt, übte er seine Zentralgewalt durch die Königsboten aus, die seine Anordnungen durch das Reichsgebiet trugen. Für die Ausübung dieser zentralen Regierungsgewalt bediente sich Karl einer umfangreichen Gesetzessammlung, der „Kapitularien", die das Leben der Untertanen weitgehendst regelten. So gab es darin z.B. Preistaxen für Lebensmittel und Bekleidung, durch die die ärmere Bevölkerung vor Ausbeutung geschützt werden sollte.

Für diese umfangreichen und vielfältigen Aufgaben hatte Karl bedeutende Männer an seinen Hof gezogen. Dazu gehörte der Geschichtsschreiber Einhard, ein Ostfranke aus dem Maingau, der die Lebensbeschreibung Karls, die

„Vita Caroli", geschrieben hatte und zuletzt Abt des von ihm gestifteten Klosters Seligenstadt war oder der Leiter der Hofschule, ein Angelsachse, Alkuin und der gelehrte Langobarde Paulus Diakonus.

Diese bedeutenden Persönlichkeiten halfen Karl bei der Förderung von Bildung, Wissenschaft und Kunst genauso, wie bei der des Handels, Gewerbes oder der Landwirtschaft. In der Königspfalz stand ihnen eine große Bibliothek zur Verfügung. So wurde Frankfurt damals schon ein „locus celeber", d.h. ein berühmter, bekannter Ort genannt.

8. Karl der Große - Schutzheiliger von Frankfurt am Main

Karl der Große weilte oft in seiner Königspfalz in Frankfurt, um die herum eine von Hofbeamten verwaltete Stadt entstanden war. Sie war bereits von einer Schutzmauer umgeben und diente als Gerichtsplatz und Münze. Hier wurde Denare, von den Römern übernommene Silbermünzen, deren Wert ein Zwölftel Solidus betrug, und Solidi, von Kaiser Konstantin eingeführte römische Goldmünzen, geschlagen.

Unter Karl wurde das fränkische Reich zum Universalreich des Abendlandes und damit seine Kirche auch zur Reichskirche, der Kaiser aber ihr Leiter und Schutzherr. Der Papst galt lediglich als Hüter der apostolischen Tradition ohne jeglichen direkten Einfluß auf die Reichskirche. Karl erließ Gesetze und berief - meist in Zusammenhang mit Reichstagen, auch Synoden ein. Er setzte die Bischöfe ein, gliederte die Kirche in Pfarrsprengel (Parochien) und ließ Kloster- und Dorfschulen zur Bildung der Kleriker einrichten. Die Königsboten, königliche Kommissare, waren für den Lebenswandel der Geistlichen und Laien verantwortlich, und die Grafen mußten sich für die Durchführung verhängter Kirchenstrafen einsetzen. Die Bischöfe wiederum hatten für die richtigen Maße und Gewichte auf den Märkten zu sorgen und den Kaiser bei der Einführung neuer Münzen zu unterstützen. Es ging Karl aber nicht nur um diese äußere Einheit von Staat und Kirche, er kümmerte sich genauso um das innerkirchliche Leben. Er gab eine Revision des Bibeltextes in Auftrag, regelte die Lektionen zum Kirchenjahr und führte den römischen Kirchengesang ein.

St. Bartholomäus und Karl der Große
Schutzheilige der St. Bartholomäuskirche

35

9. Ludwig der Fromme und die Zeit der Karolinger

Nach dem Tode seines Vaters Karls des Großen regierte Ludwig das Frankenreich allein. Gern und oft weilte er in Frankfurt, weil er auch die Jagd im Dreieichforst liebte. Er erbaute einen neuen Palast an der Stelle des Saalhofes, des „Reiches Saal" genannt. Dieser Königspalast blieb von seiner Erbauung im Winter 822/23 bis in das 14. Jahrhundert hinein die Wohnstätte der deutschen Herrscher in Frankfurt. Die Stadt war bereits ein größerer Ort und wurde „Principalis sedes orientalis regni", d.h. „Hauptstadt des ostfränkischen deutschen Reiches" genannt. In ihr fand 822 eine Reichsversammlung statt, die mit feierlichen Gottesdiensten eröffnet wurde. Auch Gesandte der Slawen nahmen daran teil. Im Mai 823 fand wieder eine Reichsversammlung statt, auf der Ludwigs Halbbruder zum Bischof von Metz ernannt wurde.

Durch den Einfluß des Abtes Bernhard von Aniane auf den jugendlichen König war dessen Interesse für religiöse Fragen geweckt worden, so daß er kirchliche Reformen auch gegen die Interessen der Grundherren unterstützte. Das Reich Karls des Großen zerfiel unter Ludwig durch den Krieg mit seinen Söhnen und seine Niederlage 833, und das Karolingerreich wurde 843 im Vertrag zu Verdun in drei Teile zerstückelt. Interessanterweise wurde der Vertragstext in altfranzösischer und in althochdeutscher Sprache abgefaßt, woraus ersichtlich ist, daß hier in diesem Gebiet die Sprachgrenze zwischen Franzosen und Deutschen verlief. Das an Lothar gefallene Zwischenreich „Austrasien" wurde 870 wieder unter Karl dem Kahlen und Ludwig dem Deutschen aufgeteilt. Die Teilung zwischen romanischer und deutscher Sprache aber blieb.

Obwohl sich die Bischöfe von Mainz und Reims unter der Idee von der Einheit der Kirche auch um die Einheit des Karolingerreiches bemühten, kam keine Wiedervereinigung mehr zustande. Die Kirche erlangte jedoch in der Folgezeit größere Selbständigkeit dem Staat gegenüber, und der Einfluß des Papsttums verstärkte sich.

Bei der Reichsteilung im Jahre 843 war Frankfurt die erste Hauptstadt des Reiches deutscher Sprache. Ludwig der Deutsche, ein Beiname, den ihm erst spätere Geschichtsschreiber gegeben haben, residierte von 840 bis zu seinem Tod oft in Frankfurt, wo er gern das Oster- und Weihnachtsfest feierte.

In Frankfurt am 28. 8. 876 gestorben, wurde er in Lorsch beigesetzt.

In Frankfurt ließ er die St. Salvatorkirche an Stelle der früheren Pfalzkapelle erbauen und gründete an ihr ein Collegiatstift, d.h.: er richtete eine Wohn- und Lebensgemeinschaft für ein Kollegium von Geistlichen ein und stattete das Stift mit Schenkungen aus. Die Ordnung für das Zusammenleben der Kleriker wurde meist durch die Benediktinerregel bestimmt.

Aus ihm entstand später das St. Bartholomäusstift. Die zweitürmige St. Salvatorkirche wurde am 1. 9. 852 von dem Mainzer Bischof Hrabanus*[4] Maurus geweiht.

Zu den Schenkungen Ludwigs für das St. Salvatorstift, Kirchen und Güter in der Umgebung Frankfurts, kam noch die Schenkung einer Frau Rotlind, so daß zwölf Kleriker ihre Versorgung fanden. Ludwig der Jüngere und Karl der Dicke haben dann 882 diese Schenkung bestätigt und erweitert.

Ludwig der Jüngere starb 882 in Frankfurt, Nachfolger wurde sein Bruder Karl der Dicke, der 873 von einem Wahnsinnsanfall in der Salvatorkirche durch den Bischof Rimbert von Bremen geheilt worden war. Aber schon 887 wurde Karl wegen seiner Unfähigkeit von den Fürsten entthront und Arnulf, der uneheliche Sohn seines Bruders Karlmann, in Frankfurt zum König gewählt. 889 fand in Frankfurt eine große Reichsversammlung statt, auf der ein Feldzug gegen die heidnischen Abodriten, einem zu den Elbslawen gehörenden Stamm, die unter Karl dem Großen in einer losen Abhängigkeit vom fränkischen Reich gestanden, aber sich losgelöst hatten, beschlossen wurde. 892 versuchte eine Synode zu Frankfurt unter dem Vorsitz des Mainzer Erzbischofes auf päpstlichen Befehl einen Streit zwischen den Erzbistümern Köln und Bremen zu schlichten.

Mit dem frühen Tode Konrads I. 918 erlosch das Geschlecht der Karolinger, unter dem sich Frankfurt zu einer bedeutenden Stadt und geradezu zu

---

Anmerkung 4: Hrabanus Maurus (776 - 856) war ein Schüler Alkuins, Abt in Fulda 822 und 847 Erzbischof in Mainz. Berühmt wurde er durch das Handbuch des klerikalen Gesamtwissens: „De institutione Clericorum Libri III" 819 und durch seine 22 Bücher „De rerum naturis" 845, einer Art Realenzyklopädie des Wissens der damaligen Zeit. Zu fast allen biblischen Büchern hat er Kommentare verfaßt. Dazu hat er Homiliensammlungen hinterlassen.

Otto der Große verzeiht seinem Bruder Heinrich Weihnachten 941
(Gemälde von Alfred Rethel im Histor. Museum)

einem kirchenpolitischen Mittelpunkt entwickelt hatte.

10. Die Zeit der sächsisch-salischen Kaiser

a) Die Ottonen

Nach dem Tode des letzten Karolingers Konrad I. wurde der Sachsenherzog Heinrich nach fränkischem Recht von den Fürsten 919 in Fritzlar zum König gewählt. Mit Heinrich I. und den auf ihn folgenden Sachsenkaisern verlagerte sich das Zentrum des Reiches von Frankfurt nach Goslar am Harz, eine der königlichen Pfalzen. Diese Verlagerung war nötig, weil die Reichspolitik nach Osten auf die Niederwerfung der Slawen ausgerichtet war. Durch den Bau von Burgen mußte der Osten gegen die Ungarneinfälle gesichert werden. Es gelang Heinrich auch die Ungarn zu besiegen und zurückzudrängen. Nach seinem Tode 936 wurde Otto I., der Große, König. Die Wahlversammlung fand in Anwesenheit der Großen des Reiches in der Kaiserpfalz zu Aachen statt. Erzbischof Hildebert stellte den Versammelten den neuen König mit den Worten vor: ,,Seht, ich führe euch den von Gott erwählten, von Heinrich bestimmten und jetzt von allen Fürsten zum König berufenen Otto herbei. Erhebet die Hände und bestätigt die Wahl!'' Mit Schwert, Königsmantel und Krone geschmückt, salbten ihn dann die Erzbischöfe von Mainz und Köln mit geweihtem Öl.

Otto war ein frommer Mann, der an den Kirchenfesten schon die Matutin-Gebete in der Frühe besuchte und nach kurzer Ruhepause zur Frühmesse ging, danach Almosen verteilte und dann erst zum Frühmahl ging. Weihnachten 941 warf sich ihm vor der Frühmesse in der St. Salvatorkirche zu Frankfurt sein Bruder Heinrich um Verzeihung bittend zu Füßen. Er hatte sich dem Aufstand einiger Herzöge gegen den König angeschlossen und war mit ihnen besiegt worden. Aus der Haft in Mainz war er entflohen, um am Weihnachtsfest die Vergebung seines Bruders zu erhalten, die er auch empfing. Der Maler Rethel hat diese Szene vor der Salvatorkirche dargestellt. Um die Macht der Herzöge zu brechen, stützte sich Otto auf die Bischöfe und Reichsäbte. Otto besiegte die Langobarden und wurde ihr König. Durch seinen glänzenden Sieg über die Ungarn 955 auf dem Lechfeld wurde er als ,,Retter des Abendlandes'' gefeiert. Von Papst Johannes VII. 962 zum Kaiser des „Heiligen Römischen Reiches Deutscher Nation", wie es später genannt wurde, gekrönt, leisteten Papst und Volk von Rom ihm den Treueeid. Die römische Kaiserwürde blieb seitdem mit dem deutschen Königtum verbunden.

Otto feierte das Weihnachtsfest gern in Frankfurt, 972 mit seinem Sohn Otto und dessen griechischer Gemahlin Theophanu.

Otto II. bestätigte 977 die Schenkungen Ludwigs und Karls an die Salvatorkirche und fügte Holzrechte in der Dreieich hinzu.

Otto III. gab 994 dem Stift die „Freitagsschenkung", die besagte, daß alle am Freitag tags und nachts gefangenen Fische, die früher an den König abzuliefern waren, nun an das Salvatorstift abzuführen seien. Dafür hatten die Kleriker jeden Freitag eine Messe für die kaiserliche Familie zu halten. Der Kaiser schlichtete Spannungen zwischen dem Klerus und kaiserlichen Ministerialen. Das Stift erhielt von ihm Patronatsrechte über St. Marcellin und St. Peter in Seligenstadt. Unter Ottos Regierung begann eine Blüte der Städte, während das freie Bauerntum, das auf die Landnahme der freien Franken zurückging, an Bedeutung verlor. Viele ehemalige Bauern wurden nun Handwerker oder Händler in den Städten, in denen die Freiheit und damit die Entfaltungsmöglichkeit groß war.

Die Bischöfe wurden zu Territorialfürsten, die dann allerdings auch Reichssteuern zahlen und ihren Beitrag zum Reichsheer leisten mußten. Da die Bischöfe vom König eingesetzt wurden und keine erblichen Nachfolger hatten, schienen sie die geeigneten Stützen des Königtums gegen das Machtstreben der Herzöge zu sein. Die Reichskirche wurde zum Machtinstrument des Kaisers.

Der letzte der sächsischen Kaiser, Heinrich der II., wurde 1002 in Mainz gewählt und gekrönt. Im Jahre 1007 hielt er eine Synode in Frankfurt ab, bei der es um die Errichtung des Bistums Bamberg ging. Der König ergriff dabei selbst das Wort und sagte: „Da er ja keinen leiblichen Erben habe, wolle er Christus zum Erben für sein Land einsetzen." Die Errichtung wurde gegen den Widerstand des Bistums Würzburg beschlossen. Noch mehr als seine Vorgänger stützte sich Heinrich II. ganz auf die Kirche und sorgte durch reiche Schenkungen dafür, daß die Bistümer ihre Reichslasten an Steuern und Heeresdienst auch aufbringen konnten. Die Klöster wurden den Bischöfen unterstellt und die strenge Befolgung der benediktinischen

Ordensregel durchgesetzt.

Kunigunde, seine fromme Gemahlin, war mit ihm 1027 zur Kaiserkrönung nach Rom gereist. Zusammen mit ihr stiftete Heinrich das Bistum Bamberg und errichtete dort auch eine Königspfalz. Zusammen mit Papst Benedikt VIII. setzte Heinrich auf der Synode zu Pavia das strikte Eheverbot für Priester bis hinunter zum Subdiakon durch. Nach seinem Tode 1024 wurde er in Bamberg beigesetzt. Um der Stiftung des Bistums Bamberg willen wurden Heinrich 1146 und seine Gemahlin Kunigunde 1200 heiliggesprochen.

b. Die Salier

Mit Kaiser Heinrich II. dem ,,Heiligen'', war das Haus der Ludolfinger im Mannesstamm erloschen. Die Auswahl der Kandidaten für die Nachfolge lag bei den Fürsten, dieses Mal aber besonders bei den geistlichen Herren.

Auf der Reichsversammlung in Kamba bei Oppenheim wurde Konrad II., der Urenkel Ottos I. aus dem salisch-fränkischen Hause gewählt (1024 - 39). Auf dem nach der Krönung üblichen Krönungsritt durch sein Reich fand er überall Zustimmung. 1026 gewann er die lombardische und 1027 die Kaiserkrone.

Am 23. September 1027 fand in der Salvatorkirche in Frankfurt eine große Synode statt, auf der es um Disziplinarstrafen und den Streit des Erzbistums Mainz und Bistums Hildesheim um das Kloster Gandersheim ging. Von dieser Synode ist uns die Sitzordnung in der Kirche bekannt. Im Ostteil des Chores saßen die Bischöfe um den Erzbischof Aribo von Mainz, im Westteil, gegenüber dem Altar, saßen Konrad II. auf seinem Thron, links davon der Erzbischof Pilgrim von Köln mit Bischöfen und rechts der Erzbischof Hunfried von Magdeburg mit Bischöfen, im Südteil waren die Äbte vieler Klöster versammelt, ganz gewiß ein feierlicher und imposanter Anblick!

Durch die Verleihung der Erblichkeit der Lehen des hohen und niederen Adels band Konrad II. den Adel an die Krone. Als er 1039 verstorben war, wurde er im Dom zu Speyer beigesetzt.

Sein Nachfolger Heinrich III. war ein Anhänger und Förderer der clunyazensischen Reformpartei und von der Idee der Harmonie von geistlicher und weltlicher Gewalt erfüllt. Er starb jung 1056 und wurde in Speyer beigesetzt.

Mit Heinrich IV. begann dann der langdauernde, von der clunyazensischen Reformbewegung beeinflußte Streit zwischen Papsttum und Kaiser. Heinrich IV. war 1050 in Goslar geboren, sein Taufpate war der Abt Hugo von Cluny, das Haupt der von dort ausgehenden Reformbewegung. Sein Vater Heinrich III. starb als er vier Jahre alt war. Seine Mutter Agnes führte darum für ihn die Vormundschaft, obwohl ihn Erzbischof Hermann von Köln, erst vier Jahre alt bereits 1054 in Aachen zum König gekrönt hatte.

In dieser Zeit eines schwachen Königtums stärkten nun die geistlichen und weltlichen Fürsten ihre Macht auf Kosten des Königtums, und es galt im Reich das Wort: „Weh' dem Land, des König ein Kind ist!"

Schließlich entführten die Erzbischöfe von Köln und Bremen kurzerhand das Kind aus der Vormundschaft seiner Mutter und führten diese nun selbst.

Nachdem Heinrich 1065 für mündig erklärt war, beschloß 1066 der Reichstag zu Trebur, der Bremer Erzbischof müsse die Vormundschaft zugunsten der Fürsten abtreten. Von diesem Hin- und Hergezerrtsein machte Heinrich sich aber nun frei, indem er sich gegen die Fürsten auf den niederen Adel und die Städte stützte.

1069 fand in Frankfurt eine Synode statt, die schon den bald beginnenden Kampf zwischen Heinrich IV. und Papst Gregor VII. vorausahnen ließ. Es ging dabei um die Absicht Heinrichs, sich von seiner Gemahlin Berta scheiden zu lassen. Der Papst hatte auf Bitten des Mainzer Erzbischofs als seinen Gesandten den berühmten Petrus Damiani zur Synode geschickt. Dieser sagte vor den versammelten Synodalen: Die Absicht des Königs, sich scheiden zu lassen, sei eines Christen und Königs unwürdig. Solches Beispiel würde das Volk verderben. Als nun Fürsten und Bischöfe tief beeindruckt Petrus Damiani zustimmten, verzichtete der König auf die Scheidung. Der gefährlichste Gegner erstand Heinrich in Papst Gregor VII., der ein fanatischer Verfechter der Reformbewegung war und dem es um den Vorrang der geistlichen Macht vor der weltlichen ging. Er wollte dadurch Mißstände im kirchlichen Leben wie etwa die Laieninvestitur, d.h. die Besetzung kirchlicher Ämter mit Nichtgeistlichen oder die sogenannte „Simonie", d.h. die Vergabe kirchlicher Ämter gegen Geld, abschaffen. Der offene Konflikt zwischen König und Papst brach aus, als Heinrich das Bistum Mailand mit einem Bischof besetzte. Der Papst erkannte diesen Bischof nicht an. Zwar gab eine Synode in Worms dem König recht und nahm scharf

Stellung gegen den Papst, aber Gregor nutzte seine geistliche Autorität und belegte den König mit dem Bann und entband damit zugleich alle seine Untertanen ihres Treueides. Darin sahen nun die Fürsten die Gelegenheit, sich von der Königsmacht zu lösen und ihre eigene zu stärken. So forderten sie nun von Heinrich, wenn er nicht binnen Jahresfrist vom Bann gelöst sei, werde er abgesetzt.

Heinrich zog nach Italien, aber nicht wie manche gehofft und der Papst gefürchtet und sich darum auf die Burg Canossa begeben hatte, um Krieg gegen Rom zu führen, sondern um im Büßergewand vor dem Burgtor zu stehen. Am dritten Tage endlich eingelassen, mußte der Papst ihm nach Beichte und Gehorsamsversprechen vom Bann lösen. Zweifellos war dies ein politischer Erfolg Heinrichs, aber das Königtum war damit für alle Zeiten seiner sakralen Unantastbarkeit entkleidet. Der Konflikt war ebenfalls in keiner Weise gelöst. Gregor trug die päpstliche Tiara mit drei Kronen und brachte damit seinen Anspruch, oberster Herr der Welt zu sein, zum Ausdruck. Die deutschen Fürsten wählten Rudolf von Schwaben zum Gegenkönig, und der Papst erneuerte den Bann und entband die Untertanen Heinrichs vom Treueid - es war alles schlimmer als zuvor. Aber Heinrich gab nicht auf. Im Kampf gegen Heinrich schwer verwundet starb Rudolf. Heinrich zog nun mit Heeresmacht nach Italien, eroberte Rom und setzte Clemens II. zum Gegenpapst ein und ließ sich von ihm 1084 zum Kaiser krönen. Gregor mußte fliehen und starb 1085. Der päpstliche Weltherrschaftsanspruch wurde von Gregors Nachfolgern nicht mehr erhoben, es blieb lediglich beim Verbot der Laieninvestitur.

Unter Heinrich V. kam es schließlich 1122 auf der mit einem Reichstag verbundenen Synode zu Worms zu einem Konkordat. Die Bischöfe werden vom Domkapitel, das dadurch erheblich gestärkt wurde, gewählt, danach überträgt der Kaiser ihnen mit dem Zepter die fürstliche Gewalt, wodurch der staatliche Einfluß gesichert bleibt, bevor sie vom Papst mit der Verleihung von Ring und Stab geweiht werden. Damit war zwar der Investiturstreit beigelegt, nicht aber die Machtfrage zwischen geistlicher und weltlicher Gewalt geregelt.

11. Die cluniazensische Reformbewegung

In dem Kloster Cluny in Burgund wurde ein Typus des mittelalterlichen Menschen geprägt, dessen Ideal die Abgeschiedenheit vom Getriebe der Welt, die Entscheidung für einen bestimmten Lebensweg, die Bedürfnislosigkeit der Lebensführung und die Eingliederung in eine auf Gott ausgerichtete Gemeinschaft war. Man lebte nach der Regel des Benedikt von Nursia, die aber an nationale und regionale Bedürfnisse angeglichen, eine gesunde Mischung von Tradition und Wirklichkeitssinn darstellte. Schweigen, Arbeit und Gebet bildeten den Rahmen des klösterlichen Lebens. Die Gebete waren als Gemeinschaftsgebete liturgisch mit psalmodierendem Chorgesang verbunden.

Bei dem herrschenden Autoritätsprinzip besaß der Abt alle Machtbefugnis, das Mönchskapitel stand ihm nur beratend zur Seite.

Der Tageslauf des asketischen Lebens wurde von den Jahreszeiten bestimmt. Im Sommer wurde um dreiviertel Zwei aufgestanden und um Zwei Uhr begann der Gottesdienst, dann folgten Arbeit, Gebete und Studien. Der Tag endete mit Vesper und Komplet = Abend- und Nachtgebet.

Für ein solches von Opferbereitschaft und religiöser Inbrunst erfülltes Leben fand sich Nachwuchs aus allen Schichten der Bevölkerung. Ob von hoher oder niedriger Herkunft, hier waren alle gleich, trugen die gleiche Kleidung und fanden ihre seelische Heimat und Geborgenheit in der Mönchsgemeinschaft.

Im elften Jahrhundert fand diese Klosterreform von Cluny aus weite Verbreitung, und ihr Einfluß erreichte die gesamte Kirche. Wenn die Bewegung zuerst auch nur rein religiös auf eine Reform des Klosters und seiner Regel ausgerichtet war, so wurde ihr Ziel dann doch auch mehr und mehr kirchenpolitisch auf eine Reform der Kirche ausgerichtet. Die Kirche sollte von jeder unkanonischen Einwirkung der Laien befreit werden. Das richtete sich gegen die „Laien-Investitur", d.h. die Besetzung kirchlicher Ämter mit Nichtklerikern (Laien), vor allem aber auch gegen die Einsetzung der Bischöfe und ihre Beleihung mit Stab und Ring durch den König. Die Kirche sollte bei der Besetzung der Ämter frei von jeglichem weltlich-politischen Einfluß sein. Dies bedeutete aber zugleich einen Angriff auf die ottonische Reichskirche und war so eine Erschütterung der sich auf sie stützenden zentralen Reichsgewalt. Hinzu kam der Kampf gegen die „Simonie", die Vergabe kirchlicher Ämter gegen Geld und gegen den „Nikolaitismus" mit der Forderung des Verbots der Priesterehe.

Das Papsttum seinerseits aber nützte diese Forderungen, um Anspruch auf die Weltherrschaft zu erheben. Dazu erhob es die Forderung, die Papstwahl habe direkt durch die Kardinäle zu erfolgen, ohne jedwede Beteiligung des Kaisers oder Bestätigung durch ihn.

Den Höhepunkt fanden diese Auseinandersetzungen in dem Ringen zwischen Gregor VII. und Heinrich IV. um die Bischofs-Investitur.

In diesem „Investiturstreit" ging es Gregor nicht nur um die Stärkung der päpstlichen Macht, sondern auch um eine echte Reform, nämlich die Wahl des Papstes durch die Bischöfe nach altem kanonischem Recht. Damit sollten zugleich die fränkischen „Eigenkirchen" aus Laien- in Kirchenhand kommen. Heinrich vertrat dagegen das ottonisch-salische Reichskirchensystem, wobei er auch die deutschen und die lombardischen Bischöfe auf seiner Seite hatte.

Papst Gregor VII., der als ehemaliger Mönch Hildebrand die clunyazensischen Reformideen kennengelernt hatte, ging in seinem Handeln von einem Weltbild aus, das von dem Ringen zwischen dem Gottes- und dem Teufelsreich bestimmt war. Dabei war dem Gottesreich (sacerdotium) ein höherer Rang als dem weltlichen Reich (Imperium) zugewiesen. Weil nun aber der Papst der Stellvertreter Christi auf Erden sei, müßten alle Christen und damit auch alle weltlichen Herrscher ihm gehorchen, denn nur er sei in der Lage zu entscheiden, wer zu Gott und wer zum Teufel gehöre. Er könne darum unwürdige Herrscher absetzen und ihre Untertanen von ihrem Treueid lösen. Dies wurde 1075 im „Dictatus Papae" schriftlich niedergelegt. Darin heißt es unter anderem:

„Die römische Kirche ist einzig und allein von Gott gegründet. Nur der römische Bischof trägt zu Recht den Titel des universalen Papstes. Er ganz allein kann Bischöfe ein- und auch wieder absetzen.

Nur der Papst verfügt über die kaiserlichen Insignien.

Der Papst kann Kaiser absetzen.

Über den Papst besitzt niemand richterliche Gewalt. Seine Entscheidungen können von niemand aufgehoben werden; er selbst aber kann die Urteile aller anderen Instanzen aufheben."

In diesen Auseinandersetzungen zwischen Papst- und Kaisertum wird deutlich, in welchem Maße das hohe Mittelalter von der Persönlichkeit der Päpste beherrscht wurde.

Dies wurde auch in besonderer Weise deutlich, als 1198 der Kardinaldiakon Lothar von Segni achtunddreißigjährig als Innozenz III. den Papststuhl bestieg. Er war Jurist und Theologe, eine Herrscherpersönlichkeit mit festem Willen und kluger Taktik. Sein Ziel war es, die begonnene Reform der Kirche mit Hilfe der neuerstandenen kirchlichen Orden weiter voranzutreiben. In seinem Brief: „Sicut universitatis conditor ...." von 1198 schreibt er:

„Wie Gott, der Schöpfer des Alls, am Himmel zwei große Lichter geschaffen hat, ein größeres, das den Tag, und ein kleineres, das die Nacht regieren sollte, hat er in der katholischen Kirche, die mit dem Himmel gemeint ist, zwei große Herrscher eingesetzt, einen höheren über die Seelen und einen niedrigeren über die Leiber, die sich zueinander verhalten wie Tag und Nacht: Das sind die Autorität des Papstes und die Macht des Königs. Wie nun der Mond sein Licht von der Sonne erhält und zugleich kleiner und im Blick auf Helligkeit, Stellung und Wirksamkeit unbedeutender ist, so erhält die königliche Macht ihren Glanz von der Autorität des Papstes ....."

Da also Innozenz von dem Grundsatz ausging, daß die geistliche Gewalt dem Papst von Gott verliehen sei und darum die Freiheit der Kirche, des Papstes und der Kurie gesichert sein müsse, beanspruchte er das „Patrimonium" d.h. die ehemaligen oströmischen Teile Italiens. Konsequent beanspruchte er daher auch bei der Doppelwahl der deutschen Könige Philipp von Schwaben und Otto von Braunschweig 1198 die Krone dem zuzusprechen, den er für den Würdigeren hielte, weil ja mit der Krone der Auftrag verbunden sei, der römischen Kirche helfend beizustehen. Den Höhepunkt seines Kampfes um die Stellung des Papsttums erlebte Innozenz, als Friedrich II. in der Goldbulle von Eger 1213 auf die Mitsprache bei der Bischofswahl verzichtete und dem Papst den Kampf gegen die Ketzerei versprach, und als schließlich auf dem vierten Laterankonzil 1215, der größten mittelalterlichen Synode, die Versammlung von über vierhundert Bischöfen und achthundert Äbten die Reformen Innozenz's billigte.

Konrad III. trägt Bernhard von Clairvaux aus der St. Salvatorkirche 1147
(Zeichnung von Moritz von Schwind)
(Historisch überliefert hatte der Kaiser den Mantel abgelegt.)

12. Bernhard von Clairvaux

Bernhard von Clairvaux war wohl die stärkste kirchliche Persönlichkeit in der ersten Hälfte des zwölften Jahrhunderts, so daß die Zeit von 1120 - 50 auch das „Bernhardinische Zeitalter" genannt wird. Bernhard stammte aus burgundischem Rittergeschlecht in der Nähe von Dijon und besuchte die Schule der Stiftsherren von Notre Dame de Saint Vorles. 1111/12 kam er mit dreißig Freunden und Verwandten und trat in Citeaux bei Dijon in den Zisterzienserorden ein. 1115 wurde er mit der Gründung des Tochterklosters Clairvaux beauftragt. Das Kloster entstand auf dem Grundbesitz seines Onkels, und er wurde der Abt. Trotz körperlicher Schwächen unternahm er viele Reisen für seinen Orden, auf denen er weitere Tochterklöster gründete. Dabei setzte er sich für die Umwandlung der Weltklerikerstifte in „Regulierte Chorherrenstifte" ein, die mit strenger Askese nach der benediktinischen Ordensregel lebten. Die Regula des Benedikt von Nursia vom Kloster Monte Cassino verlangte die Ortsgebundenheit, Armut, Keuschheit und Gehorsam. Dazu kamen Askese und Arbeit. Bernhard selbst bewohnte eine kahle Zelle mit Strohlager.

Als klare, festgefügte Persönlichkeit mit bei körperlicher Schwäche doch großer Willenskraft wurde Bernhard zum „Mahner" der Großen in Staat und Kirche und war eng mit den Päpsten seiner Zeit verbunden.

Dabei war in ihm sowohl mystische Versenkung in die liebende Begegnung mit Gott und Christus wie auch das Sendungsbewußtsein eines Praktikers, der reformieren, verändern, ja, sogar Macht ausüben will, vereint. In Wort und Schrift ging von ihm geradezu eine Faszinationsmacht aus, die besonders in seiner Begeisterung und in seinem Einsatz für die Kreuzzugsidee zum Ausdruck kam. Der zweite Kreuzzug begann mit dem Hoftag am 31. März 1147 in Vezelay. Hier predigte Bernhard vor solch riesigen Menschenmassen, daß die Kathedrale zu klein war und er im Freien predigen mußte. Er verlas die Kreuzzugsepistel Papst Urbans und riß in seiner leidenschaftlichen Predigt alle, auch die, die eigentlich nicht wollten, mit.

Für Bernhard war die Teilnahme am Kreuzzug ein individuelles Bußwerk nach dem Beschluß der Synode von Clermont, die Nachlaß der kanonischen Bußstrafen und eine jedoch nicht für das Jenseits verbindliche Sündentilgung verhieß. Daraus wurde jedoch vor allem in der Kreuzzugspredigt der

Bettelmönche, die volle Sündentilgung.

Päpste, Kaiser, Könige und Fürsten gehorchten Bernhard, und das einfache Volk glaubte, in ihm sogar den wiedererstandenen Christus zu erkennen. Auf seinen Predigtreisen war er stets von acht Klerikern begleitet, die seine Worte aufschrieben und seine Wunder, wie zum Beispiel Krankenheilungen - bezeugten. Man hat ihn den letzten der Kirchenväter genannt, denn er hinterließ ein geistliches Schrifttum, das großen Einfluß auf Leben und Lehre der Kirche hatte. So setzte er die Reinheit des Glaubens, Christusmystik, mystische Erfahrung der Gottesnähe und -liebe und die Marienverehrung gegen die Lehren des kritischen Denkers Peter Abelard, der Sokrates und Platon als Vorbilder des Mönchtums feierte und die Vernunft als tragendes Element in die Kirche einbauen wollte. Auf Bernhards Betreiben verurteilte ihn die Synode von Sens 1141 als Irrlehrer.

Judenpogrome ausgelöst hatte, rief der Erzbischof von Mainz Bernhard, um hier Einhalt zu gebieten.

Besonders begeistert war Bernhard von dem Ritterorden der Templer, für den er eine Schrift: „Vom Lob der neuen Ritterschaft" verfaßte mit einer Ordenssatzung, die an die Benediktinerregel mit Zucht, Armut und Ehelosigkeit angelehnt war. Die Satzung trat 1130 in Kraft, und der Orden wurde dem Papst unterstellt. Der große Mißerfolg des zweiten Kreuzzuges, wie auch des Kreuzzuges gegen die heidnischen Wenden*[1], schadete dem Ruf und Ansehen Bernhards sehr. Vielen galt er nun als falscher Prophet.

*[1] Anmerkung:

Das Eingliederungs- und Missionierungswerk der Wenden unter Otto dem Großen war durch den Slawenaufstand von 983 zunichte gemacht worden. Erst unter Erzbischof Adalbert von Bremen (1043 - 72) hatte dann die Mission wieder Fortschritte gemacht, die aber nach Adalberts Tod verlorengingen. So kam es dann im Zuge der Kreuzzugsbewegung 1147 zu dem Wendenkreuzzug, dessen Ziel die „Bekehrung oder Ausrottung" nicht erreichte, dafür aber die immer noch im Gang befindliche friedliche Mission zerstörte. Erst unter Heinrich dem Löwen wurden die Wenden zwangsbekehrt und deutsche Siedler im Wendenland seßhaft gemacht.

13. Die Zeit der Staufer

Mit Konrad III. (1138 - 1152) kam das Geschlecht der Staufer zur Königsherrschaft.
Wenn auch die Stadt Frankfurt am Main in der Regierungszeit der sächsischen und salischen Kaiser nicht im Mittelpunkt des politischen Geschehens stand, so war aber doch ihre Bedeutung als Handelsstadt am Schnittpunkt wichtiger Straßen ständig gestiegen. Der Markt am Kirchweihfest unter der Aufsicht eines königlichen Beamten und das Marktgericht unter dem Königsbann, der den Marktfrieden garantierte, zogen immer mehr Besucher und Fernhandelskaufleute an, so daß die um das königliche Kastell gelegene Stadt um 1150 durch einen zweiten Mauerring, die „Staufenmauer", von der heute noch Reste vorhanden sind, erweitert werden mußte. Dies war erforderlich, weil immer mehr Freie zuzogen, die gegen einen Grundzins königlichen Besitz erwarben und „Königsleute" genannt wurden. Die königlichen Beamten aber wurden nun zu Rittern und standen über ihnen. Auch die Reichstage, die nun wieder in Frankfurt stattfanden, wie etwa der 1142 von Konrad III. abgehaltene, an denen viele Fürsten und hohe Geistliche mit ihrem Gefolge teilnahmen, erforderten die nötigen Quartiermöglichkeiten.
Ein bedeutendes Ereignis war in dieser Zeit der Besuch des Kreuzzugspredigers Bernhard von Clairvaux am 27. Dezember 1146.
In der überfüllten Salvatorkirche rief er zum zweiten Kreuzzug in das Heilige Land auf: „Wenn du ein kluger Kaufmann bist, so nimm das Kreuz, auf daß du für alles, was du reumütigen Herzens bekennst, Ablaß erhälst. Die Ware ist billig, wird sie aber mit frommer Gesinnung erworben, gilt sie soviel wie das Reich Gottes!"
Gleichzeitig stiftete Bernhard einen Waffenstillstand, einen „Gottesfrieden" zwischen den aufsässigen Landesfürsten und Konrad III. und setzte die Wahl Friedrichs von Hohenstaufen zum Nachfolger Konrads durch. Die Begeisterung und der Ansturm der Massen war so groß, daß König Konrad sich seines Mantels entledigen mußte, um den schmächtigen Abt auf seinen Armen durch die Menge tragen zu können. Trotz aller seiner Bemühungen gelang es aber Bernhard doch nicht, Konrad für die Teilnahme am Kreuzzug zu gewinnen. Der König wurde durch die Fürstenfehden, die Gegnerschaft

des Bayernherzogs und die Gefahr der Normannen, die seine Herrschaft über Sizilien bedrohten, daran gehindert.

Er erklärte dies auch geduldig dem drängenden Bernhard und versprach, darüber nachdenken zu wollen, um ihm dann auf dem Reichstag zu Speyer seine endgültige Antwort zu geben. Zu Weihnachten predigte Bernhard in Speyer und forderte wieder zur Teilnahme am Kreuzzug auf. Konrad widerstand zwei Predigten, aber am dritten Weihnachtstag hielt Bernhard eine Messe vor König, Bischöfen und Fürsten, in der er die Not der Christen im Heiligen Land eindringlich schilderte und die Hilfe für sie als eine gottgewollte Aufgabe darstellte und in der er sich zum Schluß an den König direkt und persönlich wandte und ihn als einen „Menschen" ansprach, den der Weltenrichter im Jüngsten Gericht fragen werde: „Mensch, was habe ich nicht alles für dich getan? Ich habe dir Gesundheit, Kraft, Reichtum, Rat und Königtum gegeben - und du, Mensch, was hast du für micht getan?"

Diese direkte Ansprache, sanft, aber doch hart zupackend an den König gerichtet, traf Konrad mitten ins Herz und er antwortete: „Ich bin bereit, Gott zu dienen, er hat mich gerufen". Darauf segnete Bernhard den König mit dem Kreuz und übergab ihm das Reichsbanner. Dieses Ereignis entsprach der Frömmigkeit der Zeit.

Der Kreuzzug verlief sehr unglücklich. Bereits in Anatolien verlor Konrad durch die Türken und durch Krankheiten fast das ganze Heer. Körperlich krank und seelisch gebrochen kehrte er 1149 zurück und starb 1152 in Bamberg.

Sein Nachfolger Friedrich I. Barbarossa (1152 - 1190) wurde am 4. März 1152 in Frankfurt zum König gewählt. Die Krönung fand dann am 9.3. in Aachen statt. Friedrich wollte das Heilige Römische Reich Deutscher Nation wieder zu neuer Herrlichkeit bringen.

Mit diesen Plänen einer Wiederherstellung der kaiserlichen Weltmacht stieß Friedrich auf den Widerstand des Papstes Alexander III. und danach Papst Hadrians, der verlangte, der Kaiser solle seine Krone als „Päpstliches Lehen" anerkennen.

Der Reichstag mit Reinhard von Dassel, dem kaiserlichen Kanzler und Erzbischof von Köln sowie der Kaiser selbst wiesen diesen päpstlichen Anspruch zurück, aber Alexander III. erneuerte 1159 den Anspruch: Das Kirchenoberhaupt sei das Oberhaupt aller weltlichen Herrscher. Damit begann der zwanzig Jahre dauernde Streit zwischen Kaiser und Papst. Barbarossa starb 1190 auf dem dritten Kreuzzug in Kleinasien.

Heinrich VI. (1191 - 1197), der Sohn und Nachfolger Barbarossas, 1165 in Nimwegen geboren, wurde 1191 in Aachen gekrönt. Auch er verfolgte die Idee der Wiederherstellung des alten römischen Reiches. Es gelang ihm jedoch nicht, das Erbkönigtum der Staufer durchzusetzen. Nur die Wahl seines sechsjährigen Sohnes Friederich zum König gelang. Er starb 1197 zweiunddreißigjährig und wurde in der Kathedrale zu Palermo beigesetzt. Nach Philipp von Schwaben und Otto IV. von Braunschweig folgte Friedrich II. von Hohenstaufen (1215 - 1250) auf dem Thron. Er hatte seine Jugend in Sizilien verbracht und war in Deutschland nicht heimisch.

Unter Friedrich II. steigerte sich der Kampf zwischen Papst und Kaiser zu einer dramatischen Auseinandersetzung, in deren Folge die Staufer untergingen und das Papsttum triumphierte. Von Papst Gregor IX. zweimal gebannt wurde Friedrich von Papst Innozenz IV. auf dem Konzil zu Lyon 1245 sogar für abgesetzt erklärt.

14. Das Zeitalter der Kreuzzüge

Die Vorgeschichte der Kreuzzüge ist der Kampf der spanischen christlichen Ritter gegen die islamischen Mauren, der „Heilige Krieg" der „Reconquista", d.h. der Rückgewinnung Spaniens im Jahre 1050. Daran waren sowohl französische Ritter als auch das Papsttum beteiligt. Im Jahre 1063 erließ Papst Alexander II. den ersten päpstlichen Kreuzzugsablaß für die französischen Ritter im Kampf gegen die Mauren in Spanien und verlieh ihnen die „Petersfahne". Papst Urban II. rief dann zum Kampf gegen den Islam auf, der den christlichen Osten bedrängte. Er hoffte dabei durch die Unterstützung von Byzanz durch abendländische christliche Ritter auch das Schisma mit der Ostkirche von 1054 überwinden zu können. Darum forderte Urban 1095 auf der Synode von Piacenza die christlichen Ritter zur Verteidigung der Ostkirche auf. Auf dem Konzil von Clermont am 27. 11. 1095 erfolgte dann der Aufruf des Papstes zum ersten Kreuzzug zur Befreiung des „Heiligen Landes" von den Mohammedanern. Dieser Aufruf des Papstes fiel auf einen aufnahmebereiten Boden, weil hier die Ritterideale mit der Verheißung der sühnenden Wallfahrt zusammentrafen; befreite doch die Jerusalemsfahrt von allen Bußverpflichtungen, und Papst Urban löste die Kreuzzügler von dem Waffenverbot sonstiger Jerusalemspilger.

Mit dem Aufruf zum ersten Kreuzzug hatte das Papsttum aber zugleich auch die Führung der abendländischen Christenheit angetreten; denn Krieg zu führen war bisher stets die Sache der weltlichen Herrscher gewesen. Nun entstand ein christliches Ritterethos zum Schwertschutz der Kirche und in ihr besonders bedrängter Christen. In seinem Aufruf zu Clermont sagte Papst Urban II.:

„Die Wiege unseres Heils, das Vaterland unseres Herrn, hat ein gottloses Volk in seiner Gewalt und hält die Gläubigen in Knechtschaft und Unterwerfung. Die Hunde sind in das Heiligtum gekommen und das Allerheiligste ist entweiht. Bewaffnet euch mit dem Eifer Gottes, liebe Brüder, gürtet euere Schwerter und seid Söhne des Gewaltigen! Besser ist es im Kampfe zu sterben, als unser Volk und die Heiligen leiden zu sehen. Wer einen Eifer für das Gesetz Gottes hat, schließe sich uns an! Erkauft euch mit wohlgefälligem Gehorsam die Gnade Gottes, daß er euch euere Sünden, mit denen ihr seinen Zorn bewirkt habt, um solch frommer Werke willen schnell vergebe! Wir erlassen durch die Barmherzigkeit Gottes allen gläubigen Christen, die gegen die Heiden die Waffen nehmen und sich der Last des Pilgerzuges unterziehen, alle die Strafen, die die Kirche für ihre Sünden über sie verhängt hat. Und wenn einer dort in wahrer Buße fällt, so darf er fest glauben, daß ihm die Vergebung seiner Sünden und die Frucht ewigen Lebens zuteil werden."

Als „bewaffnete Wallfahrt" gewann die Kreuzzugsidee bald großen religiösen Wert. Das Tuchkreuz auf dem Mantel erinnerte daran, daß der Tod dem Martyrium nahe kam.

Papst Urban II. hat, auf seine apostolische Autorität gestützt, seinen Kreuzzugsappell vorbei an den Königen direkt an die Ritter gerichtet und so zur Bildung eines übernationalen Heeres zur Verteidigung der Christenheit aufgerufen. Die Kreuzritter erhielten zum Schutz ihrer heimischen Güter den Gottesfrieden und Abgabenfreiheit. Allerdings die einheitliche Leitung des Kreuzfahrerheeres entglitt dem Papst; er hatte auch keinen Einfluß auf den Wanderprediger Peter von Amiens, der über fünfzigtausend Gefolgsleute aus dem einfachen Volk für den Kreuzzug gewann und sie zu

Judenpogromen im Rheinland aufputschte. Bei Nicäa gingen seine Kreuzfahrer ohne den Schutz des Ritterheeres elend zugrunde.

Eine sichtbare Frucht der Kreuzzugsfrömmigkeit waren die neu entstehenden Ritterorden, die im Hospitalsdienst ein Frömmigkeitsideal jener Zeit verwirklichten; denn im Dienst an den Kranken, den „Pauperes Christi", diente man dem Herrn. Kreuzzugsfrömmigkeit, das war ein Ausdruck der Suche nach dem Heil in der Nachfolge Christi mit Buße und Gebet verbunden.

Die Kreuzzüge sind ein zentrales Ereignis der mittelalterlichen Geschichte, denn sie verdeutlichen, daß sich das Schwergewicht der Zivilisation von Konstantinopel nach Westeuropa verschoben hatte. Dabei wurde aber auch die westliche Kultur und Zivilisation durch die der Mauren befruchtet. Über die Mauren kam die Kenntnis antiker Wissenschaft, z.B. die des Aristoteles in das Abendland. Die Kreuzzüge stellen den Versuch dar, die Ursprungsländer des Christentums aus dem Besitz der Mohammedaner wieder zurückzugewinnen. Trotz beachtlicher Anfangserfolge scheiterte dieser Versuch jedoch, denn insgesamt waren die Kreuzzüge ein unvernünftiges Abenteuer. Trotz ihres Scheiterns und aller damit verbundenen Verluste kündigten sie aber doch auch den Beginn eines neuen Zeitalters an. Das Denken und Fühlen jener Zeit und ihrer Menschen wird in dem farbigen Bild der Kreuzzüge sichtbar und deutlich. Es ergibt sich ein Zusammenspiel von Glaubenskrieg, Heldengeschichten und Landeroberungen, aber auch der Beginn neuer Handelswege und -ziele. So stellen sie ein vielschichtiges und kompliziertes Ereignis dar: Mittelalterliche Frömmigkeit, die die menschliche Schuld durch die Kreuzeswallfahrten tilgen will und zugleich auch den Aufbruch aus sozialer Not und Enge, Ausdruck der Abenteuerlust der Ritter und der Versuch der vom Erbe ausgeschlossenen Fürsten- und Rittersöhne, sich Besitz zu verschaffen, genauso wie die Gier des Pöbels nach Beute, die sich schon zu Beginn der Kreuzzüge in den Judenpogromen zeigte.

15. Die königliche Stadt Frankfurt am Main

Im Dezember 1212 weilte Friedrich II. auf seinem Zuge von Italien nach Deutschland in Frankfurt und ließ sich hier zum zweiten Male zum König wählen und in Mainz krönen. Mit ihm zog sein Hofstaat, angeführt von einer sarazensischen Reitertruppe, der die verschleierten Damen in Sänften, die Ritter und Höflinge, die Pagen mit den Falken, Leoparden und Kamelen und zuletzt die Köche und das Gesinde folgten, ein wunderbares Schauspiel für das staunende Volk, das die engen Gassen der Stadt säumte.

Nach der Niederlage Ottos IV. ließ Friedrich sich in Aachen 1215 zum zweiten Male krönen, weil Aachen die Krönungsstadt der deutschen Könige und damit seine Krönung ordnungsgemäß vollzogen war.

Obwohl er sich auf die Macht der Fürsten stützte und die gegen die Macht der Fürsten gerichteten Städtebünde verbot, machte er doch während des Reichstages 1220 in Frankfut, auf dem sein achtjähriger Sohn Heinrich zum deutschen König gewählt wurde, den Schultheiß zum Verwalter der Stadt und diese damit zur „Königsstadt" mit freien Bürgern, denen er zur Errichtung der St. Leonhardskirche ein Grundstück am Main, wo das königliche Hofgut war, schenkte. So ist es verständlich, daß auf einer Urkunde von 1223 das anhängende Stadtsiegel die Umschrift trug: „Specialis domus imperii, d.h. „besonderer Sitz des Reiches". Frankfurt war bereits ein bedeutender Messe- und Handelsplatz, den Friedrich 1240 unter seinen speziellen Schutz stellte. Durch die Beziehungen nach Italien und auch durch die Kreuzzüge hatte der Handel in und für Frankfurt einen großen Aufschwung erhalten.

Wenn auch das Schwergewicht seines politischen Handelns in Italien, wo er groß geworden war, lag, so war ihm Frankfurt doch immer eine besonders liebe und wichtige Stadt mit großer Bedeutung für den Handel.

Auch bei Friedrich II. ging es um die große Auseinandersetzung über das Verhältnis von weltlicher und geistlicher Macht in ihrem Anspruch auf die Führung des Abendlandes. Friedrich erschien dabei in seinem Handeln widersprüchlich; denn obwohl von den Päpsten Gregor IX. und Innozenz IV. gebannt und sogar abgesetzt und darum stets im Kampf mit dem Papsttum, stimmte er doch 1232 mit seiner „Ketzerordnung" der päpstlichen Inquisition zu. Ketzerei war für ihn eben Rebellion und damit ein Majestätsverbrechen. Großinquisitor für Deutschland wurde der Dominikaner und Beichtvater der Heiligen Elisabeth, Konrad von Marburg, der 1238 von hessischen Rittern, die er der Ketzerei verdächtigte, erschlagen wurde. Auf Ketzerei stand die Todesstrafe und die Konfiskation aller Güter. Bis zum

Tode Kaiser Friedrichs II. blieb der Kampf zwischen Kaiser und Papst unentschieden. Der letzte Staufer Konradin wurde von Karl von Anjou besiegt und 1268 in Neapel enthauptet. Damit erlosch das Geschlecht der Staufer.

Mit dem tragischen Ende der Staufer fand die Idee eines Heiligen Römischen Reiches Deutscher Nation im geeinten Europa ihr Ende. Die deutschen Fürsten waren nur noch auf die Sicherung und Erweiterung ihrer Macht bedacht und wählten unbedeutende Könige ohne Hausmacht. In der kaiserlosen Zeit von 1256 - 1273 erstarkten die Landesherren. Fehden und Raubrittertum gefährdeten die Sicherheit der Handelsstraßen und Städte, so daß diese sich in Schutzbündnissen zusammenschlossen und zur Wehr setzten. So entstand 1254 der „Rheinische Städtebund".

Die Bevölkerung bestand aus Freien, Halbfreien und Unfreien. Die Freien hatten Stimmrecht in den Versammlungen und bei Gericht, mußten aber Heeresdienst leisten. Die Halbfreien waren vermögensrechtlich den Freien gleichgestellt, hatten aber kein Stimmrecht und brauchten keinen Heeresdienst zu leisten, während die Unfreien als „Leibeigene" das Eigentum ihres Herren waren. Nun wurden die vielen Kriege und Fehden jener Zeit zu einer immer größeren Last, zumal schließlich auch die Halbfreien zum Heeresdienst herangezogen wurden. So waren viele Freie und Halbfreie lieber unfrei und traten mit ihrem Eigentum in den Schutz der großen Grundherren und wurden zu „Hintersassen" auf ihrem Besitz unter Preisgabe ihrer Freiheit. Schließlich blieben nur noch Adel, Geistlichkeit und die Städter frei. Aus „Halbfreien" und „Unfreien" aber, die dann in den Heeresdienst des Königs und der Fürsten traten, entstand durch „Lehen", also mehr oder weniger große Güter, Grundbesitz oder Rechte, als Bezahlung für den jeweiligen Dienst, ein niederer Adel, die Vasallen, das Rittertum, dessen Blüte - vor allem in der Zeit der Kreuzzüge - jedoch nur kurz war und das durch die aufkommende Geldwirtschaft verarmte und zum Raubrittertum verwilderte. Auch die späteren Feuerwaffen und die Landsknechte verdrängten die Ritter; viele gingen als Beamte in fürstliche Dienste.

Frei waren der Adel und die Geistlichkeit, die Unfreien bestanden aus den Ministerialen, die aber bald zu Edelleuten aufstiegen und erbliche Lehen erhielten. Das königliche Kammergut löste sich so in Reichslehen auf. Die Leibeigenen gehörten zum größte Teil dem König. Aus den nie-

deren Ministerialen, Handwerkern und Bauern wurden auf dem Lande
Zinsbauern, in der Stadt freie Handwerker, die sich zu Zünften zusammenschlossen.

Die Ministerialen waren als Dienstleute des Königs ursprünglich eine Oberschicht der Unfreien, die von ihren Herren zu Haus-, Verwaltungs- und
Heeresaufgaben herangezogen wurden. Im Laufe der Zeit erwarben sie
bestimmte Dienstrechte und auch Dienstlehen. Besonders durch den Waffen-
und Kriegsdienst sowie die damit verbundene Lebensweise hob sich ihr Ansehen, sie wurden Freie, aus deren Reihen dann der niedere Adel entstand.
Die Reichsministerialen des Königs wurden sogar Stützen der staufischen
Reichspolitik. Sie durften nur vom König für sie bestimmte Partner heiraten.
Dieser Ehezwang der Königsleute war gegen Ende des zwölften Jahrhunderts
ebenfalls aufgehoben. Statt Grundzins mußte nun die Reichssteuer an den
König gezahlt werden. Die Nachkommen der höheren Königsbeamten bil-
deten in der Stadt die Oberschicht, das Patriziat. Im Süden der Stadt lag der
große Reichsforst Dreieich, der unter der Verwaltung des Vogtes von Hagen
mit Sitz in Münzenberg stand. Der Frankfurter Schultheiß nahm an dem
Gericht der Dreieich, das Wald- und Wildfrevel ahndete, teil und erhielt im
Herbst einen Hirsch, den er mit den Frankfurter Schöffen teilte. Um die
Stadt herum lagen neunzehn Dörfer einschließlich Offenbach, die Frankfurt dienen mußten und von ihm beschützt wurden. Auf dem Bornheimer
Berg wurde durch die Zentgrafen der Dörfer und Beamten des Frankfurter
Schultheißen Gericht gehalten. Die Dörfer mußten Leute zum Kriegsdienst
stellen und den kaiserlichen Hof in Frankfurt mit Brennholz beliefern.
In den Spannungen zwischen Kaiser und Papst stand die Stadt Frankfurt
treu zu den Staufern und ließ sich weder durch den päpstlichen Bann
noch durch die Drohungen des Gegenkönigs zum Abfall bewegen. Erst als
der letzte Staufer tot war, öffnete die Stadt Wilhelm von Holland, dem
von der päpstlichen Partei gewählten Gegenkönig, ihre Tore. Frankfurt
wußte, was es den Staufern zu verdanken hatte. Weder das Bartholomäusstift hatte den königlichen Besitz an sich bringen und die Stadt zum geistlichen Territorium machen können, noch war es einem der großen königlichen Beamten, z.B. dem Münzenberger, der der Verwalter des Reichsfor-
stes Dreieich war und einen Sitz in Sachsenhausen besaß, gelungen, sich zum
Herren der Stadt zu machen. Allein der königliche Schultheiß hatte die poli-

tische und wirtschaftliche Führung der Stadt und damit war und blieb ihre Freiheit und wirtschaftliche Kraft gesichert. Es gab ein Schöffengericht, das aus Ministerialen und angesehenen Männern der Stadt gebildet war. Das „Frankfurter Recht" wurde zum Vorbild der Rechtsordnung vieler Städte. Ritter ließen sich in der Stadt nieder und der Zuzug vom Lande hielt an; denn die Stadt war ein Ort der Freiheit; es galt das Wort: „Stadtluft macht frei!"

Die Städte blühten durch Geldwirtschaft und Fernhandel - wie etwa die Hansestädte - auf und wurden reich. So wurden sie aber auch zu Steuerquellen für den König sowie für weltliche und geistliche Herren. Aber sie forderten und erhielten dafür auch Privilegien, vor allem die Selbstverwaltung an Stelle der fürstlichen oder königlichen. An die Stelle dieser Beamten traten nun: Ein Rat und Bürgermeister aus den städtischen Patriziern, die aus den adligen Geschlechtern stammten, die entweder aus der königlichen Zeit geblieben oder vom Land in die Stadt gezogen waren oder die aus den Familien der reichen Handelsherren kamen. Später kamen dann auch noch die „Zünfte" der Handwerker zur Verwaltung hinzu.

So kam zum Beispiel Heinrich von Holzhausen von seinem Freibauerngut in Erlenbach, dem heutigen „Burgholzhausen" um 1245 in die Stadt, wo er Bürger und ab 1255 als erfolgreicher Kaufmann bereits Schöffe wurde. Er wurde nach seinem Heimatort genannt. Die reichen Familien betrieben eine systematische Versippung und behielten dadurch den Grundbesitz fest in ihren Händen, da die Handwerker und Händler nur Pächter oder Mieter sein konnten. Die Kaufleute dagegen legten ihre Gewinne oft in Grundstücken an. Auf diese Weise sammelte sich viel Macht in wenigen Händen an. Die Kaufleute, die den Fern- und Messehandel betrieben, gehörten dem Patrizierstand der Stadt an, während die Händler auf den Märkten Waren des täglichen Bedarfes der Bevölkerung feilhielten. Mit Zustimmung der Stadtregierung durften auch Orden oder Klöster Grundbesitz in der Stadt haben und erwerben und gelangten mit der Zeit zu erheblichem Besitz.

Durch die beiden Messen im Frühjahr und im Herbst wurde Frankfurt zu einem wichtigen Zentrum des Fernhandels, der mit seinen kostbaren Waren von Ort zu Ort zog und am Messeort seinen festen Stützpunkt besaß. Man handelte vorwiegend mit Luxusgütern: kostbaren Pelzen, Gewürzen, Juwelen,

Tuchen aus England und Flandern etc. Da das Kreditwesen der Banken erst im vierzehnten Jahrhundert aufkam, wurde der Handel bar abgewickelt, was bei der Geldknappheit nicht immer leicht war; denn Fürsten und Klerus erhielten zumeist Naturalabgaben. So wurde im Herbst das Getreide der Wetterau auf dem Kornmarkt verkauft. Für den Erlös konnten Handelsgüter und Wein erworben werden. Die Bürger hatten die Verpflichtung, in ihren Häusern in Speicherräumen Getreidevorräte anzulegen, die man für Notzeiten oder auch für die großen Reichsversammlungen benötigte. Der Weinhandel mit dem Rhein und dem Elsaß spielte eine bedeutende Rolle. Es gab dafür mehrgeschossige Keller, die noch im Bombenkrieg des Zweiten Weltkrieges ihre Bedeutung als Fluchtwege für die Bewohner der Altstadt hatten. Den größten Teil des Grundbesitzes in der Stadt hatten die reichen Großkaufleute in ihren Händen. Sie waren es ja auch, die der Stadt durch ihre Handelsgeschäfte Leben und Bedeutung gaben. Sie gaben den Handwerkern die Aufträge, besorgten ihnen die notwendigen Rohstoffe und betrieben den Absatz der Fertigerzeugnisse. Ohne diese kapitalkräftigen Kaufleute mit ihren Beziehungen wäre die wirtschaftliche Entwicklung der Stadt nicht möglich gewesen. So wurden sie folgerichtig auch zu den berufenen Sprechern der Bürgerschaft, stellten die Mehrheit der Schöffen und übten Macht aus.

Zu den Messen, den Reichstagen und den Königswahlen und -krönungen waren oft genau so viele Fremde wie Bürger in der Stadt, deren Straßen eng, ungepflastert und unbeleuchtet waren. Aber es gab Herbergen für Kaufherren und Fürsten, einfachere Quartiere für das Gefolge sowie Höfe, die zur Messezeit vermietet wurden und Niederlassungen, in denen Klöster ihre Erzeugnisse verkauften.

In den aufblühenden Städten begann sich auch eine städtische Kultur zu entwickeln, die dem Bildungswesen Aufschwung gab. Neben die Abtei-, Stifts- und Kathedralschulen kamen nun auch städtische Schulen, die auf Lehrer und Scholaren eine große Anziehungskraft ausübten, da sie größere Aufenthaltsmöglichkeiten boten. Überhaupt trat nun der Laie stärker neben dem Klerus auch im Leben der Kirche auf.

Die patrizisch-handwerklich gegliederte städtische Gemeinde bedeutete ein neues gesellschaftliches Element neben der bisherigen feudal-bäuerlich geordneten Gemeinschaft. In der Stadt bildeten sich Zünfte und es entstand ein „Laienrecht" in Abgrenzung zum Klerus, das von der städtischen Verwaltung ausgeübt wurde, die eine eigene Gerichtsbarkeit besaß.

Die religiöse Unterweisung der Kinder wurde als Elternpflicht in die Familie gelegt. Die Taufen, die früher nur zu Ostern oder Pfingsten stattfanden, wurden nun bald nach der Geburt vollzogen, die Predigt geschah in der Volkssprache. Es entwickelten sich Marien-Wallfahrtsorte sowie ein Heiligenkult mit Wallfahrten vor allem nach Rom, Jerusalem und Santiago di Compostella in Spanien. Gegenüber einer in Machtkämpfen verstrickten Armtskirche und dem aus dem Unbehagen darüber geborenen Suchen nach einer wirklich geisterfüllten Kirche, die mit den Geboten und Lehren der Heiligen Schrift ernstmachte, entstanden neue religiöse Bewegungen, nicht nur in Sekten, sondern vor allem auch in neuen geistlichen Orden und ordensähnlichen Gruppierungen in der Laienwelt, wie etwa bei den Frauengemeinschaften der Beginen, bei denen sich Jungfrauen und Witwen zu Lebensgemeinschaften zusammenschlossen. Dabei war die Grenzlinie zwischen Rechtgläubigkeit und Ketzerei oft nur schwer zu ziehen.

Das ganze Leben des mittelalterlichen Menschen war religiös ausgerichtet; und obwohl es im alltäglichen Leben oft roh zuging, fand sich doch ein inniges Gefühl, das Gott gnädig stimmen wollte und darum jede Entartung im Leben als Sünde und Entfernung von Gott empfand und durch Religionsausübung und tätige Liebe zu überwinden suchte.

Bezogen auf die Bewohnerzahl Frankfurts von noch nicht zehntausend Einwohnern war die Anzahl der Kirchen und Kapellen unverhältnismäßig groß, zumal sich im dreizehnten Jahrhundert eine Anzahl von Orden neu in der Stadt niederließen. Kirchen und Orden aber lebten weitgehendst von den Opfern und Schenkungen der Bürger. Sie wurden „Gott zuliebe und um des eigenen Seelenheils willen" gegeben, genauso wie die Almosen für die Armen. Dies alles entsprang im Grund einer tiefen und echten Frömmigkeit und darf darum nicht einfach mit „Werkgerechtigkeit" d.h. nicht um sich damit die göttliche Gnade und Hilfe zu erwerben oder zu erkaufen, abgetan werden. Nicht zufällig wurden die in Einfachheit und Armut lebenden Bettelorden dem oft verweltlichten Klerus vorgezogen.

16. Die Inquisition

Die Anfänge der Inquisition gingen auf den Beginn des zwölften Jahrhunderts zurück. Während seit der Überwindung des germanischen Arianismus Ketzerei immer nur die Abirrung einzelner gewesen war, die mit Klosterhaft geahndet wurde, bildeten sich im ausgehenden zwölften Jahrhundert zwei bedeutende Sekten, die Katharer und die Waldenser, die besonders in den romanischen Ländern der Kirche gefährlich wurden. Der Name „Ketzer" ist übrigens von Katharer abgeleitet. Die Ursprünge der Katharer lagen in der dualistischen Auffassung von Gut und Böse der orientalischen Manichäer. Ihre Lehren waren über den Balkan durch die Kreuzzüge in das Abendland gekommen und hatten ihr Zentrum in der Stadt Albi in Südfrankreich gefunden. Daher wurden die Katharer auch Albigenser genannt. Sie bauten eine Art Kirche mit hierarchischer Gliederung durch Bischöfe und Diakone auf und gewannen mit einem Leben in strenger Askese Anhänger bis nach Oberitalien. Die Sakramente, Altäre, Kreuze und Bilderverehrung verwarfen sie, da die gesamte materielle Welt vom Teufel geschaffen sei. Die Waldenser gingen auf den Lyoner Kaufmann Petrus Waldus zurück. Sie vertraten neben einem strengen Biblizismus das altchristliche Armuts- und Gemeinschaftsideal mit Fasten und Beten. Als Wanderprediger trugen sie ihre Botschaft durch die abendländische Welt und fanden auch in Deutschland Anhänger. Im südöstlichen Frankreich und in der Lombardei waren sie stark vertreten. Das Aufkommen dieser Bewegungen war auch, genauso wie die in dieser Zeit neuentstehenden geistlichen Orden, eine Reaktion auf die Machtkämpfe der Kirche und ihre Verweltlichung. Petrus Waldus und seine Anhänger wurden schon von Papst Lucius III. 1184 exkommuniziert. Mit Innozenz III. begann der Kampf gegen die Ketzer mit Hilfe der geistlichen Orden, insbesondere der Dominikaner und der Inquisition, die 1231 durch Papst Gregor IX. zu einer Instituion unter päpstlicher Leitung gemacht und mit Dominikanern besetzt wurde. Die Kriege gegen die Albigenser wurden mit Hilfe des französischen Königtums von 1209 bis 1229 als brutale Ausrottungskreuzzüge geführt.

Auf einem Hoftag, den König Heinrich, der Sohn Kaiser Friedrichs II., 1234 in Frankfurt abhielt, kam eine Anklage gegen die Grafen Sayn und Solms wegen Waldenser-Ketzerei zur Verhandlung. Beide retteten sich durch einen Reinigungseid.

Jeder Bischof war verpflichtet, bei den alle zwei Jahre stattfindenden Visitationen in seiner Diözese nach Ketzern zu fahnden, denn nach römischem Recht war Häresie eine Majestätsbeleidigung Gottes und des Papstes. Die Bestrafung erfolgte durch die weltliche Macht mit Güterkonfiskation und Todesstrafe. Der Ketzerprozeß wurde geheim, ohne Anwalt und bei Verschweigen der Zeugen ohne jede Berufungsmöglichkeit durchgeführt. Die Aufgabe der päpstlichen Inquisitoren war es, systematisch nach Ketzerei zu fahnden, den Prozeß durchzuführen und die Verurteilten dem weltlichen Arm zur Verbrennung zu übergeben. Ab 1252 hatte Innozenz auch die Folter im Ketzerprozeß zugelassen.

17. Die geistlichen Orden in Frankfurt am Main

Im dreizehnten Jahrhundert kam es zur Niederlassung geistlicher Orden in Frankfurt. Sie prägten entscheidend das kirchliche und religiöse Leben der Folgezeit.

Die cluniazensische Reformbewegung, der Kampf zwischen Kaiser und Papst, die Kreuzzüge, neue geistliche Orden und sektiererische Bewegungen hatten die Frömmigkeit der Zeit bewegt, bestimmt und den kirchlichen Sinn gestärkt. Dies kam in Klosterneugründungen und dem Andrang junger Menschen zu den Klöstern zum Ausdruck. 1098 stiftete Abt Robert das Benediktinerkloster Citeaux, in das 1113 Bernhard von Clairvaux eintrat. Es entstand neu der Zisterzienserorden mit einer reformierten Benediktinerregel, der auch Laienbrüder für die landwirtschaftliche Arbeit aufnahm. Es bildete sich damit eine Klosterorganisation, die sich schnell ausweitete. In Frankreich entstand der Karthäuserorden mit dem Mutterkloster La Chartreuse. Während des ersten Kreuzzuges entstanden die Ritterorden der Templer, der Antoniter und Johanniter. In Italien begründete Franz von Assisi die Franziskaner und in Spanien Dominikus de Guzman die Dominikaner. Die Orden, die sich in Frankfurt niederließen, wurden von den Bürgern hilfreich aufgenommen.

a) Der Dominikanerorden

Um das Jahr 1233 kamen die Dominikanermönche als erste der neuen Orden nach Frankfurt und wurden mit Wohlwollen aufgenommen. Die

Stadt gab ihnen ein Grundstück in der östlichen Altstadt, nahe der Stadtmauer. Die Ordensbrüder waren auf päpstliche Anweisung aus Paris über
Belgien nach Frankfurt gekommen. Unterwegs hatten sie bereits Niederlassungen in Köln, Trier und Worms errichtet. Sie erbauten zunächst ein
kleines Haus als Unterkunft und danach begannen sie mit dem Bau des
Klosters und der Kirche, finanziert aus Spenden der Bürger Frankfurts, aber
auch aus den Städten Trier, Köln und Worms. 1245 war das Kloster und
1249 sein Kreuzgang fertiggestellt. Der Kirchbau ging langsamer voran und
war erst 1280 abgeschlossen. 1259 hatte eine päpstliche Bulle allen Spen-
dern für den Kirchbau Ablaß zugesichert; dies wurde von den Erzbischöfen
von Köln und Mainz noch erweitert. Die Dominikanermönche hatten den
päpstlichen Auftrag, dem religiösen und moralischen Verfall des Volkes
durch Predigt und Seelsorge entgegenzuwirken. Sie durften predigen und die
Beichte abnehmen. Da sie aber auch von Papst Alexander IV. das Recht
erhalten hatten, in ihren Kirchen Begräbnisstätten zu haben, kamen sie bald
in Konflikt mit dem Bartholomäusstift wegen der Gebühren für Begräbnisse
und Seelenmessen, die nur der Parochie, d.h. dem Seelsorgebezirk, der zum
Bartholomäusstift gehörte, zustanden.
Es gab aber auch Zwistigkeiten zwischen den Ordensgemeinschaften der
Stadt über theologische Fragen, zum Beispiel eine Auseinandersetzung
zwischen Franziskanern und Dominikanern um die ,,Unbefleckte Empfäng-
nis Mariae'', in der die Franziskaner die Meinung des Theologen Duns Scotus
vertraten: ,,Maria sei von der Erbsünde verschont geblieben und darum habe
sie ohne Sünde empfangen, während die Dominikaner nach den Lehren der
Kirche und mit Bernhard von Clairvaux die These vertraten: ,,Maria habe
zwar in Sünde empfangen, sei aber danach durch Gottes Gnade vor der
Sünde bewahrt worden.'' Solche theologischen Dispute und Streitigkeiten
führten die Dominikaner auch mit Klerikern am Bartholomäusstift.
Das Dominikanerkloster gewann für die Stadt große Bedeutung; denn in
ihm versammelten sich Kaiser, Könige und Fürsten bei Wahlen und Krönun-
gen. Viele von ihnen haben das Kloster mit Privilegien ausgestattet. 1292
wurde hier Graf Adolf von Nassau zum König gewählt und nach der Wahl
auf den hohen Altar gesetzt, um die Huldigung der Fürsten und des Volkes
entgegenzunehmen. 1308 wählte man im Dominikanerkloster den Luxem-
burger Heinrich VII. zum König. Die Wahlen fanden hier statt, weil die

St. Bartholomäuskirche wegen Umbauarbeiten nicht benutzt werden konnte. Da die Dominikaner im Streit Ludwigs des Bayern mit dem Papst auf päpstlicher Seite standen, wurden sie von 1335 bis 1347 während des Interdiktes, des totalen Gottesdienst- und Seelsorgeverbotes, das der Papst erlassen hatte, aus der Stadt vertrieben und ihre Kirche geschlossen. Trotzdem blieb die Dominikanerkirche bei der Bürgerschaft beliebt. Sie war ein dreischiffiger Hallenbau ohne Querschiff mit achteckigem, geschlossenem Chor. Die vierzehn Altäre in vier Kapellen waren mit bedeutenden Kunstwerken geschmückt, die von reichen Bürgern gestiftet waren. Der Hochaltar war ein Wandelaltar mit zwei Flügelpaaren, auf denen Hans Holbein d. Ältere den Stammbaum Christi und den der Dominikaner dargestellt hatte, dazu das Marienleben und die Passion Christi. Die Bilder befinden sich heute im Städelschen Museum. Der Altar des Heiligen Thomas war von Albrecht Dürer und Matthias Grünewald gestaltet. Dürer hatte 1511 die Himmelfahrt Mariae gemalt und Grünewald die Außenseiten des Flügelaltares 1509 mit dem Heiligen Laurentius und dem Heiligen Cyriakus, beide im Diakonengewand, gestaltet. Den Altar hatte der Ratsherr und Schöffe Jakob Heller gestiftet. Leider wurde das Original 1614 an Herzog Maximilian von Bayern verkauft und ist 1730 in München verbrannt. Eine Kopie von Jobst Herrich aus dem Jahre 1613 befindet sich im Historischen Museum. Darüber hinaus besaß die Dominikanerkirche noch weitere bedeutende Kunstwerke von Hans Baldung Grien auf dem Altar Johannes des Täufers und Philipp Uffenbach auf dem Salvatoraltar. Auch der Kreuzgang des Klosters war ausgemalt mit Wappen von Frankfurter Patrizierfamilien und den Mysterien des Glaubens mit alttestamentlichen Propheten.
Im Kreuzgang befanden sich auf Leinen gemalte Bilder des Leidens Christi. Als ein Ausdruck der mittelalterlichen Frömmigkeit entstanden aus den Bürgern in den Städten Bruderschaften, die sich soziale, sehr oft pflegerische Aufgaben stellten. So gab es auch in Frankfurt einige dieser Vereinigungen, wie etwa die Rosenkranzbruderschaft, die der Schmiedegesellschaften St. Sebastian und St. Georg, die ihre geistige Heimat im Dominikanerkloster hatten. Dies zeigt die große Beliebtheit, deren sich das Kloster bei den Bürgern erfreute. Viele reiche Bürger machten den Dominikanern große Stiftungen und ließen sich in der Kirche begraben, so die Heller, Holzhausen, Melem und andere. Großes Ansehen genoß auch die

Theologische Schule des Klosters mit ihrer bedeutenden Bibliothek. Das in der Nähe des Klosters gelegene Beginenhaus war der Aufsicht der Mönche unterstellt. Aus ihm entwickelte sich die Schwesternschaft der Rosenberger Einigung, eine von der Witwe des Schöffen Andrä Rosenberg gegründeten Lebens- und Wohngemeinschaft, die nach der dritten Regel des Dominikus lebten und aus denen die „Dominikanerinnen" entstanden.

b) Dominikus und die Dominikaner

Dominikus de Guszman wurde um 1170 in Calaruega in Altkastilien geboren. Er wurde Subprior des regulierten, d.h. nach der reformierten cluniazensischen Ordensregel lebenden Domkapitels von Osma und hatte auf Reisen mit seinem Bischof die Gefahr der Katharer, einer aus dem Orient stammenden Sekte mit einer dualistischen Lehre von Gut und Böse, in Südfrankreich kennengelernt. So setzte er sich das Ziel, die Ketzer zu überzeugen und zu gewinnen. Dies versuchte er als Diözesanprediger in Toulouse. Dazu bildete er mit päpstlicher Genehmigung 1216/17 einen Orden mit der Regel der Augustiner. Sie nannten sich „Ordo fratrum Praedicatorum", d.h. Predigerbrüder. Nach dem Tode des Dominikus 1221 in Bologna, breitete sich die Predigermission als Orden aus, der seine Verankerung an den Universitäten fand und sich der theologischen Wissenschaft widmete. Bedeutende Theologen der mittelalterlichen Kirche, wie Albertus Magnus (1193 - 1280) und Thomas von Aquin (1225 - 1274), sind aus ihm hervorgegangen. Das dreizehnte Jahrhundert war ja die klassische Periode der mittelalterlichen Geisteskultur, in der die Universitäten von Paris, Oxford und Bologna entstanden und aufblühten, dazu Schulzentren von europäischem Rang in Chartres, Paris, Reims, Bologna, Salerno und Toledo. Lehrer und Studenten gehörten dem Klerus an, und es wurde Theologie, Philosophie, Jura, Medizin und Aristoteles gelehrt. Der Bettelorden der Dominikaner, der von den Almosen der Gläubigen lebte, ließ sich vor allem in Universitäts-, Bischofs- und Handelsstädten nieder. Das Generalkapitel mit seinem Generalmagister mit Sitz in Rom übte im Orden, der in Provinzen gegliedert war, die oberste Gewalt aus. Es galt strenge Unterordnung unter den Papst und die Bischöfe zu üben. In jeder Ordensniederlassung gab es einen theologischen Lehrer und einen Studienleiter. Seinen Nachwuchs fand der Orden in den führenden Schichten des Bürgertums und an den Universitäten. Bereits im Jahre 1303 gab es 557 Konvente in 18 Provinzen mit etwa fünfzehntausend Mitgliedern.

c) Die Franziskaner

Zu den Orden, die sich neu in Frankfurt niedergelassen hatten, gehörten auch die Franziskaner, „Barfüßer" genannt.

Im Gegensatz zu Dominikus war Franziskus kein Organisator. Bei seinem Tode 1226 war sein Orden noch mehr eine Bewegung als eine Institution. Franziskus war Mystiker, Dichter, Beter, nicht so sehr Theologe, aber auch keineswegs so etwas wie ein „reiner Tor", sondern ein glaubensstarker Mann.

1181/82 als Sohn eines wohlhabenden Tuchhändlers in Assisi geboren, hatte wohl seine Gefangenschaft während des Stadtkrieges von Assisi und Perugia Einfluß auf seine religiöse Entwicklung. Die Sorge um den Verfall der Kirche, die Not der Armen und die Majestät Gottes waren die Beweggründe seiner Entscheidung für die „imitatio", die Nachahmung des armen, helfenden und predigenden Herrn Christus, die ihn zum Konflikt mit dem Vater und zur Enterbung führten. Gefährten schlossen sich ihm an, und sie zogen zu zweit, wie das übrigens auch die exkommunizierten Waldenser taten, predigend durch das Land. Franziskus hatte sich aber von Anfang an unter den Schutz seines Bischofs gestellt und erhielt darum auch durch dessen Vermittlung 1210 von Papst Innozenz III. die Bestätigung seiner Regel und die Diakonatsweihe. Die Brüder, die sich um ihn geschart hatten, nannten sich „Minores" und lebten in Portimenla zusammen. Dort gründeten 1212 die Schwestern Clara und Agnes den zweiten Orden der „Klarissinnen", einen Nonnenorden.

Franziskus war als Missionar in Dalmatien und Nordafrika, begleitete 1219 den Kreuzzug und predigte sogar vor Sultan El Kamil, der ihm Predigterlaubnis in seinen Ländern erteilte. Als er 1220 nach Italien zurückkam, war dort sein Orden gewachsen und hatte von der Kurie seine Regel, die „regula bullata" erhalten. Die Aufgabe des Ordens war die Innere und Äußere Mission, verbunden mit dem Armutsideal. Als dritter Orden bildete sich eine Gemeinschaft von Laien, welche das franziskanische Lebensideal außerhalb der klösterlichen Ordnung zu verwirklichen strebte. 1224 zog sich Franziskus mit einigen Brüdern zu einem Leben in Gebet, Buße und

Kontemplation auf den Berg Alverno zurück und empfing dort 1224 die Stigmata, d.h. die Wundmale Christi. Er vollendete seinen Sonnengesang in Assisi vor seinem Tode 1226. Papst Gregor IX. sprach ihn 1228 heilig. Um 1300 gab es bereits dreißig- bis vierzigtausend Franziskaner in zentral zusammengefaßten Hauptkonventen.

Um das Jahr 1270 wird die Anwesenheit der Franziskaner in Frankfurt, wo sie „Barfüßer" genannt wurden, erwähnt. 1271 gründeten sie ihr Kloster. Während des Interdiktes in dem Streit Ludwigs des Bayern mit dem Papst standen die Barfüßer auf der päpstlichen Seite. Sie wurden deshalb aus der kaisertreuen Stadt verwiesen, und ihre Kirche blieb von 1330 an für zwanzig Jahre geschlossen.

Danach erfreuten sie sich aber bald wieder der Wertschätzung der Frankfurter Bürgerschaft, denn der Kirche wurden von wohlhabenden Geschlechtern Stiftungen vermacht. Einige Bruderschaften hatten ihren Sitz in der Barfüßerkirche, so die Jodokusbruderschaft der Kaufleute, die des St. Nikolaus und die der Barchentweber.

In der Reformation wurde die Barfüßerkirche den Lutheranern übergeben. 1786 wegen Baufälligkeit abgerissen, wurde an ihrer Stelle die Paulskirche erbaut.

d) Die Karmeliter und das Karmeliterkloster

Nach der verlorenen Schlacht von Gaza gegen die Sarazenen 1244 bemühten sich die Mönche vom Karmel um Niederlassungen im Abendland. Dazu wurde durch Papst Innozenz IV. 1247 ihre Ordensregel neu formuliert. Sie wurden nun zum Bettelorden mit dem Namen: „Brüder unserer lieben Frau vom Berge Karmel", kurz „Frauenbrüder" genannt. Über einem dunkelbraunen Talar trugen sie einen weiß und schwarz gestreiften Mantel, später dann einen weißen Mantel mit Kapuze, so daß man sie „weiße Brüder" nannte. „Karmelitermönche" hießen sie erst ab 1495. 1246 wurden die ersten Karmeliter in Frankfurt aufgenommen. Aber obwohl der Rat der Stadt auch ihnen ein Grundstück überließ, zog sich der Klosterbau fast sechzig Jahre hin, denn er mußte ja aus Spenden und Stiftungen finanziert werden. Verschiedene Erzbischöfe und Bischöfe erteilten dazu Ablässe. Der Bau war aber auch deshalb besonders schwierig, weil das Grundstück bereits umbaut war, so daß erst noch angrenzende Gebäude erworben werden mußten. Der Bau des Klosters und der Kirche war um 1285 beendet und wurde durch den Mainzer Erzbischof geweiht. Die Kirche besaß als Reliquie einen Arm der Heiligen Anna, der in Lüttich erworben war und der in der St. Anna-Kapelle aufbewahrt wurde. Auch dem Karmeliterkloster schlossen sich Bruderschaften an, wie die der „armen Leute", die „St. Georgs-Bruderschaft" und die der „Blinden und Lahmen". Die rasch wachsende Zahl der Brüder machte schon bald die Erweiterung des Klosters notwendig. Es gab aber Schwierigkeiten mit dem Rat der Stadt, dem es mißfiel, daß die Brüder ihren Grundbesitz durch den Erwerb umliegender Häuser vermehrten und die Häuser abbrachen. Man war gegen die Anhäufung von Grundbesitz in „toter Hand", die keine Grundsteuer zahlte und gegen die Verminderung des bürgerlichen Wohnraums. In diesem Streit mußte der Erzbischof von Mainz der Stadt gegenüber nachgeben, und man einigte sich darauf, daß dem Kloster vermachte Häuser binnen Jahresfrist wieder an Bürger verkauft werden mußten. Das „Haus zum Krebs", das das Kloster von Elisabeth von Holzhausen geerbt hatte, durfte nicht abgerissen werden, ebenso das Haus „Zum Gryfen", das für den Kreuzgang abgerissen werden sollte. Erst als sich der Prior an Kaiser Maximilian I. wandte und dieser sich für die Brüder einsetzte, gab der Rat nach und erteilte die Abrißgenehmigung. Aber ihre rege Bautätigkeit brachte die Mönche auch in ständige Geldnot, und sie mußten sich um Almosen, Spenden und Stiftungen bemühen. Dafür kamen die Wappen der Gönner in den Kreuzgang, der im sechzehnten Jahrhundert mit Malereien ausgeschmückt wurde.

Die bedeutendsten Gemälde im Karmeliterkloster wurden von Jörg Ratgeb geschaffen. Um 1480/85 in Schwäbisch-Gmünd geboren, war er einer der bedeutendsten Maler der Dürerzeit. Das Karmeliterkloster in Hirschhorn, wo er 1513 gearbeitet hatte, empfahl ihn an die Frankfurter Ordensbrüder. Hier malte er um 1514 die gesamte einhundertzehn Meter lange und viereinhalb Meter hohe Wandelhalle aus. Er stellte die biblische Heilsgeschichte von der Schöpfung bis zum Weltgericht dar. In der Darstellung der Anbetung der Heiligen Drei Könige gab er dem mittleren die Gestalt Kaiser Maximilians I. In den Gemälden des Speisesaals schilderte er die Geschichte des Karmeliterordens von der Flucht der Mönche aus dem Heiligen Land bis zurück zu der legendenhaften Gründung des Ordens durch den Propheten

Elias. In der Darstellung der Flucht und Verfolgung des Ordens hat er sein eigenes späteres Schicksal, von Pferden auseinandergerissen zu werden, vorausgeahnt. Stifter der Gemälde waren u.a. Claus Stalburg, Philipp III. Graf von Hanau und seine Gemahlin sowie Frankfurter und auswärtige Patrizier, die die Messe besuchten.

Als Rathgeb 1517 sein Werk vollendet hatte, zog er mit seinen Gesellen in das schwäbische Städtchen Herrenberg. Er sympathisierte mit den unterdrückten Bauern und schloß sich deren Aufstand an, neigte wohl auch zu den schwärmerischen Ideen der Wiedertäufer. 1525 war er oberster Kriegsrat und Kanzler der Bauern in Stuttgart, wurde aber mit der Niederlage der Bauern durch die Fürsten gefangen und 1526 als „Rädelsführer" in Pforzheim hingerichtet.

Die im zweiten Weltkrieg zerstörten Gemälde des Kreuzganges sind teilweise restauriert worden.

18. Die Spitalorden

a) Der Johanniterorden

Er ging aus einem von Kaufleuten aus Amalfi um 1070 in Jerusalem gegründeten Hospital hervor, das unter den Namen und Schutz des Johannes gestellt war. Von 1099 an wurden auch in südfranzösischen und italienischen Hafenstädten, in denen sich Kreuzfahrer einschifften, ähnliche Spitäler eingerichtet. Die Ordensregel wurde 1113 von Papst Paschalis II. bestätigt. Zum eigentlichen Ritterorden wurde die Vereinigung 1120 unter Raimund de Pui. Es gab Ritter, Priester und dienende Brüder. Die Pflege der Kranken sowie die Fürsorge für Kriegsgefangene und Waisen blieb die Hauptaufgabe neben dem Kampf gegen die Ungläubigen. Die Ordensbrüder trugen einen schwarzen Mantel mit weißem Kreuz. In Frankfurt befand sich die Niederlassung der Johanniter, mehr ein Hospiz als ein Spital, nördlich der St. Bartholomäuskirche. Johanniterhof und -kirche genossen in der Stadt besonderes Ansehen. Kaiser Ludwig der Bayer weilte öfters dort und Günther von Schwarzburg starb 1349 im Johanniterhof. Den Johannitern gehörte auch der in der Nähe des Fronhofes gelegene Compostellhof, die Herberge für die Pilger nach Santiago di Compostella, dem bedeutendsten mittelalterlichen Wallfahrtsort in Spanien. Darüber hinaus besaßen sie noch ein Spital am Sandhof.

Durch die Reformation verlor die Johanniterkirche ihre Bedeutung. 1806 ging der Besitz an den Grafen und Fürstprimas Karl von Dalberg über. Die Kirche wurde 1874 abgerissen und brauchbares Baumaterial für den Neubau der katholischen Kirche in Bornheim verwandt.

b) Der Deutsche Orden

Der Deutsche Orden entstand während des dritten Kreuzzuges (1189 - 1192) bei der Belagerung von Akkon. Im Kreuzheer brachen Seuchen aus, die von einigen Rittern zusammen mit Bremer und Lübecker Kaufleuten bekämpft wurden. Daraus entstand 1189 ein Ritterorden mit einer Ordensregel, die Keuschheit, Gehorsam, Armut und Waffendienst verlangte und dem Schutz des Glaubens dienen sollte. Daneben wurde auch die Krankenpflege ausgeübt. Die Ritter hatten sich dem Schutz der Gottesmutter Maria, der Heiligen Elisabeth von Thüringen und dem Heiligen Georg unterstellt. Sie nannten sich auch ,,Marienbrüder" und gaben später ihrer Hauptburg den Namen ,,Marienburg". Papst Innozenz III. hatte den Orden als ,,Deutscher Ritterorden" bestätigt. Neben den Rittern gab es auch hier Priester und dienende Brüder. Der Orden stand unter der Leitung eines Hochmeisters. Er residierte zunächst in Akkon, später in Venedig, danach auf der Marienburg, dann in Königsberg und später in Mergentheim. In Deutschland gab es acht Provinzen, von denen Franken die bedeutendste war. In der Reformationszeit verwandelte der Hochmeister Albrecht von Brandenburg das Ordensland Preußen in ein weltliches Herzogtum. Napolen löste 1809 den Orden auf. Die Kommende, d.h. Ordensniederlassung, in Sachsenhausen gehörte zu Franken. Sie wurde von dem Reichsministerialen Kuno von Münzenberg gegründet. Er stiftete in Sachsenhausen ein Hospital mit Wohnhaus und Kapelle. Der Hochmeister Hermann von Salza, der mit Kaiser Friedrich II. befreundet war, veranlaßte diesen, die Abtretung dieses Spitals an den Deutschen Orden von dem Münzenberger zu verlangen. Dies geschah 1221. Bald darauf errichteten die Ordensbrüder am Mainufer größere Wirtschaftsgebäude mit einer Mühle (Mühlberg!). 1309 wurde die Kirche, zugleich auch als Pfarrkirche für Sachsenhausen, durch den Mainzer Erzbischof geweiht. Kaiser und Könige wohnten oft monatelang im Deutschordenshaus, so z.B. auch Ludwig der Bayer, zu dem die Ordensritter auch während des Interdikts treu hielten.

Der Orden hatte einen reichen Besitz. Ihm gehörte das Dorf Kloppenheim und dazu noch Güter in fast 150 Gemeinden. Gegen Ende des vierzehnten Jahrhunderts lebte hier ein Ordenspriester, der als der „Frankfurter" ein Büchlein schrieb, das Martin Luther 1516 mit dem Titel „Theologia deutsch" neu herausgegeben und sehr geschätzt hat.

Zu Beginn des achtzehnten Jahrhunderts wurde das gotische Gebäude durch einen Neubau, die heutige Gestalt des Deutschordenshauses, ersetzt. 1881 kam das Gebäude aus dem Ordensbesitz in den der katholischen Gemeinde.

c) Der Antoniterorden

Im Jahre 1095 gründeten die beiden französischen Edelleute Gaston und Girond in Viene den Antoniterorden, weil sie durch ihre Gebete von schwerer Krankheit, dem sogenannten „Antoniusfeuer", genesen waren. Ursache dieser Krankheit, die sich in Geschwüren am ganzen Körper auswirkte und die Matthias Grünewald auf dem Isenheimer Altar dargestellt hat, war das Mutterkorn, eine giftige Wucherung des Brotgetreides. Der Orden war ursprünglich eine Laienbruderschaft, wie es sie im Mittelalter vielfältig gab und die sich mit der Krankenpflege und der Beherbergung Fremder befaßte. Papst Urban II. bestätigte 1218 die Ordensregel: Armut, Keuschheit und Gehorsam. Die Ordensmitglieder trugen einen schwarzen Mantel mit dem blauen Antoniuskreuz (T) auf der Brust. 1235 gründete der Orden ein Kloster mit Spital in Roßdorf. Diesem Kloster schenkte der Frankfurter Bürger Bresto ein Grundstück an der heutigen Töngesgasse. So erhielten die Mönche das Bürgerrecht in Frankfurt und errichteten eine Niederlassung mit Kapelle. Der Besitz ging später an den Kapuzinerorden über. 1803 übernahm die Stadt das Gebäude und verkaufte es auf Abbruch.

19. Das mittelalterliche Kloster

Die Bedeutung der Klöster für das Kultur- und Geistesleben im Mittelalter kann nicht hoch genug eingeschätzt werden. Hier wurde ja nicht nur Wohl-

tätigkeit und Barmherzigkeit geübt, sondern Kunst und Wissenschaften ge-
pflegt, Heilige Schriften und antike Philosophen gelesen, studiert und abgeschrieben sowie Schulen unterhalten.

Dabei war jedoch das Leben im Kloster einfach und hart. Es wurde durch
die reformierte Regel des Benedikt von Nursia unter der Losung: „Ora et
labora!", d.h.: „Bete und arbeite!" bestimmt. Der Tageslauf war durch das
achtmalige Stundengebet umrahmt und eingeteilt in vier Stunden Gottesdienst, vier Stunden Besinnung, Studium und geistige Arbeit sowie sechs
Stunden körperliche Arbeit. Mit Sonnenuntergang endete das Tagewerk.
Geschlafen wurde zuerst in großen Gemeinschaftsräumen, später in Einzel-
zellen auf Strohsäcken mit groben Decken. Man trug das jeweilige Ordensgewand und darunter ein Unterkleid, das gewechselt werden konnte.

Im Sommer gab es täglich eine fleischlose Mahlzeit, im Winter zwei Mahlzei-
ten, die meist aus Brot, Eiern, Käse und Fisch bestanden. Dazu gab es aber
Wein. Auf Grund dieser harten Lebensbedingungen war die Lebensdauer der
Mönche nicht groß, die meisten starben früh.

20. Die Klöster in Frankfurt am Main

Neben den bereits bei der Beschreibung der Orden erwähnten Klöstern der
Dominikaner, Franziskaner und Karmeliter gab es in Frankfurt am Main
noch einige weitere Einrichtungen, z.B. das St. Katharinenkloster,
das sein Entstehen der Stiftung des Wicker Frosch, eines wohlhabenden
Frankfurters, Kantor an St. Stephan zu Mainz und später auch am St. Bartholomäusstift, verdankte. Er gründete ein Spital für arme und kranke Leute
„zu Ehren der Gottesmutter, aller Heiligen, des heiligen Kreuzes und der
Heiligen Katharina".

Als Grundstück erhielt er vom Rat der Stadt eine Hofstätte vor der damaligen Bornheimer Pforte.

Erzbischof Heinrich von Mainz erlaubte dazu den Bau von zwei
Kapellen zu Ehren des heiligen Kreuzes und der heiligen Jungfrauen Katharina und Barbara. Dazu kam dann im Jahre 1354 noch ein Nonnenkloster
mit der Regel des Deutschen Ordens, in das am 25. November 1354, dem

Tag der Heiligen Katharina, die ersten acht von später dreißig Jungfrauen als Nonnen eintraten. An der Spitze der Nonnen stand eine „magistra", der für die geistliche Betreuung und Versorgung ein Priester als Beichtvater zur Seite stand. Die Verwaltung des Klosters und Spitals und die weltlichen Geschäfte wurden von Laien wahrgenommen. Kaiser Karl IV. befreite Kloster und Spital von jeglichen Steuern. Von den eintretenden Frauen, beziehungsweise von ihren Familien, wurde eine Mitgift verlangt, die dem Kloster verblieb. Hinzu kamen Schenkungen in Preungesheim, Zeilsheim, Hochstadt und Niederrad.

Wicker Frosch war 1329 in das Kapitel des St. Bartholomäusstiftes aufgenommen worden und wurde einer seiner bedeutenden Stiftsherren aus alter Frankfurter Patrizierfamilie, hochgebildet, Doktor beider Rechte und der Heiligen Schrift.

Neben dem St. Katharinenkloster bestand seit Beginn des dreizehnten Jahrhunderts das „W e i ß f r a u e n k l o s t e r" des Ordens der „Magdalenerinnen", die auch „Weißfrauen", „Poenitentes" oder „Reuerinnen" genannt wurden.

Der 1224 von dem Priester Rudolf in Worms gestiftete Orden widmete sich neben der Pflege alter und kranker Menschen auch der Bekehrung von Prostituierten, die oft in der religiösen Begeisterung der Kreuzzüge ihr Leben ändern wollten.

Um sie vor Rückfall zu schützen, wurden Klöster zu ihrer Betreuung gegründet, 1227 bereits in Frankfurt, wofür Papst Gregor IV. der Frankfurter Bürgerschaft seinen Dank aussprach.

Das Kloster erhielt aber bald, ebenso wie das Katharinenkloster, viel Zustrom von Töchtern aus guten bürgerlichen und adligen Häusern.

Katharinen- und Weißfrauenkloster wurden in der Reformation in die „Katharinen- und Weißfrauenstiftung" zur Versorgung der Witwen und Töchter verdienter lutherischer Bürger der Stadt umgewandelt und existiert als solche heute noch.

Klosterähnliche Einrichtungen waren auch die B e g i n e n h ä u s e r.

Die Beginen waren Frauen oder Jungfrauen, die zwar ohne klösterliche Gelübde, doch in einer Art von klösterlicher Gemeinschaft lebten. Sie waren Ende des zwölften Jahrhunderts in Lüttich entstanden und hatten sich von dort ausgebreitet. Sie lebten meist nach einer Drittordensregel der Dominikaner oder Franziskaner und hatten sich auch in ihrer Kleidung diesen Orden angepaßt. Ihren Unterhalt verdienten sie durch Handarbeiten, Krankenpflege und dergleichen. Sie unterstanden in Frankfurt der Stadtobrigkeit, die darüber wachte, daß die Beginenhäuser nicht zu Klöstern wurden. Es gab in Frankfurt einige kleinere Häuser mit bis zu fünfzehn Insassen. Ihre Bedeutung bestand darin, daß sie alleinstehenden Frauen Halt, Schutz und Unterhalt boten.

Das bedeutendste Beginenhaus in Frankfurt war das „Rosenberger Haus", das sich aber zu einem förmlichen Kloster entwickelte. Es ging auf die Stiftung der Witwe des Patriziers Rosenberg zurück. Die „Rosenberger Schwestern" hatten eine Meisterin als Oberin und lebten nach der Drittordensrgel der Dominikaner, in deren Kirche sie auch zum Gottesdienst gingen.

21. Die christliche Armen- und Krankenpflege

Bereits Karl der Große sah die Armenpflege als einen Ausdruck der staatlichen Ordnung an. Aus diesem Grunde legte er in den Kapitularien, den kaiserlichen Verordnungen, die Pflichten des einzelnen gegenüber seinem Nächsten fest. Getreide durfte nicht zu teuer verkauft werden, und die Krongüter gaben Nahrungsmittel an Bedürftige ab. Verordnungen regelten die Fürsorge für Witwen und Waisen.

In der weiteren Entwicklung waren es dann vor allem die Klöster, die sich der Armen- und Krankenpflege annahmen. Der Zehnte von allen Einnahmen war für die Wohltätigkeit vorgesehen. In der Nähe der Städte oder in ihnen war dem Kloster oft ein „Armenhospital" angegliedert, vor allem seit der cluniazensischen Reformbewegung. Ein berühmtes Hospital schuf z.B. Elisabeth von Bingen mit ihren Nonnen. Sie schrieb ein Buch über die Heilkräfte der Natur. Auch die Spitäler der Ritterorden waren vorbildlich geführt. Ein leuchtendes Beispiel hingebender und aufopfernder Krankenpflege gab im dreizehnten Jahrhundert die Heilige Elisabeth, Witwe des Landgrafen von Thüringen, mit ihrem Marburger Spital, in dem sie selbst Pflegedienste tat.

Franziskus von Assisi hatte die christlichen Ideale der Armut und des Dienstes am Nächsten zu neuem Leben erweckt. So entstanden mit der

Die Heilige Elisabeth in ihrem Marburger Spital

Blüte der Städte im dreizehnten Jahrhundert viele Hospize und Hospitäler, in denen Brüder und Schwestern in Bruderschaften oder ordensähnlichen Vereinigungen die Pflege übernahmen. Es fehlte jedoch an Ärzten und medizinischen Kenntnissen und so beschränkte sich der pflegerische Dienst im wesentlichen auf Unterkunft und Verpflegung und geistliche Betreuung. In den Armen, Kranken, Pilgern und Reisenden, die man versorgte, sollte man Christus sehen und ihm in diesen „geringsten Brüdern" dienen. Es gab ja auch im Gefolge der Kreuzzüge und anderer Kriege viele Arme, Kranke und Krüppel, die auf Hilfe und Mitgefühl angewiesen waren.

Diese Hilfe entsprach der Frömmigkeit der Zeit, sowohl aus der Angst um das „Seelenheil" als ein Bußwerk zur Rettung der Seele, als auch aus dem Dank für eigene Rettung und Genesung von den vielen Seuchen der damaligen Zeit, vor allem der Pest. Die bürgerlichen Spitäler in den wohlhabenden Städten blieben durch die Krankenseelsorge in enger Verbindung mit der Kirche, ihre bürgerlichen „Pfleger" beschränkten sich auf die Leitung und Verwaltung des Spitals und überließen der Kirche die geistliche Fürsorge.

In Frankfurt rief man z.B. 1459 die „Alexianerbrüder", eine Bruderschaft der Töpfer- und Weberzunft, zur Verwundetenpflege auf, und um sich der Geisteskranken anzunehmen.

Die Aussätzigen wurden außerhalb der Städte, in Frankfurt im „Gutleuthof", versorgt. Sie galten als bürgerlich tot, darum fand manchmal sogar mit der Aufnahme in das Spital eine Art Begräbnisfeier statt. Die Lepra war durch die Kreuzzüge nach Europa eingeschleppt worden.

22. Die Spitäler in Frankfurt am Main

Neben den bereits bei den Orden und Klöstern beschriebenen Spitälern war die K r a n k e n a n s t a l t b e i St. N i k o l a u s das älteste Frankfurter Spital, das aber zunächst wohl nur für das königliche Gesinde der Kaiserpfalz zuständig war.

Von besonderer Bedeutung für die Bürger war daher das „H e i l i g - G e i s t - S p i t a l" aus dem Jahre 1227. Es wurde von dem Spitalorden der Brüder und Schwestern vom Heiligen Geist betreut und besaß eine Kapelle mit einem Priester an der Saalgasse. 1315 entstand auf dem Kirchhof des Spitals eine weitere Kapelle sowie eine „Elendenherberge". Auf die Verwaltung der Einrichtung hatte der Rat der Stadt entscheidenden Einfluß. Das Pflegschaftsamt wurde von den beiden ältesten Schöffen, den zwei ältesten Junkern und den zwei Ältesten der Handwerkerbank ausgeübt. Dem Heilig-Geist-Spital wurden im Laufe der Zeit Stiftungen vermacht, besonders von Siegfried zum Paradeis und seiner Gemahlin Katharina. Sie wurden deshalb in der Heilig-Geist-Kirche beigesetzt. Als die Kirche 1840 abgebrochen wurde, kamen die Grabdenkmäler in die alte Nikolaikirche.

23. Stifte und Kirchen in Frankfurt am Main

a) Das St. Salvator-Bartholomäusstift

Im Jahre 874 ließ Ludwig der Deutsche die St. Salvatorkirche als eine dreischiffige romanische Basilika mit Querhaus, Apsis und zwei Türmen errichten und gründete ein Collegiatstift für zwölf Geistliche mit einem Abt als Vorsteher, das als „capella nostra", also als ein „Reichsstift", erwähnt wurde. Ludwig ernannte den Abt Willischer zum Vorsteher und stattete das Stift zu seiner Versorgung mit Schenkungen aus. Bis in das elfte Jahrhundert war St. Salvator eine Reichskirche; erst dann begann die Umorientierung des Stiftes auf das Erzbistum Mainz, zu dem es ja kirchlich gehörte. In der Zeit der salisch-staufischen Kaiser spielte das Königtum in Frankfurt keine besondere Rolle, so daß der Mainzer Erzbischof seinen Einfluß auf das Reichsstift ausdehnen konnte. Mainz errichtete ein Propstamt. Der Propst war, wie etwa heute noch der katholische Stadtdekan, der Vertreter des Bischofs in Frankfurt, und als Verwalter des Archidiakonats von Frankfurt und den Dörfern Fechenheim und Schwanheim unterstand er unmittelbar dem Mainzer Erzbischof. Er übte die geistliche Gerichtsbarkeit im Vergehen der Zauberei, Ehebruchs, Wuchers, Fälschung und Banns aus. Er ließ sich dabei durch den Vogt vertreten. Dieses Vogtamt besaßen die Herren von Eppstein als Mannlehen. Das Gericht bestand aus vierzehn Schöffen und einem vom Propst ernannten Schultheiß, der jedoch mit dem königlichen Schultheiß nichts zu tun hatte. Als Strafen wurden Geldbußen, Gefängnis, Schläge und Pranger verhängt. Zwischen dem Frankfurter Rat und dem Propst gab es Auseinandersetzungen um die geistliche Gerichtsbarkeit in weltlichen Dingen der Frankfurter Bürger, bis 1329 Kaiser Ludwig der Bayer zugunsten des Rates regelte: Prozesse um Güter Frankfurter Bürger durften nur noch von dem Gericht des Frankfurter Schultheiß und seiner Schöffen entschieden werden. Da der Propst in Frankfurt eine bedeutende Stellung hatte, bewarben sich auch hochgestellte Persönlichkeiten um dieses Amt. Da nun der Propst gewissermaßen zum „Stab" des Erzbischofs gehörte, wurde das Stift nun ein vom Propst unabhängiges eigenes Rechtssubjekt. Als mit Konrad III. und Friedrich I. Barbarossa die Staufer nach Frankfurt kamen, hier eine Königspfalz errichteten, gehörten Propst und Stift bereits zu Mainz, und die Staufer besaßen keinen Einfluß mehr auf die Besetzung der Propstei. Darum baute sich Barbarossa eine eigene Pfalzkapelle. Als einzige Stadtkirche war die St. Salvatorkirche für alle Einwohner der Stadt der Aufsicht der Mainzer Diözese unterstellt und ihre ursprüngliche Reichsunmittelbarkeit damit verhindert. Der erste von Mainz eingesetzte Propst am St. Salvatorstift wurde 1127 urkundlich als „Ludwig" erwähnt. Anfang des dreizehnten Jahrhunderts war die St. Salvatorkirche baufällig und sollte durch einen Neubau ersetzt werden, für den Papst Gregor IX. 1238 einen Ablaß ausgeschrieben hatte. Da das Stift seit 1215 die Hirnschale des Heiligen Bartholomäus als Reliquie besaß, nannte es sich nun auch St. Bartholomäusstift. Papst Gregor IX. hatte die Propststelle am Stift mit einem seiner Günstlinge, Reinald von Puzalia, päpstlicher Subdiakon und Kardinalskleriker, besetzt, der auch Domherr von St. Severin in Erfurt war. 1250 weihte Reinald die neue Kirche mit dem Bartholomäus-Patrozinium, dem Gedächtnis-Fest des Heiligen, als große dreischiffige gotische Hallenkirche. Im vierzehnten Jahrhundert kamen dann noch der hochgotische Chor (1315 - 1338) und das gotische Querschiff (1346 - 1353) hinzu. 1415 wurde schließlich mit dem Turmbau begonnen.

Die Verfassung des Stifts war bereits durch die Aachener „Institutio canonicorum" festgelegt. Nach ihr sollte eigentlich der Propst der Vorsteher des Stiftskapitels sein. Da er aber Vertreter des Mainzer Erzbischofs geworden war, konnte er nicht mehr der Verwalter des gesamten Kapitelgutes sein. Propsteivermögen und Kapitelvermögen wurden getrennt und durch den Propst, bzw. den Abt verwaltet. Die „Aachener Institutio cononicorum" forderte auch die „vita communis", das gemeinsame Leben der Geistlichen.

So wurden die Mahlzeiten gemeinsam im Refektorium eingenommen, geschlafen wurde im „dormitorium", dem gemeinsamen Schlafsaal. Der Abt stand an der Spitze des Stifts. Ihm oblag die Aufsicht über den Gottesdienst, die Seelsorge der Kleriker sowie die Verwaltung des Stiftvermögens. Mit der Einrichtung des Propstamtes war auch das Kirchenvermögen in Propst- und Kapitelgut getrennt worden. Ein vom Kapitel gewählter Dechant übernahm nun die geistliche Leitung und die Aufsicht über das Stift sowie die Leitung der Kapitelversammlungen, an denen der Propst nicht mehr teilnahm. 1215 wurde auch das Amt des „Scholasticus" erstmalig erwähnt und damit deutlich gemacht, daß an dem Stift eine Schule bestand. Das Lehramt war mit dem Organistenamt verbunden. Die Schule wurde aus den Einnahmen der Kapelle zu Fechenheim finanziert. Der Scholastiker war mit der Prälatenwürde ausgezeichnet und erteilte den Unterricht gemeinsam mit dem „Recot scolarium", dem „Kindermeister". Daneben gab es noch die Domicellar-Schule zur Ausbildung von Theologen, bis 1477 die Universität Mainz gegründet war.

Stifsherren, die die Pflichten des Kanonikats nicht selbst ausübten, stellten dafür Vikare, die ihre Messen an den verschiedenen Altären zu halten hatten. Dem „Plebanus", dem „Stadtpfarrer", oblag schließlich die Seelsorge der Pfarrei. Er war der Vikar des Propstes, der eigentlich mit dieser Aufgabe betraut war. Der Dechant jedoch bezog die Einnahmen aus der Pfarrei, was zu vielen Streitigkeiten zwischen Stadtpfarrer und Kapitel Anlaß gab. Die Auseinandersetzung zwischen Papst Innozenz IV. und den Staufern wurde unter Beteiligung des Mainzer Erzbischofes Gerhard von Eppstein ausgetragen. Auf die Stellungnahme des Stifts in diesen Auseinandersetzungen zwischen Kaiser und Papst hatte allerdings der Erzbischof zu Mainz nur einen geringen Einfluß, da Frankfurt zu dieser Zeit ein Zentrum der Königsmacht war. So stand die Stadt als „königliche Stadt", die von den Staufern mit vielen Privilegien bedacht war, auf seiten des Kaisers. Das Stift aber war in seiner Haltung gespalten! Dechant Konrad und die Mehrzahl der Kanoniker blieben dem gebannten Herrscher treu und lasen, trotzdem sie exkommuniziert waren, die Messe. Aber als der Erzbischof von Mainz, Siegfried von Eppstein, vom Kaiser abfiel, wurde das Stift auf die antistaufische Linie festgelegt. Dies machte sich auch auf die Besetzung des Propstamtes im dreizehnten Jahrhundert bemerkbar. Mit päpstlichem Einfluß kamen fremde Kuriale in das Amt, wie z.B. Petrus de Carleux und Hugo Morcelli.

Im 14. Jahrhundert mußte das Bartholomäusstift in der Auseinandersetzung zwischen Ludwig dem Bayern und Papst Johannes XXII. Partei ergreifen und entschied sich dabei unter seinem Propst Unterschopf 1329 für den Kaiser. Das Stiftskapitel war jedoch gespalten, einige Kanoniker hielten Verbindung zum Papst, wie auch die Dominikaner, die deshalb 1335 aus der Stadt vertrieben wurden, samt einigen Kanonikern des Bartholomäusstifts. Propst Johannes Unterschopf hielt die übrigen Kanoniker auf der Seite des Kaisers, obwohl der Papst die Stadt mit dem Interdikt belegte und bis 1350 in ihr keine Gottesdienste gehalten und keine Sakramente gespendet werden durften. Aber die Geistlichen am Bartholomäus- und St. Leonhardsstift und die Barfüßermönche stellten in dieser schwierigen Situation ihre Verantwortung für die religiöse Versorgung der Stadt und die Seelsorge an den Bürgern über den Gehorsam gegenüber dem Papst und verhinderten dadurch die schlimmsten Folgen für das religiöse Leben der Stadt und ihrer Bürger. Unter Karl IV. stellte sich das Stift wieder auf die päpstliche Seite. Unterschwellig war es dem Stift in all' diesen Jahren natürlich auch um seine eigene Unabhängigkeit und Selbständigkeit gegenüber Mainz, dem Papsttum und auch gegenüber der Stadt gegangen. Aber in diesen Auseinandersetzungen mit wechselndem Geschick, war das Stift, dessen Vermögen nie sehr groß gewesen war, arm geworden, so daß der Mainzer Erzbischof die an die Diözese zu leistenden Abgaben um die Hälfte ermäßigen mußte. Der Papst lehnte eine Unterstützung ab, weil das Stift sich zwar schließlich gehorsam, aber insgesamt nicht klug verhalten habe. Durch die ,,Goldene Bulle'' Karls IV. von 1356 wurde die Bartholomäuskirche als Ort der Wahl der deutschen Könige jedoch zu höchster Prominenz erhoben und erfuhr deshalb mit päpstlicher und kaiserlicher Hilfe Ablässe und Privilegien.

1373 hat das Stiftskapitel, geschickt die Vakanz des erzbischöflichen Stuhles zu Mainz ausnutzend, zum ersten Mal einen Propst selbst gewählt und sich später dann immer darauf berufen. Gewählt wurde der Mainzer Domkapitular Nikolaus von Stein, der Jüngere. Der Erzbischof stimmte der Wahl nachträglich zu, weil diese Besetzung in seinem Sinne war. Seit 1360 war Karl der Große, vom Gegenpapst Paschalis III. am 8.1.1166 heiliggesprochen, der zweite Schutzpatron der St. Bartholomäuskirche. Daher wird an seinem Todestag, dem 28. Januar, bis heute die „vigilie magne" gefeiert.

Schwierigkeiten ergaben sich auch mit dem Rat der Stadt Frankfurt. Seit 1266 gab es neben dem Schultheiß und den Schöffen als besonderen städtischen Verwaltungskörper noch den Rat mit zwei gewählten Bürgermeistern an der Spitze. Zuerst waren nur Grundbesitzer und Kaufleute im Rat, später auch Handwerker. Ab 1311 besetzten die Vertreter der Zünfte die „dritte Bank" und erhielten damit Einfluß im Rat der Stadt, deren Leitung bisher allein den Patriziern vorbehalten war. Die Zünfte waren im Laufe der Zeit einfach zu stark geworden, so daß ihnen Rechte zugebilligt werden mußten. Nach der verlorenen Schlacht der Frankfurter gegen die Ritter unter der Führung der Kronberger im Jahre 1389 war die Stadt in große Finanznot geraten, weil die Gefangenen gegen hohe Lösegelder freigekauft worden waren. Dies entsprach der Solidarität der Bürger, die sich verpflichtet hatten, was einer ihrer Bürger in Fehden, Überfällen und dergleichen verlieren würde, zu ersetzen und die Gefangenen auszulösen. Zur Tilgung der dadurch entstandenen hohen Schulden benötigte der Rat hundert Jahre und mußte deshalb alle Bürger zu hohen Abgaben heranziehen. So sollte nun auch der bis dahin steuer- und abgabenfreie Klerus in der Stadt mit herangezogen werden und „Bede" (das Erbetene), eine Vermögenssteuer sowie „Ungeld", eine Verbrauchssteuer für Mehl, Salz und Wein, zahlen. Das Stift weigerte sich, während die Bettelorden die Partei des Rates ergriffen. Der in den Streit ebenfalls eingeschaltete Erzbischof von Mainz entschied zugunsten des Rates, so daß das Bartholomäusstift nun auch Steuern zahlen mußte.

Da das Bartholomäusstift, obwohl von seiner Gründung her als „Reichsstift" immer in Königsnähe gewesen, schließlich aber nicht „exempt", d.h. „reichsunmittelbar" geworden war, unterstand es der geistlichen Gewalt des Erzbischofs von Mainz. Deshalb hatte dieser Einfluß auf die Personalstruktur der Stiftsgeistlichen und die Verwendung des Kirchengutes. Darüber hinaus mußte das Stift der Diözese Abgaben leisten. Lediglich der Propsteibesitz war steuerfrei, zumal die Pröpste als Mainzer Domkapitulare meist sowieso schon steuerfrei waren. Der Propsteibesitz bestand aus Zehnten der Umgebung Frankfurts, wobei Oberursel das Zentrum bildete. Hinzu kamen Pfarrpatronate in Frankfurt, Oberursel, Bischofsheim, Fechenheim und Schwanheim. Das Verwaltungszentrum des Propstes befand sich im Fronhof.

In der „Goldenen Bulle" hatte Karl IV. angeordnet, daß die Kurfürsten gleich nach ihrer Ankunft in der St. Bartholomäuskirche eine Messe feiern und dann zur Wahl schreiten sollten. Die Krönung sollte dann in Aachen stattfinden. Mit Maximilian II. wurde 1562 erstmals ein Kaiser in Frankfurt gekrönt. In der Folgezeit fanden dann alle Kaiserkrönungen - mit drei Ausnahmen - in Frankfurt statt, und aus der St. Bartholomäuskirche wurde der „Kaiserdom"

b) Das St. Leonhardsstift

Kaiser Friedrich II. hatte den Frankfurter Bürgern 1219 ein Grundstück für den Bau einer Kirche in der Nähe des Mainufers geschenkt, dazu Abgabenfreiheit für die Kirche und das Besetzungsrecht der Geistlichen. Die Kirche, die dort nun unverzüglich erbaut wurde, war der Mutter Gottes und dem Heiligen Georg geweiht. Die fertiggestellte Kirche, mehr wohl eine Kapelle, übernahm Friedrich II. in seinen und des Reiches Schutz. Von dem spätromanischen Bau sind die beiden Türme heute noch erhalten.

Im Jahre 1317 schlossen sich zwölf Frankfurter Geistliche zu einem Kollegium zusammen und verlegten ihren Sitz an diese Kirche unter der Leitung des Dekans Nikolaus von Wöllstadt. Es handelte sich also wohl um einen Zusammenschluß von Weltgeistlichen zu gemeinsamem Leben, wobei dann aber jeder seiner Tätigkeit nachging. Der Erzbischof von Mainz genehmigte dieses neue Collegiatsstift, dem auch eine Schule angeschlossen wurde. Ludwig der Bayer gab dem Stift 1318 die reiche Pfründe Praunheim und einzelne Stiftsherren fügten weitere Pfründen dazu. Im Jahre 1323 konnte das Stift durch den Arzt Heinrich von Wiener Neustadt die Reliquie des Heiligen Leonhard (einen Arm) erwerben. Leonhard hatte in sechsten Jahrhundert als Bischof im Merowingerreich gelebt und galt als Schutzpatron der Gefangenen und der Pferde aber auch als Nothelfer. Der Name St. Leonhardskirche entstand aber erst im 15. Jahrhundert. Im Interdikt, dem päpstlichen Verbot aller Messen und gottesdienstlichen Handlungen in der Stadt, stand das Stift mit seinen Klerikern auf der Seite des Kaisers. Im fünfzehnten Jahrhundert war die eigentliche Blüte des Stiftes. Der romanische Chor wurde abgerissen, und es entstand nun ein großer spätgotischer Chorraum im Stil der mittelrheinischen Spätgotik. Vierundzwanzig Geistliche gehörten dem

Stift an, und in der Schule wurden 80 Schüler unterrichtet. Im sechzehnten Jahrhundert wurde die dreischiffige Basilika um zwei spätgotische Seitenschiffe erweitert. Dieser Umbau und die Ausschmückung der Kirche wurde durch die Spenden reicher Patrizier ermöglicht, die dafür ihre Wappen in dem Netz- und Sterngewölbe anbringen durften. Besonders eindrucksvoll war das Salvatorchörlein mit dem „hängenden Gewölbe" als Abschluß des südlichenSeitenschiffs, eine Stiftung der Familie von Holzhausen. Am romanischen Nebenportal ist Jakobus d. Ä. mit zwei Pilgern dargestellt. Durch dieses seit 1808 zugemauerte Portal gingen einst die Pilger nach Santiago di compostella zum Gebet in die Kirche. Alle Versuche des Stifts, Pfarreirechte, d.h. die Erlaubnis für Gemeindegottesdienste, Seelsorge und Amtshandlungen an den Bürgern der Stadt, zu erhalten, scheiterten immer wieder an dem Einspruch des Bartholomäusstifts, das auf die Einnahmen daraus nicht verzichten wollte.

c) Das Liebfrauenstift

1325 wurde das St. Liebfrauenstift als drittes gegründet, nachdem der Propst an St. Bartholomäus und der Erzbischof von Mainz ihre Zustimmung dazu gegeben hatten. Die Gründung entsprang aber der privaten Initiative einiger Frankfurter Patrizier, nämlich dem Schöffen Wigel von Wanebach, seiner Gattin Katharina geb. von Hohenhaus und ihrem Schwiegersohn Wigel Frosch und dessen Ehefrau Gisela geb. von Wanebach. Sie hatten für diesen Zweck Grundstücke am „Rossebühl", so hieß damals der Liebfrauenberg, gekauft und begannen 1318 mit dem Bau einer Kapelle „Unserer lieben Frau" und hatten für alle, die dieses Werk unterstützten, einen päpstlichen Ablaß aus Avignon erwirkt. Dieser wurde 1321 vom Mainzer Erzbischof noch einmal erneuert. Wigel von Wanebach, der 1322 verstorben war, wurde in der Kirche beigesetzt. Wigel Frosch starb 1324 auf einer Wallfahrt nach Santiago di Compostella. Nun betrachteten die beiden Witwen die Vollendung der Kirche als Vermächtnis. Bereits 1325 wurde „Unserer lieben Frau" zur Collegiatkirche erhoben und von Katharina von Wanebach mit Pfründen, Zinsen von Häusern in Frankfurt und Höfen außerhalb der Stadt ausgestattet. Es gab einen Streit mit Kaiser Ludwig dem Bayern um die Besetzung einer Kanonikerstelle. 1340 erfolgte jedoch die Aussöhnung mit dem Kaiser und die Befreiung des Stifts von allen weltlichen Abgaben und Diensten. Dafür war jährlich am Tage nach Mariä Lichtmeß ein feierlicher Gottesdienst für den Kaiser und sein Geschlecht abzuhalten. Bereits 1344 wurde die Kirche erweitert und im fünfzehnten Jahrhundert erfolgten größere bauliche Veränderungen, bei denen ein Kirchturm auf die Stadtmauer gestellt wurde. An das Stift war eine Stiftsschule angeschlossen, die bald einen guten Ruf genoß. Auch dem Liebfrauenstift gelang es nicht, gegen den Widerstand des St. Bartholomäusstiftes Pfarreirechte zu erlangen. Im mittelalterlichen Frankfurt gab es weder Kloster- noch städtische Schulen, so daß nur die drei Stiftsschulen existierten. Sie waren in zwei Klassen gegliedert, das „Truvium", in der Grammatik, Rhetorik und Dialektik und das „Quadrivium", in der Arithmetik, Geometrie, Musik und Astronomie, also die „sieben freien Künste" gelehrt wurden. Lesen und zwei Klassen gegliedert, das „Truvium", in der Grammatik, Rethorik und Dialektik und das „Quadrivium", in der Arithmethik, Geometrie, Musik und Astronomie, also die „sieben freien Künste" gelehrt wurden. Lesen und Schreiben lernte man in fast handwerksmäßig organisierten Privatschulen. Die Stiftsschulen hatten die Aufgabe, zukünftige Geistliche und Gelehrte heranzubilden.

d) Die Weißfrauenkirche

Der Priester Rudolf von Worms hatte 1224 mit bekehrten Dirnen den Orden der Magdalenenschwestern, auch „Reuerinnen" genannt, gegründet, dessen Angehörige nach ihrem Ordenskleid auch „Weißfrauen" genannt wurden. 1227/28 eröffnete der Orden eine Niederlassung in Frankfurt. Hier wurden aber nun Frauen und Mädchen aus adeligen Häusern und bürgerlichen Kreisen aus Frankfurt am Main und Umgebung aufgenommen. Dies bedeutete die Versorgung der Aufgenommenen und war darum begehrt. 1248 wurde die Weißfrauenkirche durch Brand zerstört. Der Wiederaufbau wurde durch reiche Spenden als einschiffige Kirche mit Seitenkapellen ermöglicht. 1468/71 erfolgte ein großer Umbau. Im zweiten Weltkrieg 1944 stark zerstört, wurde die Kirche abgerissen.

e) Die St. Nikolaikirche

Das genaue Gründungsjahr der dem Heiligen Nikolaus von Myra, dem Schutzpatron der Schiffer und Fischer sowie Helfer der Armen und Notleidenden geweihten Kirche, ist nicht bekannt, aber erstmalig urkundlich wird 1264 ein Geistlicher an der Kirche, Gottschalk von Königstein, erwähnt. Die Kirche war auf königlichem Boden, also wohl als Hofkapelle, erbaut und durch

84

Rudolf von Habsburg um 1290 vollendet worden. Der Hofkaplan unterstand zuerst weder dem Bartholomäusstift, noch dem Stadtrat. Aber 1292 unterstellte Adolf von Nassau den Rektor der Kirche der geistlichen Aufsicht des Bartholomäusstiftes, behielt sich jedoch das Patronatsrecht vor. Praktisch wurde dadurch aber doch die Hofkapelle zur Filialkirche des Bartholomäusstiftes. 1342 wurde die Kirche bei einer großen Überschwemmung des Mains mit vielen Teilen der Stadt stark beschädigt. Frankfurter Patrizier hatten der Kirche reiche Stiftungen vermacht, deren Zinsen und Erträge für Wohltätigkeit an den Armen bestimmt waren und aus denen der 1530 gegründete städtische Almosenkasten hervorging. In der Mitte des fünfzehnten Jahrhunderts wurden Restaurierungen und große Umbauten an der Nikolaikirche vorgenommen. Ein Türmer auf der Kirche blies für die ankommenden und abfahrenden Schiffe auf dem nahen Main die Melodie: ,,In Gottes Namen fahren wir ....''. In dieser Zeit erhielt St. Nikolai den Charakter der ,,Ratskirche'', in der dienstags und donnerstags vor den Ratssitzungen die ,,Ratsmesse'' stattfand, wobei der Rat der Stadt gewissermaßen die Rechtsnachfolge des Königs angetreten hatte. Im Sommer geschah dies schon früh um sechs und im Winter um sieben Uhr.

In der Reformationszeit wurde die Kirche 1530 geschlossen und die kultischen Geräte zugunsten des neugegründeten ,,Almosenkastens'' verkauft. Den Grundstock des Almosenkastens, der nunmehr an die Stelle des bisherigen Zentrums der städtischen Wohlfahrtspflege durch die St. Nikolaikirche trat, bildete eine Schenkung des Arztes Johann Wisebeder von Idstein in Höhe von 3200 Gulden an den Rat, zu der dann noch weitere Stiftungen hinzu kamen. Die geschlossene Kirche diente dann zweihundert Jahre als Warenlager. 1721 wurde sie gründlich renoviert zur Garnisonkirche, dann wieder für fünfundzwanzig Jahre Warenlager und ab 1840 Kirche der Heilig-Geist-Gemeinde an Stelle der abgerissenen Kirche des Heilig-Geist-Hospitals. Im Jahre 1900 erhielt die St. Nikolaigemeinde die Kirche als Gottesdienststätte der Gemeinde, seit 1945 versammelt sich die St. Paulsgemeinde in ihr. Die St. Nikolaikirche ist eine zweischiffige Hallenkirche mit achteckigem Chor, in der sich der Grabstein des berühmten Frankfurter Patriziers ,,Siegfried zum Paradeis'', des ersten Schultheiß' aus der Bürgerschicht, befindet.

f) Die St. Peterskirche

Die St. Peterskirche wurde zunächst als kleine Kapelle in der „Neustadt" errichtet. 1333 hatte Ludwig der Bayer die Erlaubnis zur Stadterweiterung gegeben und so entstand ein neuer Mauerring, der das Gebiet vor der Staufenmauer umschloß. Mauern und Gräben der Altstadt blieben aber noch bis in das sechzehnte Jahrhundert bestehen. Hier in der „Neustadt" hatten die Patrizierfamilien ihre Gehöfte, hier lebten Gärtner und Winzer, zumal der Sachsenhäuser Berg bis Ende des vierzehnten Jahrhunderts noch mit Wald und Buschwerk bewachsen war. Auch Bornheim war noch von Wald umgeben. Es lebten also überwiegend kleine Leute in der Neustadt, für die Ende des vierzehnten Jahrhunderts eine Kapelle an der Schäfergasse nahe der Friedberger Pforte errichtet wurde. Stifter dieser Kapelle mit zwei Altären war der 1381 verstorbene Ratsherr Peter Apotheker und seine Frau Klara, geb. Knoblauch. Die in der Zeit um 1381/83 erbaute Betkapelle unterstand der Aufsicht des Bartholomäusstiftes und besaß zwei Vikarien. Da aber diese Kapelle bald zu klein war, gab 1417 der Mainzer Erzbischof Johannes von Nassau den beiden Frankfurter Patriziern Johann Ockstadt und Jakob Humbracht die Erlaubnis zum Um- und Ausbau der St. Peterskapelle. Dazu erließ er für alle Spender einen Ablaß von vierzig Tagen. Die neue Kirche hatte nun drei Altäre. Ein Altar war Petrus und Paulus geweiht. Neben der Kirche entstand nun auch ein Friedhof. Das Bartholomäusstift besetzte die beiden Vikarstellen und erhielt eine jährliche Abgabe. Dem Dechant von St. Bartholomäus und dem Älteren Schöffen der Stadt mußte jährlich Rechenschaft über die Erträgnisse der Kirche abgelegt werden. Dadurch ergaben sich bald schon Probleme, denn das Bartholomäusstift protestierte dagegen, daß ihm durch den Opferstock in der Kirche, um die sich die Bruderschaft St. Hubertus der Hecker und Gärtner gebildet hatte, und durch Spenden bei den Amtshandlungen jährlich mindestens tausend Goldmark an Einnahmen entgingen.

Im mittelalterlichen Frankfurt gab es ja im Vergleich zu seiner Einwohnerzahl von etwa zehntausend Bürgern eine große Zahl von Kirchen und Kapellen, zu denen noch die Niederlassungen auswärtiger Klöster hinzukamen. Aber alle diese Gotteshäuser waren weder gleichgeartet noch -geordnet. Eigentliche Kirchen besaßen nur die drei Stifte St. Bartholomäus, St. Leonhard und St. Liebfrauen. Die Bartholomäuskirche war dabei aber die einzige

Pfarrkirche der Stadt, an der der „Plebanus" der einzige „Stadtpfarrer" für zehntausend Gemeindeglieder in der Altstadt, der Neustadt und Sachsenhausen war. Er allein hatte das Recht der Amtshandlungen (Taufe, Trauung und Beerdigung) und der Seelsorge, obwohl Seelsorge mit Beichte auch von den sehr beliebten Ordensgeistlichen ausgeübt wurde. Rechtmäßig durften aber alle Amtshandlungen nur im Namen des Stadtpfarrers ausgeübt werden, obwohl es mindestens dreihundert Geistliche in der Stadt gab. Der Rat der Stadt schaltete sich in diese Auseinandersetzungen der St. Peterskirche ein mit dem Ziel, zwei selbständige, vom Bartholomäusstift unabhängige Parochien in der Neustadt und in Sachsenhausen zu errichten. Der Procurator, d.h. der Bevollmächtigte des Rates der Stadt, Johann Quentin von Ortenberg zum Lämmchen, reiste in dieser Angelegenheit nach Rom und erhielt von Papst Nikolaus V. 1451 auch die Genehmigung für zwei neue Parochien. Schließlich beauftragte der Papst seinen Kardinal Nikolaus von Cues mit der Behandlung der Angelegenheit und einer Entschädigung für das Bartholomäusstift. Nikolaus kam 1452 nach Frankfurt. Das Bartholomäusstift beharrte auf seiner Ansicht, Parochien seien nicht notwendig und bildeten einen finanziellen Verlust für das Stift. Der Mainzer Erzbischof stellte sich gegen das Stift und Nikolaus schlug einen Kompromiß zur Beilegung des Zwistes vor: Die St. Peterskirche - und ebenso die Dreikönigskirche in Sachsenhausen - sollten nicht selbständige Parochien, sondern Tochterkirchen von St. Bartholomäus werden mit eigenem Taufstein und Friedhof „im Auftrag" der Mutterkirche. Der Rat erhielt an Stelle des Patronats für zwei Vikariate an St. Peter zwei Vikarien an St. Bartholomäus, behielt aber die Unterhaltspflicht an der St. Peterskirche. So wurde St. Peter eine Curatskirche, also eine Art Tochterkirche von St. Bartholomäus. Der erste Pfarrer nach dieser Regelung hieß Johannes Lupi (1452 - 1468). Er schrieb ein ernstes, auf praktische Frömmigkeit gerichtetes Beichtbüchlein. Sein Grabstein befindet sich im Historischen Museum. Die Peterskirche wurde 1892 abgebrochen und durch einen neugotischen Bau 1895 ersetzt, der im Zweiten Weltkrieg zerstört und 1965 in neuer Architektur wieder aufgebaut wurde.

g) Die Dreikönigskirche

Neben dem Spital des Deutschen Ordens entstand ein Spital für arme und kranke Leute, für das der Bürger Heile Dymar eine Kapelle der „Heiligen

Drei Könige" stiftete, die 1340 geweiht, zum Mittelpunkt der Seelsorge in Sachsenhausen wurde. Die Stadt übernahm die Sorge für die Unterhaltung der Kirche und das Gehalt des Kaplans, der jedoch vom Bartholomäusstift eingesetzt wurde.

Die Dreikönigsgemeinde schloß sich der Reformation in Frankfurt an, und ihre Kirche wurde damit lutherische Pfarrkirche für Sachsenhausen. 1875 wurde die alte Kirche abgerissen und durch einen neugotischen Bau ersetzt. Dieser wurde im Zweiten Weltkrieg sehr stark beschädigt, aber wieder restauriert.

h) Die St. Katharinenkirche

Das von dem Frankfurter Patrizier und Stiftsherrn Wicker Frosch gestiftete Spital am Bockenheimer Tor besaß zwei Kapellen, die Spitalkirche zum „Heiligen Kreuz" und die Klosterkirche „St. Katharinen". In St. Katharinen hielt der Barfüßermönch und Schüler Martin Luthers, Hartmann Ibach, 1522 die ersten evangelischen Predigten. Beide Kapellen wurden 1678 wegen Baufälligkeit abgerissen und an ihrer Stelle von Melchior Heßler die erste evangelische Predigtkirche der Stadt erbaut und 1681 eingeweiht. Sie wurde zu einem Vorbild evangelischen Kirchenbaus. Im Zweiten Weltkrieg völlig ausgebrannt, wurde die Kirche 1954 restauriert, erhielt aber an Stelle der barocken Ausgestaltung eine modernere, in der die sehr interessanten und für die Thologie der damaligen Zeit wichtigen Bilder der Emporen nicht angebracht wurden, obwohl sie - ausgelagert - den Brand überstanden und restauriert sind.

i) Die Kirche des Dorfes Bornheim

Die Kirche in dem Frankfurt gehörenden Dorf Bornheim war eine Filialkirche des Bartholomäusstiftes. Sie war den beiden Märtyrern Abdon und Sennen geweiht, und der Gottesdienst in ihr wurde durch den Frankfurter Pfarrer oder einen seiner Vikare ausgeübt. Die Gemeinde trat in der Reformation dem evangelischen Glauben bei. So wurde die Kirche das Gotteshaus der lutherischen Gemeinde in Bornheim. Im Zweiten Weltkrieg wenig beschädigt, blieb die Kirche in ihrer barocken Gestaltung erhalten.

Johann von Holzhausen (+1393) und seine Gemahlin Gudela (+1371)
Grabdenkmal im Dom

89

24. Frankfurt am Main in den Strömungen des dreizehnten und vierzehnten Jahrhunderts

Das dreizehnte Jahrhundert wurde durch das Selbstbewußtsein eines erwachenden Bürgertums und verantwortlichen Laientums bestimmt, an dem die Auseinandersetzung zwischen Papsttum und Kaisertum nicht so spurlos vorüberging. Die Stadt Frankfurt hatte während des Interdikts treu zu Kaiser Ludwig gehalten. Man empfand die Ansprüche der Päpste auf Macht im weltlichen Bereich als übersteigert und keineswegs im Einklang mit der seit Papst Gelasius (492 - 496) geltenden und noch von Innozenz III. (1198 - 1216) anerkannten ,,Zweigewalten-Lehre'', nach der die geistliche und die weltliche Gewalt voneinander unabhängig, aber aufeinander hingeordnet galten; wohl galt dabei die geistliche Gewalt als die vornehmere, aber sie war damit der weltlichen nicht übergeordnet. So mußte eine Übersteigerung der päpstlichen Position eine gegenteilige Wirkung auslösen. Bonifatius VIII. hatte bereits 1296 mit seiner Bulle ,,Clericos Laicos'', in der er feststellte, ,,die Laien seien Feinde des Klerus, wie das im Altertum bezeugt und in der Gegenwart erfahren werde'', viele Laien verunsichert und verärgert. Man berief sich nun vom römischen Recht her, das inzwischen das deutsche Recht, wie es bei den Franken, bei Karl dem Großen oder im Sachsenspiegel gültig gewesen war, abgelöst hatte, darauf, daß die höchste Macht dem Kaiser zustehe und unveräußerlich sei. Von daher wurde nun auch die ,,Konstantinische Schenkung'' als unecht in Frage gestellt, man forderte die Steuer- und Gerichtsprivilegien des Klerus abzuschaffen, der Klerus, der ,,auf Grund der Frömmigkeit der Fürsten und Bürger fett geworden sei, solle seinen Lohn haben, und die Laien wünschten die Mittel, die sie zur Verfügung stellten, auch zu kontrollieren, denn die Kirche bestehe ja nicht nur aus Klerikern, sondern auch aus Laien; denn Christus sei für alle Gläubigen gestorben.'' Alle diese Gedanken, deren Sprecher Marsilius von Padua und Wilhelm von Ockham waren, gingen dabei allerdings nicht auf eine Trennung von Kirche und Staat hinaus, sondern eher auf eine Form von ,,Staatskirchentum'', das von der weltlichen Macht kontrolliert werden konnte. In der zeitgenössischen Philosophie und Theologie machten sich diese Gedanken in einer Neigung zur kritischen Untersuchung einzelner Probleme bemerkbar.

Auch in seinen gesamten Lebensverhältnissen hatte das Bürgertum in Frankfurt in dieser Zeit eine gewaltige Entwicklung erfahren. Die zu eng gewordene Altstadt war durch die Neustadt erweitert und durch einen neuen Mauerring um diese mit Türmen und Gräben geschützt. Neue kirchliche Bauten waren durch die Stiftungen und Spenden frommer Bürger entstanden. Vor allem aber hatten die beiden jährlichen Messen einen großen Aufschwung erfahren. Um die Stadt am Lohrberg und am Sachsenhäuser Berg, wurden Weinberge angelegt, und der Weinhandel nahm bedeutend zu. Der Weinmarkt wurde, da der Transport überwiedend mit Schiffen erfolgte, an der St. Leonhardskirche, nahe am Main, abgehalten.

Vor allem war aber auch das städtische Handwerk in dieser Zeit aufgeblüht. Die Handwerker, die den größten Teil der Bürgerschaft bildeten, schlossen sich zu genossenschaftlich organisierten Zünften zusammen, die von sozialer, christlicher Denkweise getragen und bestimmt waren. Es gab noch keine Großbetriebe und damit auch noch keine wirtschaftliche Konkurrenz. Jeder Handwerksmeister beschäftigte ein bis zwei Gesellen. Einwandfreie Ware forderte die Zunft von jedem ihrer Mitglieder. Der Zunftmeister wurde gewählt, und jedes Handwerk besaß seinen besonderen Schutzpatron. Die Zünfte nahmen an gemeinsamen Gottesdiensten teil und hatten ihre Altäre in bestimmten Kirchen. Es wurde aber nicht nur auf Zucht und Ordnung gesehen, es fand in den Zunftstuben auch Geselligkeit statt und gemeinsame Feste wurden gefeiert. Wenn es um die Verteidigung der Stadt ging, stellte jede Zunft ihren Heerhaufen als Kern der kämpfenden Bürgerschaft. Man kann die Zünfte als eine Art großer Familienkreise sehen. Daneben bestanden auf religiöser Basis die ,,Bruderschaften'', die sich um bestimmte Kirchen gruppierten und die sich sozialen Aufgaben widmeten. In ihnen waren Meister, Gesellen und Mägde gleichberechtigt.

Je mehr die Zünfte in der Stadt und auch für sie an Bedeutung gewannen, desto mehr wehrten sie sich gegen den ihnen von dem aus Patriziern gebildeten Rat auferlegten Zunftzwang, durch den nur die Söhne oder Schwiegersöhne von Meistern aufgenommen werden durften oder gegen das Verbot von bestimmten Preistaxen bei Steinmetzen und Zimmerleuten und die Arbeitserlaubnis auch für Fremde.

Von den ehemaligen Ministerialen waren einige adlige Familien in der Stadt geblieben, andere hatten sich auf ihre außerhalb gelegenen Besitzungen zurückgezogen, andere waren in die Stadt zugezogen. Sie bildeten die „Patrizier" oder „Geschlechter" und nahmen für sich das Recht der Stadtverwaltung in Anspruch. Sie saßen auf den beiden ersten Ratsbänken, während die dritte Bank von einigen Zünften, voran den Wollwebern, besetzt wurde. Die Patrizier stellten Bürgermeister und Schöffen.

Jeder Bürger wurde nach seinem Vermögen steuerlich herangezogen, zur „Bede", d.h. zum „Erbetenen". Sehr oft mußte die Stadt Geldforderungen der Kaiser an „ihre Stadt Frankfurt" von ihren Bürgern erbitten. Aber bereits unter Ludwig dem Bayern wurde daraus eine regelmäßige Stadtsteuer in festgelegter Höhe. Ein Überschuß der Steuern wurde für allgemeine städtische Aufgaben verwandt. Auf Grund und Boden lag eine einfache, auf Geld und Waren eine dreifache Steuer. Dabei blieben je Mann: ein Pferd, je Frau: eine Kuh und ein Silberbecher unbesteuert. Die Strafe für eine falsche Steuererklärung war sehr hart, denn dann fiel das gesamte Vermögen an die Stadt. Da die Zinsen sehr hoch, bis zu fünfundzwanzig Prozent, waren, war es sehr wichtig, daß Frankfurt eine Judengemeinde besaß, auf deren Zinsgebaren man Einfluß ausüben konnte. Die Juden waren vom Rat abhängig und stützten ihn auch mit ihrem Kapital. Damit gerieten sie aber in Konflikt mit den Zünften, die um ihren Zutritt in den Rat kämpften und dies auch Ende des vierzehnten Jahrhunderts erreichten.

Die zu dieser Zeit nicht enden wollende Zahl der Fehden und Kämpfe der Ritter, Fürsten und Städte um die Erweiterung oder Sicherung ihrer Macht führte zu Fürsten-, Ritter- und Städtebündnissen, denen das Königtum machtlos gegenüberstand. Die Städte im Westen schlossen sich zum „Rheinischen Bund", dem sich auch die Stadt Frankfurt angeschlossen hatte, im Süden zum „Schwäbischen Bund" zusammen. Die Ritter der Wetterau und der Umgebung Frankfurts nannten sich die „Löwenritter".

Karl IV. war 1378 in Prag gestorben, Nachfolger wurde sein achtzehnjähriger Sohn Wenzel. Er versuchte, sich über den streitenden Parteien der Fürsten, Ritter und Städte zu halten und die Macht ihrer Sonderbündnisse durch gemischte „Landfriedenseinigungen" aller drei Stände zu neutralisieren. Für seine politischen Pläne benötigte er immer wieder große Summen, die er sich von den Juden zu verschaffen suchte unter dem sozialpolitischen Vorwand, er müsse ein total verschuldetes Volk retten.

Noch war in Frankfurt die Herrschaft des von den Patriziern gebildeten

Rates, fest begründet und die Zünfte fügten sich seiner Macht. Im Februar 1381 stellte König Wenzel durch den Herzog von Teschen und den Bischof von Lübeck finanzielle Forderungen und versuchte, den der Stadt verpfändeten Judenzehnten wieder zu erlangen. Er hatte dafür die Unterstützung der Fürsten. In Süddeutschland war es Wenzel gelungen, mit den Städten des Schwäbischen Bundes ein „Juden-Schulden-Tilgungsgesetz" zu beschließen. Die Städte zahlten vierzigtausend Gulden an Wenzel und erhielten von ihm für zweieinhalb Jahre freie Hand gegen die Juden. Die Städte kassierten dreiviertel der verpfändeten Schulden und nahmen den Juden kurzerhand die Schuldscheine ab. Das machte aber der Rheinische Städtebund so nicht mit, und in Frankfurt widersetzte sich der Schultheiß Siegfried zum Paradies diesem Ansinnen Wenzels. Jedoch war die von der Haltung der süddeutschen Städte beeinflußte Volksstimmung sehr judenfeindlich, während die Judenschaft ihrerseits dem Rat große Schenkungen machte. Um aber der judenfeindlichen Volksstimmung Abbruch zu tun, verboten die Bürgermeister Herwin Wisse und Siegfried von Holzhausen den Juden die Beschäftigung christlicher Mägde und Ammen sowie die Heirat mit Christen. Die Volksstimmung war in Frankfurt nicht sehr judenfeindlich. 1388/89 kam es zum offenen Krieg zwischen den süddeutschen Städten, den Fürsten und dem Adel. Frankfurt sandte den süddeutschen Städten Hilfstruppen, aber der Schwäbische Bund wurde durch Kurfürst Ruprecht von der Pfalz besiegt. Durch diese Niederlage der süddeutschen Städte ermutigt, erklärten die Fürsten und Ritter unter Führung der Herren von Kronberg und Reifenberg der Stadt Frankfurt den Krieg. Der Süddeutsche Städtebund war geschlagen, der Rheinische selbst bedroht. Er konnte Frankfurt nicht zu Hilfe kommen, während Kurfürst Ruprecht die Ritter unterstützte. Nach Instandsetzung der Burgen in Bonames, Rödelheim und Bergen und einigem Geplänkel hin und her rückte am 14. Mai 1389 die bewaffnete Macht Frankfurts gegen Kronberg. Etwa zweitausend Mann, teils berittene Patrizier, teils Söldner und Zünfte unter der Führung des Schultheiß' Winter von Wasen und des Stadthauptmanns Breder von Hohenstein schlugen die entgegenrückenden Kronberger und zogen sich dann zurück, als sie vom Herannahen der Hanauer und Pfälzer Hilfstruppen erfuhren. Sie wurden aber von diesen überfallen und bei Steinbach und Praunheim besiegt. Dabei geriet der größte Teil der Frankfurter in Gefangenschaft. Inzwischen hatte

Die Schlacht bei Kronberg 1389
Gemälde im Historischen Museum in Frankfurt am Main

auch ein Reichstag zu Eger die Städtebünde für aufgelöst erklärt und den Landfrieden ausgesprochen. Nun kam es zu einem Vergleich zwischen Frankfurt und den Fürsten und Rittern, bei dem die Stadt besonders für die Auslösung der Gefangenen hohe Zahlungen leisten mußte, die sie in große finanzielle Bedrängnis brachten. Die Steuern mußten erhöht und bisher Steuerfreie zur Abgabe herangezogen werden. Außerdem wurde in einem Verfahren untersucht, ob die in Gefangenschaft geratenen auch tapfer gekämpft hatten.

Diese Situation, in der der Stand der Patrizier und damit der Rat der Stadt geschwächt war, nützten nun die Zünfte. Der Rat wurde um zwanzig neue Mitglieder erweitert, die alle drei Jahre gewechselt wurden. So erhielten die Zünfte mehr Mitspracherecht, außerdem stellten sie nun auch einen der nunmehr drei Bürgermeister.

Auch König Wenzel versuchte die Krisensituation der Stadt auszunützen, indem er erneut die Rückgabe der Juden forderte. Er konnte sich aber in Frankfurt wiederum nicht durchsetzen, während es ihm gelang, in Süddeutschland erneut ein „Juden-Schulden-Tilgungsgesetz" durchzusetzen, das ihm, den Fürsten und dem Adel zugute kam, weil die Juden alle ihre Schuldforderungen verloren.

1400 erklärten die rheinischen Kurfürsten Wenzel als „unnützen, versäumlichen" König für abgesetzt. Sein Nachfolger Ruprecht von der Pfalz (1400 - 1410) konnte sich mit seinen Versuchen, den Landfrieden wieder herzustellen, gegen die Fürsten nicht durchsetzen. Ihm folgte Siegmund von Luxemburg (1410 - 1437), Wenzels Bruder, in dessen Regierungszeit das Konzil von Konstanz und der Aufstand der Hussitten fielen.

25. Die Pest, Geißel des Mittelalters

Die Pest breitete sich von 1347 bis 1352 von Süditalien her über ganz Europa aus und raffte ein Viertel der damaligen Bevölkerung, etwa fünfundzwanzig Millionen Menschen dahin. Die Infektion erfolgte durch die Stiche des Rattenflohes oder das Einatmen der Pestbakterien.

Der Beulenpest, die ein Anschwellen der Lymphknoten bewirkte, standen die Ärzte mit Öffnen der Knoten, Aderlässen, Abführmitteln, Feuer und

Essig völlig hilflos gegenüber, denn bei den schlechten hygienischen Verhältnissen in den Städten mit ihren engen, dunklen und schmutzigen Gassen half lediglich die Quarantäne der Erkrankten vor neuer Ansteckung.

Das Leben kam durch die Pest in den Städten fast völlig zum Erliegen.

Die Reaktion auf die Seuche, die mit Handelskarawanen aus Zentralasien über Konstantinopel und die Mittelmeerhäfen eingeschleppt worden war, zeigte sich in extremen Auswüchsen. Die einen stürzten sich in ein hektisch-ausschweifendes Leben, um vor dem Tode noch soviel wie möglich an luxuriösem Dasein zu genießen, andere empfanden in ihrer religiösen Mentalität die Pest als eine Strafe Gottes für ihre und der Menschheit Sünden. Sie schlossen sich den Bußbewegungen ihrer Zeit an, die in den „Flagellanten" oder „Geißelbrüdern" ihren extremen Ausdruck fanden. Diese waren schon im letzten Drittel des dreizehnten Jahrhunderts in Erscheinung getreten und blühten nun in den Pestjahren auf. Gegen die Pest als Strafe Gottes versuchten sie durch Buße in der Form der blutigen Selbstauspeitschung die Barmherzigkeit Gottes zu erlangen. In Gruppen traten sie zu zwei und zwei, den Blick zu Boden gerichtet, auf, in den Händen Lederriemen mit Nägeln bestückt. Kamen sie auf ihren Pilgerfahrten auf einen Platz mit vielen Zuschauern, so bildeten sie einen Kreis, entblößten ihren Oberkörper und warfen sich zu Boden, und der Anführer, der „Herr der Pilgerfahrt", peitschte die Büßer aus, danach peinigten sie sich selbst, bis das Blut floß. So zogen die Flagellanten in Scharen zu Hunderten durch das Land und sangen dabei Lieder, in denen Kirche und Klerus als pflichtvergessen angeprangert wurden. Nicht selten gaben sie auch den Anstoß zu Judenpogromen.

So geschah es in Frankfurt im Jahre 1349, als die Geißler mit der Behauptung, daß die Juden durch Vergiftung der Brunnen die Schuld an der Pest hätten, den Pöbel gegen diese aufhetzten und zu einem Gemetzel an den Juden anstifteten. Das Judenquartier ging dabei in Flammen auf, und der größte Teil der Judengemeinde wurde grausam umgebracht. Gegen diese sich häretisch entwickelnde Radikalisierung nahm die Kirche Stellung. Schließlich wurde die Bußbewegung der Flagellanten auf dem Konzil zu Konstanz 1417 verboten.

Trotzdem war das Erscheinen dieser Geißelbrüder ein Ausdruck der religiösen Stimmung des vierzehnten Jahrhunderts.

26. Die Passionsspiele

Die Passionsspiele in Frankfurt gingen auf ein Gelübde im großen Pestjahr 1349 zurück und wurden zweitägig auf dem Samstagsberg, einem Teil des Römerberges, der seinen Namen von dem samstags dort abgehaltenen Markt hatte, aufgeführt. Das Spiel stellte den Bürgern die Heilstat des Leidens Christi lebendig vor Augen.

Die Bühne war dafür ein in die Tiefe führendes Rechteck, parallel zur St. Nikolaikirche und stieg dann aus der Tiefe, in der der Ort des Satans sich befand, zum Haus „Dachsberg" hinauf, wo Gottvater thronte. Zu beiden Seiten befanden sich die Häuser für Pilatus, Kaiphas und Herodes. In der Mitte war der Tempel aufgebaut und dahinter, ihn überragend, waren die Kreuze von Golgatha aufgerichtet.

Am ersten Spieltag wurde der Einzug Jesu in Jerusalem und die Passionsgeschichte dargestellt und am zweiten Tag die Auferstehung Christi, seine Himmelfahrt und danach die Bekehrung und Taufe der Juden. Daneben fanden auch andere geistliche Spiele auf dem Liebfrauenberg statt, wie z.B. das Spiel vom Jüngsten Gericht oder das von den „törichten und klugen Jungfrauen".

Die Darsteller bei diesen Spielen waren Laien, Bürger und Bürgerinnen der Stadt, die damit die Heilstatsachen ihres Glaubens erleben durften. So sind die mittelalterlichen Passionspiele ein ergreifender Ausdruck der Frömmigkeit jener Zeit.

Das Spiel war ein Wechsel von Szenen, gereimten Ansprachen und liturgischen Gesängen, die in lateinischer Sprache gesungen wurden, während das Spiel selbst in deutscher Sprache aufgeführt wurde. Die Christusrolle wurde meist von Priestern übernommen. Oft stellten mehrere Personen den Erlöser dar. Insgesamt waren oft über hundert Spieler für die Aufführung notwendig. So waren die Spiele zugleich Ausdruck der bürgerlichen Gemeinschaft, die sich auch in Kirchbauten, Spenden und Opfern widerspiegelte und erstaunliche Leistungen vollbrachte.

Auch die zahlreichen Prozessionen, etwa an Fronleichnam oder am St. Magdalenentag, machten die Bürgergemeinschaft sichtbar. Da wurden die Straßen gereinigt und geschmückt für den feierlichen Zug der Zünfte, gefolgt von den Bruderschaften, den Schülern der drei Stiftsschulen, Kloster-leuten und Weltgeistlichen, dem Propst von St. Bartholomäi mit dem Allerheiligsten, begleitet von Schöffen, Patriziern und den Stadttrompetern. In ähnlicher Weise wurde auch der Kaiser in die Stadt geleitet und in die St. Bartholomäuskirche geführt.

Bürgergemeinde und Christengemeinde stellten eine Einheit dar und bildeten so die mittelalterliche Bürgergemeinde der Stadt.

27. Die Zeit der Habsburger

In der kaiserlosen Zeit von 1256 bis 1273 war die Macht der Landesherren erstarkt, aber durch Fehden und Raubrittertum entstand auch viel Un-sicherheit. Darum schlossen sich die wohlhabend gewordenen Städte zu „Städtebünden", wie etwa 1254 im „Rheinischen Städtebund", zusammen. Endlich wurde auf dem Fürstentag 1272 zu Frankfurt auf Vorschlag des Hohenzollern und Nürnberger Burggrafen Friedrichs III. der Elsässer Land-graf Rudolf von Habsburg (1273 - 1291) zum König gewählt und drei Wochen später, am 24. Oktober, in Aachen gekrönt. Wahl und Krönung teilten die Kurfürsten dem Papst mit und baten ihn um die Kaiserkrönung, während Rudolf ihm seine Kreuzzugsbereitschaft versicherte. Rudolf sah seine wichtigste Aufgabe darin, im Reich wieder Ruhe, Ordnung und Sicherheit herzustellen und Österreich, Steiermark und Kärnten für das Haus Habsburg zu gewinnen. So gelang ihm die Stärkung seiner Hausmacht. Dem Papst sicherte Rudolf die Romagna und die Herrschaft über Rom zu, aber die versprochene Kaiserkrönung fand nicht statt, weil Papst Gregor X. kurz vor dem vorgesehenen Termin 1276 starb und die Nachfolger sie nicht vollzogen. So starb er 1291 ungekrönt. Rudolf hatte die Hausmacht der Habsburger begründet, wobei seine Geldquelle die Städte waren. Auch Frankfurt mußte ihm 1276 ein „Sühngeld" zahlen, weil es sich gegen die königlichen Ministerialen gestellt hatte. Immerhin konnte er aber den „Landfrieden" gegen das Raubrittertum durchsetzen. Nachfolger Rudolfs wurde 1292 nun aber nicht sein ältester Sohn Albrecht, sondern der den Fürsten gegenüber machtlose Adolf von Nassau, der 1298 fiel. Sein Nachfolger wurde nun Albrecht I. (1298 - 1308). Ihm gelang es, seine

Macht gegenüber den Fürsten durch seine Zusammenarbeit mit den rheinischen Städten zu stärken. Nach der Ermordung durch seinen Neffen Johann wurde Heinrich VII. von Luxemburg 1308 König. Sein Versuch, die alte Kaisermacht wieder herzustellen, scheiterte. Im Krieg in Italien standen Ghibellinen und Guelfen, Anhänger des Kaisers und des Papsttums, gegeneinander. Das Papsttum wich nach Avignon aus, geriet dadurch aber in Abhängigkeit vom französischen König Philipp dem Schönen. Heinrich VII., von Dante als „Retter des Vaterlandes" gefeiert, eroberte Rom, ließ sich zum Kaiser krönen und starb 1313 in Pisa.

Nun fand eine Doppelwahl statt: Ludwig der Bayer (1314 - 1347) und Friedrich der Schöne von Österreich, den Ludwig aber 1322 bei Mühldorf besiegte. Jetzt verlangte Papst Johannes XXII. von Avignon aus, der Thronstreit müsse durch ihn entschieden werden. Ludwig verweigerte dem Papst dieses Recht und wurde daraufhin mit dem Bann belegt. Ludwig hatte bei seiner Stellungnahme gegen den Papst den berühmten Gelehrten Marsilius von Padua, den „Defensor pacis", wie er nach einer Schrift von 1324 genannt wurde, auf seiner Seite.

In seinem „Defensor pacis" = Verteidiger des Friedens schreibt der 1275 in Padua geborene und 1312 in Paris zum Magister artium promovierte Gelehrte: „Der Friede ist das Ordnungsprinzip des Staates und die Grundvoraussetzung des menschlichen Glückes." Dazu entwickelte Marsilius seine Lehre von Staat und Gesellschaft. Für ihn war der Anspruch des Papstes auf die Fülle der Gewalt über Kirche, Fürsten und Reiche ein Grundübel. Der Staat war für ihn der Zusammenschluß von Menschen um eines befriedigenden Daseins willen, denn was der einzelne nicht erreicht, erreicht der Staat in seinen verschiedenen Ständen. Zu diesen gehörte aber auch der Priesterstand, denn der Staat hat sowohl das irdische wie auch das überirdische Glück seiner Bürger sicherzustellen. Ursache des Gesetzes ist das Volk als bewirkende Ursache, als „legislator humanus". Es überträgt die Ausübung der Gewalt einem Herrscher, und dieser hat den Frieden, der das Wohlleben der Bürger möglich macht, zu hüten. Auch die Gewalt der Kirche ist delegiert, denn Priester und Bischöfe empfangen ihre Gewalt durch den gläubigen menschlichen Gesetzgeber, also aus Laienhand! Die Kirche ist die Gesamtheit der Gläubigen, die an Christus glauben und seinen Namen anrufen. Bischöfe und Priester sind nicht allein die Kirche, sondern alle

Christgläubigen bilden sie. Das Priestertum ist eine göttliche Einrichtung, denn Christus hat den Aposteln die priesterliche Gewalt gegeben und sie durch Handauflegung als seine Nachfolger bevollmächtigt. Diesen priesterlichen Charakter besitzen aber alle Priester gleich, und damit ist auch mit priesterlicher Gewalt noch keine äußere Gewalt gegeben. So ist es ja auch Sache des Staates, die Ketzer zu verfolgen, der Priester gibt dazu lediglich sein Gutachten. Die Entscheidung in Glaubensfragen erfolgt durch ein Konzil aller Gläubigen oder ihrer Beauftragten. Das Konzil ist als ein Organ für bestimmte religiöse Fragen in den Staat eingeordnet. Allein die göttliche oder kanonische Schrift und jede aus ihr notwendig gefolgerte Deutung und die durch ein allgemeines Konzil gegebene Deutung sind wahr. Der gläubige menschliche Gesetzgeber oder sein Beauftragter hat das Recht, ein Konzil einzuberufen. Zwar wurde die Schrift „Defensor pacis" 1327 als ketzerisch verurteilt, aber ihre Ideen wirkten weiter in den Humanismus und die Vorreformation hinein.

Auch die Bemühungen Wilhelms von Ockhams (1285 - 1349) dienten, ähnlich wie bei Marsilius, der Abgrenzung der Zuständigkeit von weltlicher und geistlicher Macht. Er betonte die beiderseitige Selbständigkeit bei gegenseitiger Hilfeleistung. Er forderte von der Kirche, dem Beispiel Christi arm und machtlos nachzueifern und auf Herrschaftspositionen in der Welt zu verzichten. Dabei war seine Lehre von Staat und Kirche in seinem „Opus nonaginta dierum", dem „Werk der neunzig Tage" von dem Begriff der Freiheit her bestimmt. Wilhelm beschrieb die Freiheit des Einzelnen in Kirche und Staat sowie die Freiheit des weltlichen Herrschers gegenüber dem Staat. Auch für ihn war die Kirche die Gemeinschaft aller Gläubigen, nach Christi Willen monarchisch regiert durch seinen Stellvertreter Petrus. Damit billigte er, im Gegensatz zu Marsilius, dem Papst wirkliche, ihm von Christus übertragene Macht zu. Wilhelm von Ockham bezog aber gegen den Papst für Ludwig den Bayern Stellung. Seine Lehren haben auch Martin Luther beeinflußt, der einmal gesagt hat: „Ich bin von Ockhams Schule."

Der Streit zwischen Ludwig und dem Papst führte nun zur Konfrontation. Ludwig, der sich im Haus der Deutschordensritter in Sachsenhausen aufhielt, wurde vom Papst exkommuniziert. Er richtete 1324 seine Appellation gegen die Vorwürfe des Papstes und verwahrte sich darin besonders gegen die Vorwürfe der unberechtigten Führung des Königstitels und der Ausübung der königlichen Rechte sowie gegen den Vorwurf der Ketzerunterstützung, weil Marsilius von Padua an den königlichen Hof geflohen war. Schließlich bat der König um die Einberufung eines allgemeinen Konzils. 1327 zog Ludwig nach Rom, und dort setzte ihm Sciarra Colonna im Lateran die Kaiserkrone auf. Kaiser Ludwig setzte nun Nikolaus V. zum Gegenpapst ein. Daraufhin erklärte aber Papst Johannes XXII. von Avignon aus den Kaiser für abgesetzt. Dagegen erklärte die Fürstenversammlung 1338 in Rense bei Koblenz: „Wer durch die Kurfürsten gewählt ist, der ist kraft des Gesetzes König ohne eine notwendige Bestätigung durch den Papst." Inzwischen war Benedikt XII. Papst in Avignon geworden.

1338 fand ein Reichstag in Frankfurt statt, auf dem ein Manifest „Fidem catholicum" formulierte: „Der erwählte König ist Kraft Gesetzes und von selbst auch Kaiser, dessen Gewalt, Würde und Recht unmittelbar von Gott und nicht vom Papst kommen. So kann der Erwählte auch ohne Kaiserkrönung durch den Papst über das Reich verfügen." Im August des gleichen Jahres fand ein zweiter Reichstag in Frankfurt statt, auf dem das Reichsgesetz „Licet iuris" verabschiedet wurde, das ausdrücklich bestätigt, daß dem erwählten König die kaiserliche Würde auch ohne Approbation oder Konfirmation durch den Papst zustehe. So ähnlich hatte das auch schon Dante ausgesprochen. Sogar geistliche Orden traten dem verweltlichten und machtbesessenen Papsttum entgegen. Die Franziskaner der „Münchener Akademie" hatten durch Gutachten und Beratung zu dem Reichstagsbeschluß mit beigetragen. Es machte sich in Deutschland eine antikuriale Stimmung bemerkbar. Nun fand im Frühjahr 1339 ein weiterer Reichstag in Frankfurt statt, auf dem die Kurfürsten das Kaisertum Ludwigs offiziell anerkannten. Papst Benedikt XII. der, wie alle Päpste in Avignon, unter dem Einfluß der französischen Krone stand, führte jedoch das von seinem Vorgänger verhängte Interdikt fort. Die Stadt Frankfurt stand dabei weiterhin auf der Seite des Kaisers. Intrigen und heimliche Kämpfe gingen jedoch weiter, und die Fürsten waren wie stets vor allem an der Mehrung ihrer eigenen Macht und ihrer Privilegien und Vorteile interessiert, so daß Kaiser Ludwig mehr und mehr ihre Zustimmung verlor. Schließlich wählten die Fürsten 1346 Karl von Böhmen zum König. Kaiser Ludwig verstarb 1347.

Die babylonische Gefangenschaft der Päpste in Avignon dauerte von 1309, als der Gascogner Klemens V. nach Avignon, das zum Königreich Neapel gehörte, ging, bis Gregor XI. wieder nach Rom zurückkehrte. Der Gascogner Klemens V., vorher Erzbischof von Bordeaux, wurde in Lyon als Papst inthronisiert und nahm seinen Sitz nicht in Rom, sondern in Avignon, das zwar zum Königreich Neapel gehörte, aber in völliger politischer Abhängigkeit vom französischen Königshof war. Hier haben die Päpste bis 1377 residiert, gefügige Werkzeuge der französischen Politik. Ludwig der Bayer hatte einen zwanzigjährigen Kampf mit dem Papsttum geführt, das Interdikt dauerte von 1329 - 1349.

Als nach dem Tode Kaiser Ludwigs die Interdiktstrafe für die Stadt Frankfurt aufgehoben werden sollte, stellte der päpstliche Bevollmächtigte dafür Bedingungen. Er verlangte, der Rat müsse sich und seine Mitglieder als „Ketzer" erklären und eidlich versprechen, zukünftig keinen deutschen König ohne die päpstliche Zustimmung zu seiner Erwählung mehr anzuerkennen. Dies Ansinnen lehnte der Rat jedoch ab und erklärte seinerseits, er werde sich für die Aufhebung des Interdikts nur einer eidlichen Zusicherung unterwerfen, die der Stadt und dem Reich keinerlei Eintrag tue. Er werde dem jeweiligen deutschen König gehorchen, auch wenn der Papst ihm die Kaiserkrönung verweigere. Er stellte weiterhin fest, daß die Stadt unschuldig mit dem Bann belegt worden sei. Der päpstliche Legat ging jedoch auf diese Argumente des Rates nicht ein, so daß sich dieser an den neuen König Karl IV. mit der Bitte um Beistand wandte, allerdings ebenfalls vergeblich. Karl war ja gerade mit päpstlicher Hilfe und Gunst gewählt worden, der „Pfaffenkönig" hieß er deshalb, und die Stadt hatte mit ihm sowieso Probleme, da Karl IV. ja noch zu Lebzeiten Kaiser Ludwigs zum Gegenkönig gewählt und vom Papst bestätigt worden war. Die Stadt Frankfurt hatte ihn darum nicht in ihre Mauern eingelassen und ihn nicht anerkannt. Ja, 1349 hatte ein Teil der Kurfürsten Günther von Schwarzburg zum Gegenkönig gegen Karl gewählt. Nach altem Recht hätte die Stadt Günther erst in ihre Mauern einlassen dürfen, wenn er sechs Wochen und drei Tage auf dem Galgenfeld vor ihren Toren gelagert und seinen Gegenkönig besiegt hätte. Frankfurt hatte sich jedoch von den Kurfürsten bewegen lassen, Günther bereits nach sieben Tagen in die Stadt zu lassen. Damit hatte sich der Rat zum Gegner Karls gemacht. Als aber nun Günther von Schwarzburg zugunsten Karls IV. abdankte, rächte sich dieser nicht an der

Stadt, dafür mußte Frankfurt aber finanzielle Leistungen erbringen. Danach gewährte Karl Amnestie und bestätigte alle Freiheiten, Rechte und Privilegien der Stadt.

28. Karl IV.

Karl von Luxemburg, der Sohn Johanns von Böhmen und seiner Gemahlin Elisabeth, der Tochter Wenzels II., des letzten Böhmenkönigs aus dem Geschlecht der Premysliden, kam als siebzehnjähriger an den französischen Königshof nach Paris und genoß dort seine Erziehung bis 1330. Im Jahre 1346 wurde er von einer deutschen Fürstengruppe mit päpstlicher Unterstützung zum Gegenkönig gegen Ludwig den Bayern erhoben, wobei er fünf der sieben Kurfürsten auf seiner Seite hatte. Diese Wahl löste unter den Zeitgenossen heftige Reaktionen aus. Viele lehnten den „Pfaffenkönig" ab. Der Geschichtsschreiber Matthias von Neuenburg berichtet: „Der Papst haßte Ludwig den Bayern und trachtete zusammen mit König Johann von Böhmen, dessen Sohn und dem Erzbischof Balduin von Trier nach dem Untergang des Kaisers und seiner Kinder." So sollen denn auch der Papst und der Trierer Erzbischof mit großem finanziellem Aufwand die Kurfürsten zur Wahl Karls bewogen haben. Diese Königswahl am 11. Juni 1347 teilte dann auch das Deutsche Reich in zwei Parteien, die päpstlichen, „papales", und die kaiserlichen, „imperiales". Die Kaiserlichen erklärten die Wahl für „null und nichttig", da sie „nicht am rechten Ort, und nicht zur rechten Zeit stattgefunden habe und nicht nach rechtmäßigem Verfahren gewählt worden sei." In der Tat war zur Wahl, die weder in Frankfurt noch in Aachen, sondern in Bonn stattfand, heimlich eingeladen worden und Wahl und Krönung fanden ohne den gewohnten äußeren Glanz statt. Trotzdem verlangte Papst Clemens VI. am 29. November 1347 von allen Gläubigen in Deutschland den Gehorsamseid für Karl IV. „Ich werde dem römischen König Karl, der von der Kirche als römischer König anerkannt ist, gehorchen und folgen." Wilhelm von Ockham bestritt dem Papst die Berechtigung zu dieser Eidesabnahme. Nach dem Tode Ludwigs des Bayern wählten deshalb auch seine Anhänger am 30. Januar 1349 in Frankfurt den Grafen Günther von Schwarzburg zum Gegenkönig und hoben ihn zur Huldigung nach

„altem Brauch und Herkommen" auf den Altar der St. Bartholomäuskirche. Nun mußte Karl um seine Herrschaft kämpfen und gewann den Pfalzgrafen Rudolf aus der Wittelsbacher Partei, mit dessen Tochter Anna er sich vermählt hatte, dabei zu Hilfe. Er versöhnte sich mit den Söhnen Ludwigs und wurde deshalb auch von den Wittelsbachern als König anerkannt.

Im Juni 1349 starb Günther von Schwarzburg und wurde in der St. Bartholomäuskirche beigesetzt. Nun ließ sich Karl in Frankfurt einstimmig von den Fürsten als König bestätigen und in Aachen zum zweiten Male krönen, aber auch diesmal wieder ohne die Reichsinsignien, die von den Wittelsbachern erst 1350 nach langen Verhandlungen ausgeliefert wurden. Sie wurden in feierlicher Prozession erst auf den Hradschin in Prag und dann zum Reichstag nach Nürnberg gebracht. In Prag und Nürnberg ließ Karl sie feierlich ausstellen, um seine Macht und königliche Repräsentanz zu demonstrieren.

Auf Bitten Karls gewährte Papst Clemens VI. sogar allen andächtigen Betrachtern der Reichsinsignien einen Ablaß und erhöhte damit gewissermaßen die Würde dieser Herrschaftszeichen zu einer Art von „Reichs-Reliquien" und damit zu einem Gegenstand der Volksfrömmigkeit. Mit päpstlicher Erlaubnis durfte an einem Altar, auf dem diese „reliquiae imperiales" ruhten, Pontifikalmessen gehalten werden. So entstand ein Kult der Reichsinsignien.

1350 erkrankte Karl sehr schwer und sah seine Genesung als Geschenk Gottes, wie dies auf der vierten Platte der Kaiserkrone steht: Jes. 38, 5: „Siehe, ich will deinen Lebenstagen noch fünfzehn Jahre hinzufügen". Er diktierte seine Lebensgeschichte zu seiner Rechtfertigung und entwickelte aus den sinnfälligen Motiven des Herrschaftszeichens „Krone" seine politischen Grundsätze. In seiner Lebensgeschichte bis zu seiner Krönung versuchte er darzustellen, daß er zu diesem Amt prädestiniert war und weist seine Abstammung von den Karolingern und dem alten böhmischen Königsgeschlecht nach. Auch der König lebt von der Gnade Gottes unter der Mahnung der Reichskrone: „Fürchte den Herrn und meide das Böse." Der Herrscher untersteht dem christlichen Sittengesetz und mißt daran sein Handeln. König David war ihm das Vorbild des gerechten Herrschers.

In seiner Vita nahm Karl auch die Vorwürfe seiner Gegner, er habe sich rücksichtslos opportunistisch verhalten, und die Kurie habe nur deshalb massiv in die inneren Angelegenheiten des Reiches eingreifen können, Stellung. In seiner Lebensbeschreibung gibt es diese herrschsüchtigen Kleriker, mit denen er gemeinsame Sache machte, nicht. Er rechtfertigte seine Erhebung zum deutschen König folgendermaßen: Ludwig der Bayer habe die Kaiserkrone in Rom gegen den Willen von Papst Johannes XXII. durch den Bischof von Venedig empfangen und einen Gegenpapst eingesetzt und habe mit diesem Kampf gegen die Kirche jeden Anspruch auf Herrschaft verwirkt; und wer sich dann gegen eine ungerechte Herrschaft erhebe, sei kein Aufrührer, sondern der stelle die Ordnung wieder her. Ja, er betonte sogar, daß es die zentrale Aufgabe des Herrschers sei, für Recht und Gerechtigkeit Sorge zu tragen.

Die „Goldene Bulle", so nach der vergoldeten Kapsel genannt, in der sie aufbewahrt wurde, 1356 auf zwei Reichstagen in Nürnberg und Metz als Reichsgesetz angenommen, hat enge Bezüge zu Karls Selbstdarstellung. Verfasser war wohl der kaiserliche Geheimschreiber und spätere Kanzler und Bischof von Verden, Rudolf von Friedberg. Sie ist in lateinischer Sprache abgefaßt und enthält Regelungen der Königswahl, für den Landfrieden und das Münzrecht. Es geht um die politische Ordnung, die von allen mitverantwortlich getragen werden soll und die den König als höchste Autorität anerkennt. Die Kurfürsten werden die „Säulen des Reiches" genannt, sieben Leuchter, die das Heilige Reich erleuchten sollen, eine stabile Ordnung auf föderativer Grundlage. Für die Stadt Frankfurt hatte die „Goldene Bulle" besondere Bedeutung, wurde sie doch nun die gesetzliche Wahlstadt des Deutschen Reiches, der der Schutz der Kurfürsten übertragen wurde. Frankfurt als eine freie Reichsstadt, die niemandem als dem Kaiser allein untertan war, diese „königliche Stadt" war deshalb der richtige Wahlort. Ein Original der Urkunde kam in das Reichsarchiv, mehrere Abschriften wurden für die Kurfürsten und die Stadt ausgefertigt. Die Stadt Frakfurt erhielt ihre Abschrift erst 1366, zehn Jahre später, aber dennoch galt sie wie ein Original, weil sie noch unter Karl IV. in dessen Kanzlei hergestellt worden und mit dem Majestätssiegel versehen war. Sie wurde, wie alle wichtigen städtischen Urkunden, im Leonhardsturm aufbewahrt.

Die „Goldene Bulle" hat die Einwirkung des Papstes auf die Königswahl beendet und die Kurfürsten als Kollegium eng mit dem König verbunden.

Grabstein des Siegfried zum Paradies
in der St. Nikolaikirche

Frankfurt wurde damit aber nun zur politisch wichtigsten Reichsstadt. Die Krönungsstadt sollte Aachen sein und blieb dies auch bis 1531. Danach wurden die Kaiser in Frankfurt gekrönt, als erster Maximilian II., da 1531 der neugewählte Kurfürst von Köln, der die Krönung in Aachen vornehmen sollte, noch nicht vom Papst bestätigt war. Ein guter Freund Kaiser Karls IV. war der Frankfurter Patrizier Siegfried von Marburg, nach seinem Haus am Liebfrauenberg „zum Paradies" genannt, der für die Stadt viele Sonderrechte vom Kaiser erwirken konnte. So gelang es ihm 1372, das vom Kaiser an die der Stadt feindlich gesonnenen Grafen von Hanau verpfändete Schultheißenamt zu erwerben. Der Schultheiß der Stadt war der Vertreter des Kaisers. Nun konnten die Frankfurter den Schultheiß aus ihrer Mitte wählen und waren damit als „Freie Reichsstadt", nur dem Kaiser untertan und den Reichsgesetzen unterworfen. Dadurch übte die Stadt in Zukunft eine große Anziehungskraft auf Zuzügler aus, die das Bürgerrecht erwerben oder durch Einheirat gewinnen konnten. Die Bewerber um das Frankfurter Bürgerrecht wurden einer strengen Prüfung unterzogen. Der Bewerber mußte wohlhabend und in seinem Beruf tüchtig sein. Vor der Verleihung mußte er den Bürgereid leisten und Gehorsam und Einsatz für die Stadt geloben.

Zusammen mit dem Schultheißenamt war auch ein großer Teil des ehemaligen Bannforstes und Wildbannes „Dreieich" verpfändet und wurde nun ebenfalls von Siegfried zum Paradies erworben. Außerdem kaufte der Rat vom Kaiser die Frankfurter Judenschaft, die als „Königsknechte" kaiserliches Eigentum waren. Da Pfänder seitens des Reiches nie eingelöst wurden, blieben sie im Eigentum der Stadt, die hinter Siegfried zum Paradies stand.

29. Die Freie Reichsstadt

Am Ende des vierzehnten Jahrhunderts betrug die Einwohnerzahl der nun „Freien Reichsstadt" ca. zwölftausend Personen. Die Häuser in den engen Gassen waren meist Fachwerkhäuser mit überhängenden Stockwerken. Dadurch waren die Gassen feucht und finster und ohne Pflaster voller Schmutz, ein Nährboden für Seuchen und Pest. Die Abwässer wurden in den Stadtgraben geleitet, das Trinkwasser aus Brunnen in der Stadt geholt. Es gab einige Plätze wie den Markt um die St. Bartholomäuskirche, den Samstagsberg am Römer, den Roßbühel oder Liebfrauenberg, wo der Pferdemarkt stattfand. Die Dächer der Häuser waren mit Schindeln oder mit Stroh gedeckt, und zwischen den Häusern gab es noch Ställe, Misthaufen und Scheunen, denn die städtischen Händler waren auch noch Landwirte mit Ländereien und Höfen vor der Stadt, auf denen Rinder, Schweine und Schafe gehalten wurden. Die Handwerker mit ihren Zünften bestimmten den Grundton des bürgerlichen Lebens mit ihren Bräuchen und ihrer Organisation, für die sie jedoch die Genehmigung des Rates benötigten, der auch in einer Taxordnung die Höchstpreise festlegte. Jeder Bürger mußte eidlich Treue und Gehorsam und eine Leistungsverpflichtung beschwören, vor allem seinen Beitrag zum Schutz gegen die äußeren Feinde leisten.

Für die vielfältigen städtischen Aufgaben im Bereich von Ordnung und Sicherheit, Gericht, Wirtschaft und Handel war eine größere Zahl städtischer Beamter erforderlich. Die Ratsherren waren für bestimmte Dezernate zuständig. In Frankfurt bestand eine kaiserliche Münze, und mit der immer stärker aufkommenden Geldwirtschaft erwarb der Rat nun vom Kaiser das Münzrecht für Silbermünzen und richtete eine städtische Bank ein. An den drei bestehenden Privatbanken war der Rat beteiligt. Dies wurde notwendig, weil man sich beim Handel und auf den Messen mehr und mehr des Kredits und der Wechsel bediente.

Der Schutz der Stadt wurde durch die Landwehr, d.h. mit Gebüsch bewachsene Wälle und Gräben um die Stadt herum und durch befestigte Gutshöfe, verstärkt und ausgeweitet. Dazu hatte Ludwig der Bayer 1333 der Stadt das Privileg erteilt, daß in ihrem Umkreis von Seligenstadt bis zum Rhein innerhalb von zwei und ab 1336 sogar innerhalb von fünf Meilen links und rechts des Mains niemand einen befestigten Platz anlegen durfte. Die wichtigsten Gutshöfe in diesem Gebiet aber befanden sich in Frankfurter Besitz, waren befestigt und konnten jederzeit mit Soldaten belegt werden. Der „Knoblauchs- später Kühhornshof" und die „Günthersburg" waren Wasserburgen. Die Stadt besaß Hoheitsrechte an den Reichsdörfern Sulzbach und Soden. Sachsenhausen war ummauert und mit Gräben versehen. Zu der Landwehr gehörten auch die befestigten Warten als Beobachtungstürme. Auch einige Dörfer gehörten der Stadt. Bonames wurde von den Rittern von Bonames 1347 an die Stadt verkauft. Den Hof zu Hausen erwarb die Stadt vom Fuldaer Abt und machte ein Dorf daraus. Oberrad wurde 1425 aus Reichsbesitz erworben.

Die Schelme von Bergen verkauften 1475 ihr Reichslehen Bornheim an die Stadt. Im Teilungsvertrag 1481 mit Hanau über die Grafschaft Bornheimer Berg fielen die Reichslehen Bornheim, Hausen und Oberrad an Frankfurt. Es war aber der Stadt nicht gelungen, sich in den Besitz eines noch größeren Gebietes zu setzen, da die Fürsten samt dem Erzbischof zu Mainz den Hanauer Grafen gegen Frankfurt unterstützten. Das Bartholomäusstift besaß die Kirche in Bischofsheim und erhielt von den dortigen Äckern und Weinbergen den Zehnten. Es besaß auch das Patronat in Bockenheim. Die Deutschordensherren in Sachsenhausen kauften 1275 Preungesheim mit Berkersheim sowie die Kirche und das Patronat von Eckenheim. 1372 löste Siegfried zum Paradies den verpfändeten Reichsforst Dreieich zugunsten der Stadt aus. Nach altgermanischem Recht waren alle Tiere des Wassers, Waldes und der Luft herrenlos und jeder durfte sie jagen. Dies Recht war aber im königlichen Bannforst Dreieich allein dem König vorbehalten. Der Vogt mit Sitz in der Wasserburg Dreieichenhain mit seinen Wildhufnern, wachten über Forst- und Jagdfrevel und hielten zu Dreieich Gericht. Die Stadt Frankfurt hatte viel Ärger mit dem Adel wegen der Jagdrechte im Forste.

Das Dorf Ginnheim gehörte zum Wildbann Dreieich und damit zu den insgesamt 82 Dprfern, die in Frankfurt „Burgrecht" hatten, d.h. die im Kriegsfall in die Stadt flüchten durften.

Dafür hatten sie für die Stadtmauern und Wälle Hand- und Spanndienste zu leisten. Wer das versäumte, verlor das Burgrecht. Politisch gehörte Ginnheim zu dem an Hanau gefallenen Teil des Bornheimer Gerichtes. Frankfurter Bürger besaßen Grundstücke in vielen Dörfern um die Stadt herum.

Zu den Frankfurter Dörfern gehörte seit 1428 auch Hausen, das König Ludwig 1318 dem St. Leonhardsstift für seine königstreue Haltung im Interdikt geschenkt hatte.

Karl der IV. hatte 1376 der Stadt Frankfurt das Recht verliehen, in Nieder-

Erlenbach Schultheißen und Schöffen einzusetzen. Die Kirche gehörte seit 1346 zum Liebfrauenstift, ein schlichter, einschiffiger Bau mit einem viereckigen Turm an der Westseite. Der Altar mit der Darstellung der Madonna mit dem Jesuskind von 1497 befindet sich heute im Landesmuseum Darmstadt.

Auch ein Teil von Niederrad war mit dem Erwerb des Stadtwaldes an die Stadt gefallen, die später die restlichen Teile von den Grafen von Solms (1569) und dem Deutschen Orden (1842 von seinem Rechtsnachfolger, dem österreichischen Kaiser) erwerben konnte.

Überhaupt spielte das Gerichtswesen eine entscheidende Rolle, und die Stadt war stets daran interessiert, alle Angelegenheiten vor ihr Schöffengericht zu bringen. So gab es Streit mit dem Propst des Bartholomäusstiftes wegen geistlicher Gerichtsentscheidungen in weltlichen Angelegenheiten der Bürger sowie mit den „Freigrafen''. Da die Straßen dem königlichen Schutz unterstanden, wurden Frevler, wie etwa Straßenräuber, von dem Sondergericht, der Feme, der Freigrafen und -schöffen geahndet. Durch „Heischebriefe'', die am Haus des Frevlers befestigt wurden, wurden diese vor das nachts im Freien unter einer Linde tagende Gericht geladen. Überfallene Kaufleute appellierten oft an die Femegerichte. Es war altes deutsches Recht. daß die Gerichte im Freien tagten. So sprach das Frankfurter Schöffengericht ursprünglich auch vor der roten Tür der St. Bartholomäuskirche Recht. Endlich erwirkten die Frankfurter 1411 eine päpstliche Bulle, die jeden mit dem Kirchenbann bedrohte, der sie gegen ihre Privilegien vor einem anderen als dem Frankfurter Schöffengericht belangte.

30. Die Frömmigkeit im ausgehenden Mittelalter

Zwei Erscheinungen bestimmten wesentlich die Frömmigkeit der Menschen des späten Mittelalters: Die zunehmende Mündigkeit der Laien, ihr Bildungshunger und religiöses Interesse und der Schock der großen Pestepidemien, durch die zwischen 1347 und 1350 ein Drittel der europäischen Bevölkerung dahingerafft wurde. In Frankfurt forderte die Pest in wenigen Wochen etwa zweitausend Opfer, allein an einem einzigen Tage starben 35 Priester.

Der Aufschwung der Städte hatte auch die Kirchlichkeit gesteigert, und das Bürgertum wurde geistig und religiös führend. Besonders die Volksprediger aus den geistlichen Orden fanden große Zuhörerscharen. Das Wohlfahrtswesen steigerte sich, und die Heiligenverehrung gewann an religiöser Bedeutung. Im Spätmittelalter wurde besonders die Heilige Anna, die Großmutter Jesu, verehrt. Aus dieser Zeit gibt es viele Skulpturen oder Darstellungen der Heiligen Anna „selbdritt", d.h. der Heiligen Anna, Maria und des Christuskindes.

Es wurden bereits auch Züge individualistischer Frömmigkeit sichtbar. Durch die Kreuzzüge, Kriege und Seuchen gab es viele ehelose und verwitwete Frauen, an denen besondere Seelsorgeaufgaben zu erfüllen waren. Dies führte zur Gründung von Frauenklöstern, bei denen insbesondere die Dominikanerinnen eine führende Aufgabe hatten. Es wurden Bibeln, Bibelteile und erbauliche Schriften in der Volkssprache gedruckt und infolge der gestiegenen Bildung auch zur Erbauung gelesen, wie etwa die „vita Jesu Christ" des Straßburger Kartäußers Ludolf von Sachsen oder Thomas a Kempis' „De imitatione Christi". In der „Devotio moderna", dem neuen religiösen Gelübde christlichen Lebens, des Geert Grote in Deventer, fand die Bereitschaft der Laien Wege zum Ausschöpfen der Heilsmöglichkeiten. Im zeitgenössischen Mönchtum zeigen sich Ansätze zur Vertiefung und Reformen, Strömungen der Mystik, aber noch keine durchgreifende Veränderung teilweise verweltlichter Verhältnisse. Auch führte der Anspruch des Adels auf den Besitz von Prälaturen weithin zur Veräußerlichung des Klerus, dem es zuerst um die eigene Versorgung ging, während die geistlichen Amtsverpflichtungen auf schlecht ausgebildete Vikare abgeschoben wurde. Dies alles führte zu einem Mißverhältnis zwischen den Erwartungen der Gläubigen und den Leistungen der Kirche. In dieser Situation kamen der Mystik und der Devotio moderna eine ganz besondere Bedeutung zu.

31. Die deutsche Mystik

Wort und Begriff der Mystik stammen aus der griechischen Geschichte und Sprache. Wörtlich bedeutet „Mystik": „die Augen schließen," d. h. die sinnlichen Wahrnehmungen werden ausgeschaltet, damit „göttliche Erleuch-

tung" seelisch erlebt werden können. So erlebte der Gläubige in der mittelalterlichen Mystik das Göttliche in sich als Einswerden mit Gott, denn:
„Gott ist in allen Dingen und alle Dinge sind in Gott." Die Voraussetzung
der religiösen Strömung der deutschen Mystik war sehr wesentlich eine
Verknüpfung der dominikanischen Theologie mit der volkssprachlichen
Predigt und weiblicher Frömmigkeit, die die Vereinigung des Herzens
mit Gott erstrebte. Diese Lehre von der „Gotteserfahrung in der Seele"
wurde zuerst von der Nonne Mechthild von Magdeburg (1212 - 1294)
im Zisterzienserkloster Helfta entwickelt. Sie nannte ihre mystische Schrift:
„Das flimmernde Licht der Gottheit" und beschrieb darin die übernatür-
liche Gottesgemeinschaft der aus Gott geborenen Seele als deren wahre
und eigentliche Natur. Christus ist der Bräutigam, der Heilige Geist, der
verschwenderische Ausfluß des Vaters und des Sohnes. Meister Eckehard
ist der bedeutendste und kühnste Vertreter der spekulativen deutschen
Mystik. 1260 in Hochheim/Thüringen geboren, wurde er Dominikanerprior
in Erfurt, Magister der Theologie in Paris und 1303 Provinzial der sächsischen Provinz mit 47 Konventen und 70 Frauenklöstern. Aber er mußte
sich wegen irriger Lehren in seinen „Deutschen Predigten" in einem Prozeß
in Avignon verantworten. Nach seinem Tode erklärte Papst Johannes XII.
einige seiner Thesen und Sätze sogar als ketzerisch. Eckehards Ziel war
es, „sich im Gehorsam seiner selbst ganz Gott zu entäußern". Denn Gott
ist ja der Grund allen Seins. So bemüht er sich, sowohl die Überweltlichkeit
Gottes sicherzustellen, aber auch zugleich sein Innesein in der Welt deutlich
zu machen. Er lehrte: „Weil alle Geschöpfe aus dem Nichts gerufen wurden,
haben sie ihr Sein allein in Gott und nur in Bezug auf ihn, denn auf sich
allein gestellt sind sie nichts. Darum liegt in der Seele des Menschen der
Berührungspunkt mit Gott, hier empfängt er Gott, denn Gott hat keine ei-
gentlichere Stätte als ein reines Herz und eine reine Seele. So ist es die wichtigste Aufgabe für den Menschen, Gottes Sohn aus Gnaden zu werden. Dazu
aber muß sich der Mensch von allem trennen, was nicht Gott ist, vor allem
von seinem eigenen Willen. Die unio mystica, die mystische Vereinigung im
Seelengrund, ist dann das Höchste, das der Mensch erreichen kann. Ist aber
der Mensch Gottes innegeworden, dann kann er die Dinge und seine Mitmenschen erst recht erkennen und lieben."
Schüler Meister Eckehards sind: Johannes Tauler (1300 - 1361) und Heinrich

Seuse (1295 - 1366). Tauler war ab 1330 Prediger in Straßburg, das auch auf seiten Kaiser Ludwigs des Bayern gegen Papst Johannes XXII. stand und ebenso wie Frankfurt von 1329 - 1353 mit dem Interdikt belegt war. Tauler ging dann nach Basel und nahm dort Verbindung mit den ,,Gottesfreunden'' auf, die versuchten, ihren eigenen an den Gotteswillen anzugleichen und sich um die christliche Bewältigung ihres Alltags mühten. Heinrich Seuse war Seelsorger der Frauenklöster am Oberrhein und in der Schweiz. Für ihn ist das Streben nach Wärme und Tiefe des Gemütes charakteristisch. Es ging ihm um die Nachfolge des leidenden Christus. In der ersten Hälfte des fünfzehnten Jahrhunderts lebte im Deutschordenshaus in Sachsenhausen ,,der Frankfurter''. In seiner anonymen Schrift einer deutschen Theologie hat er eine Zusammenfassung der Gedanken der deutschen Mystik in seel-sorgerlich-praktischer Ausrichtung gegeben, eine Anleitung zur Übung in der Gottesverbundenheit auf dem ,,Drei-Stufen-Weg'' der Reinigung, Erleuch-tung und Einung in der ,,Unio mystikca'', der Verwandlung des Menschen in das Vorbild Christus, die ,,Vergottung''. Das Büchlein wurde als ,,Theolo-gia deutsch'' von Luther, der es sehr schätzte, zweimal herausgegeben.

Das geistliche Ziel der Mystik war: Die innere Erfahrung, das Innewerden Gottes in der Seele. In der Bewegung der Mystik waren die Dominikaner, denen die seelsorgerliche Betreuung der Frauenklöster oblag, führend, aber auch Mitglieder anderer Orden schlossen sich der mystischen Theologie an. Sie bedeutete den Ruf zu einer neuen Lebensform in freiwilliger Armut, Keuschheit, apostolischer Einfachheit und Verkündigung des Evangeliums in Wort und Tat. Diese Bewegung stellte eine Reaktion auf das politisierte Papsttum und seine Machtkämpfe sowie auf den verweltlichten Klerus dar. Aus dieser Haltung entstanden sowohl kirchliche Reformen, wie aber auch Sekten. Für die Mystik war bezeichnend, daß sie die deutsche Mutter-sprache benützte und dadurch in einem sehr hohen Grade zur Vertiefung und Verinnerlichung der Frömmigkeit beitragen konnte. Sie lehrte, ,,daß Gott nicht irgendwo außer uns, sondern in uns zu finden sei, in der begnade-ten Seele.''

Eine geistige Bewegung war auch von Thomas von Kempen (1380 - 1471) ausgelöst worden. Er zeigte den Graben zwischen Theologie und Frömmig-keit auf: ,,Ein tugendhaft Leben macht Gott lieb!''

Auf diesem Boden wurde Geerd Grote (1340 - 1384) aus Deventer der Vater

einer neuen Frömmigkeit. Er hatte sich mit den Schriften der Mystiker beschäftigt und wurde zum Bußprediger gegen jedwede veräußerlichte Frömmigkeit und gründete eine Art von klösterlichen Gemeinschaften: „Die Brüder und die Schwestern vom gemeinsamen Leben."
Die Brüder verdienten ihren Lebensunterhalt durch das Abschreiben und Binden von Büchern, denn sie lehnten den Bettel ab und wurden deshalb von den Bettelorden angegriffen. Die Urgemeinde war ihr Vorbild für ein Leben in Gebet und Armut. Die Zielgruppe ihrer Missionsarbeit war vor allem die studentische Jugend. Deshalb nahmen sie Einfluß auf das Schulleben ihrer Zeit. Auch Martin Luther ist in Magdeburg bei den Brüdern in die Schule gegangen. Ihr Gedankengut griff auf die klösterliche Reformbewegung der Windsheimer Kongregation über. Das Konzil von Basel (1431) hatte das Chorherrenstift in Windsheim bei Zwolle mit der Reform der deutschen Augustinerklöster beauftragt und Prior war ein Schüler Grotes. So erhielt die Bewegung der „Brüder vom gemeinsamen Leben" über die Augustinerklöster großen Einfluß in Deutschland, z.B. durch die Klöster in Butzbach, Marienthal bei Kiedrich und in Wiesbaden, insgesamt auf sechsundzwanzig deutsche Brüderhäuser. Sie gewannen ebenfalls großen Einfluß auf die Praxis des geistlichen Lebens und insbesondere auf die Jugend, trotz des Widerstandes der Bettelorden, vor allem durch die Übersetzung der Bibel in die Volkssprache und ein Brevier, das auch den Ungebildeten die Teilnahme an der Liturgie ermöglichte. Die „Imitatio Christi" des Thomas von Kempen war bei ihnen als Erbauungsbuch verbreitet. Es wurde in viele Sprachen übersetzt.

32. Vorreformatorische Strömungen und ihre Vertreter

Wenn die im folgenden Kapitel geschilderten Persönlichkeiten und die durch sie ausgelösten Bewegungen auch in keinem direkten Bezug zu Frankfurt standen, so waren sie und ihre religiösen Ideen doch in einer Stadt mit so vielen fremden Besuchern und weitgespannten Beziehungen wie Frankfurt bekannt und beeinflußten dadurch das religiöse Denken und Handeln der Bürger. Sie gehören damit in das Umfeld des religiösen und kirchlichen Geschehens jener Zeit.

a) John Wiclif

John Wiclif, um 1330 in der Nähe von York in England geboren, wurde nach Studien an der Universität Oxford daselbst Magister der Theologie und verfaßte Kommentare zur Heiligen Schrift: „De veritate sacrae scripturae", über die Wahrheit der Heiligen Schrift. Auf Grund seiner Thesen zur Reform der Kirche wurde er 1337 angeklagt und vom Bischof von London vernommen. 1338 folgte ein Vehör durch mehrere Bischöfe in Lambeth bei London. 1382 wurden vierundzwanzig seiner Sätze als häretisch verurteilt, und Wiclif mußte seine Lehrtätigkeit aufgeben. Er zog sich auf die Pfarrei Lutterworth zurück, wo er 1384 verstarb.

Seine Kritik an der Kirche und ihrer Theologie fand aber Anklang und Nachahmung durch die sogenannten „armen Priester", auch „Lollarden" genannt. „Lollarden-Bibel" wurde die von Wiclif angeregte Übersetzung der Vulgata in die Volkssprache genannt. Wiclif wollte eine Reform der macht- und finanzbesessenen Kirche im Geiste des leidenden, demütigen Christus und der besitz- und machtlosen Urgemeinde.

Das Konstanzer Konzil verurteilte fünfundvierzig Sätze Wiclifs, seine Schriften wurden vernichtet und seine Gebeine 1427 exhumiert und verbrannt, weil er, ausgehend von der „lex dei", dem göttlichen Gesetz, die theologischen Grundlagen der mittelalterlichen Kirche angegriffen hatte und so etwas wie eine „Kirche der Prädestinierten", in der für die Hierarchie und den kirchlichen Besitz in damaliger Form kein Platz war, gefordert hatte. Darum stellte ihn die Kurie in eine Linie mit Marisilius von Padua und Wilhelm Ockham.

b) Johannes Hus

Seit Mitte des vierzehnten Jahrhunderts gab es auch in Böhmen eine starke kirchliche Reformbewegung. Eine Schwester König Wenzels hatte Richard II. von England geheiratet. So waren durch böhmische Studenten in Oxford die Lehren Wiclifs auch nach Böhmen gelangt, und von Magistern der Universität Prag ging Kritik am Reichtum und den Privilegien des Klerus aus. Johannes Hus, um 1370 geboren, studierte Theologie, erhielt um 1400 die Priesterweihe, wurde Magister an der Prager Universität. Unter dem

Einfluß der Wiclif'schen Gedanken wurde Hus Volksprediger an der Prager Bethlehemskapelle. Weil er die Verdammung Wiclifs ablehnte, erhielt er Predigtverbot, wurde von der Kirche vorgeladen, vernommen und 1411 exkommuniziert und mit dem Interdikt belegt. Den Höhepunkt dieser Auseinandersetzungen zwischen Hus und der Kirche bildete seine Predigt gegen den Kreuzzugsablaß Papst Johannes XXII. Nun entzog auch König Wenzel ihm seine bisherige Unterstützung. In seiner Schrift „Tractatus de ecclesia" bezeichnete Hus die Kirche als eine Gemeinschaft der Prädestinierten und kritisiert die Fragwürdigkeit der hierarchischen Kirche. U. a. heißt es darin: „Wenn ein gläubiger Jünger Christi erkennt, daß ein päpstliches Gebot dem Gebot Christi widerspricht oder der Kirche zum Schaden gereicht, so soll er ihm kühn entgegentreten, auf daß er nicht durch Zustimmung Teilnehmer an einem Verbrechen wird."

Hus war am 11. Oktober 1414 unter königlichem Geleit zur Vorladung auf das Konzil in Konstanz gekommen. Hier galt er aber schon von vornherein als gefährlicher Ketzer und wurde sofort in Haft genommen und in das Dominikanerkloster auf einer Bodensee-Insel gebracht. Später hielt man ihn auf Schloß Gottlieben gefangen. Am 5., 7. und 8. Juni 1415 fand im Refektorium ein öffentliches Verhör vor Hierarchen und Theologen statt, in dem sich Hus, jedoch ohne jeglichen Erfolg, gegen die Anklagen verwahrte. Er war als ein „Wiclifit", dessen Schriften gerade verworfen waren, abgestempelt. Allerdings lehnte Hus nun auch eine verhältnismäßig milde Abschwörungsformel seiner Lehrsätze ab, selbst den anwesenden Fürsten und Rittern gelang es nicht, Hus zur Annahme der Abschwörung zu bewegen. Daraufhin wurde er dem weltlichen Gericht überliefert und als Ketzer verbrannt, ebenso wie 1416 sein Schüler Hieronymus von Prag.

c) **Nikolaus von Kues (1401 - 1464)**

Als Sohn eines wohlhabenden Schiffers 1401 in Kues an der Mosel geboren, war Nikolaus in Deventer in die Lateinschule der „Brüder vom gemeinsamen Leben" gegangen und hatte dort die „devotia moderna", den neuen, innerlichen Weg zu Gott, kennengelernt. Nach dem Studium der Rechte der Theologie und Philosophie in Heidelberg, Padua und Köln wurde er Doktor iuris und 1430 zum Priester geweiht. Als Abgesandter des Trierer Erzbischofes spielte er auf dem Konzil zu Basel eine bedeutende Rolle durch seine Schrift: „de concordatia catholica", in der er die konziliare Idee, daß das Konzil über dem Papst stehe, vertrat. Er hatte die Schrift König Sigismund gewidmet. Es hieß darin: „Zum Kaiser macht der übereinstimmende Wille der Wähler, nicht der Papst." Nikolaus trat auch für die Union mit der griechischen Kirche ein, um Byzanz zu retten. Nach der Spaltung des Konzils und seiner Verlegung durch Papst Eugen IV. nach Florenz trat er aber auf die Seite Papst Eugens. Nun wurde er Kardinal und päpstlicher Legat, nahm an verschiedenen Reichstagen teil und mühte sich als Päpstlicher Visitator um die Erneuerung des Klosterlebens in Deutschland und den Niederlanden. Er war ein universaler Gelehrter an der Wende der Zeiten, aber auch eine nicht ganz eindeutige Persönlichkeit.

d) Girolamo Savonarola (1452 - 1498)

Savonarola, Ordensangehöriger der Dominikaner und Prior von St. Markus in Florenz, 1452 geboren, war ein zu visionären Zuständen neigender Asket, der als Prophet und Bußprediger für eine Reform der Kirche auftrat. Nach der Vertreibung der Medici, deren Gegner er war, richtete Savonarola für drei Jahre eine religiöse Demokratie in Florenz auf. Papst Alexander VI. exkommunizierte ihn, das Volk lehnte sich gegen ihn auf, und er wurde von der Inquisition gehenkt und verbrannt.

In allen diesen hier kurz vorgestellten Persönlichkeiten werden die Strömungen der Zeit deutlich, die auf eine Reform oder Erneuerung der mittelalterlichen Kirche hinstrebten.

e) Das Konzil von Konstanz (1414 - 1418)

Der Gedanke, die Kirche durch ein allgemeines Konzil zu reformieren, wurde durch die Schriften des Marsilius von Padua und Wilhelms von Ockham angeregt. Immer konkreter und nach Beendigung des großen Schismas des Papsttums lag es nahe, in einem Konzil das Heilmittel für die Kirche zu suchen. Hinter dem Konzilgedanken stand die Ansicht, daß der Papst nicht der absolute Herr der Kirche sei. Zwar führre er normalerweise die Kurie, aber in besonderen Fällen, wie etwa Häresie, Schisma oder derchen Probleme müsse doch die Gesamtkirche deutlicher sichtbar in Erscheinung treten, nach dem Motto: „Quod omnes tangit, ab omnibus approbari debet", d.h.: was alle betrifft, muß auch von allen geprüft werden. „Die Gestalt der Gesamtkirche wurde als größer und schwerwiegender angesehen als die des Papstes. Auch das Kardinalskollegium gewann durch die Einberufung der Kirchenversammlung wieder an Bedeutung. Allgemein setzte sich die Überzeugung durch, daß eine notwendige Kirchenreform ohne ein Konzil nicht durchzusetzen sei.

Daß dies Konzil dann auch wirklich in Konstanz zusammentrat, war allerdings wesentlich das Verdienst König Sigismunds (1410 - 1437), Wenzels Bruder. Dem Konzil war die Aufgabe gestellt: Das Schisma des Papsttums zu überwinden, die kirchliche Reform durchzuführen und die von Wiclif und Hus ausgelösten Unruhen beizulegen. Damit sollte zugleich auch eine Reichsreform verbunden sein. Sigismund hatte Papst Johannes XXII. zur Einberufung des Konzils 1414 nach Konstanz bewogen. Es wurde nach den Nationen der Italiener, Franzosen, Deutschen und Engländer abgestimmt und die Kardinäle erhielten noch eine fünfte Stimme.

Das Schisma konnte 1415 beseitigt werden, und das Konzil stellte fest, daß ein allgemeines Konzil dem Papst übergeordnet sei. Die Verhandlung gegen Johannes Hus, der mit einem Geleitbrief König Sigismunds vor diesem in Konstanz eingetroffen und von den Prager Theologen als Ketzer angeklagt und gefangen gesetzt war, endete am 6.Juli 1415 mit seiner Verurteilung als Ketzer zum Feuertode. Der König opferte Hus, um nicht das Konzil zu gefährden. Die Bemühungen, eine Reform der Kirche herbeizuführen, hatten aber kein entscheidendes Ergebnis. Der 1417 gewählte Papst Martin V. (1417 - 1431) vereitelte den Abschluß der Reformen durch Sonderkonkordate mit den Nationen und Abschluß des Konzils 1418. Der Tod von Johannes Hus gab seinen tschechischen Anhängern einen Märtyrer und Nationalhelden. Ganz Böhmen geriet in Aufruhr, und es begannen die Hussittenkriege (1419 - 1436). Das religiöse Symbol war dabei der Laienkelch, der 1415 vom Konstanzer Konzil verboten, aber bis in das dreizehnte Jahrhundert üblich gewesen war.

Obwohl in zwei Richtungen, die „Prager" und die „Taboriten" gespalten, blieben die Hussitten nach außen hin unüberwindlich. Deshalb versuchte das Baseler Konzil (1431 - 1449) einen Ausgleich mit ihnen. Auf ihm spielte Nicolaus von Kues eine große Rolle.

33. Frankfurt im fünfzehnten und sechzehnten Jahrhundert

Um die Mitte des fünfzehnten Jahrhunderts verbreitete sich von Italien aus eine neue Geistesrichtung, die Renaissance oder auch Humanismus genannt. Nach dem Ende des Baseler Konzils begann die Restauration des Kirchenstaates, theologisch vollzog sich eine Abwendung von Aristoteles und der Spätscholastik hin zu Plato und dem Augustinismus. Der Fall Konstantinopels 1453 hatte viele griechische Gelehrte in den Westen fliehen lassen. Sie förderten die humanistische Bildung an den Fürstenhöfen Italiens, besonders die Stadt Florenz wurde zum Zentrum des Humanismus. Hier war Giovanni Pico della Mirandola ein Hauptvertreter des an Plato und Paulus sich orientierenden christlichen Humanismus, der im Vergleich des griechischen Textes des Neuen Testamentes mit der Vulgata einen an Theologie und Kirche kritische Fragen stellenden Vorläufer der Reformation darstellte, dessen Gedanken Einfluß auf Erasmus von Rotterdam und den deutschen Humanismus hatten. Die Kurie entfaltete sich unter den Renaissancepäpsten zu einem glanzvollen Fürstenhof mit prachtvollen Bauten, an denen so bedeutende Künstler wie Michelangelo und Raffael wirkten.

Alle diese neuen Gedanken und Zeitströmungen kamen natürlich auch nach Frankfurt, durch Patriziersöhne, die im Ausland studierten oder durch Messebesucher oder Teilnehmer an den Reichsversammlungen, die immer wieder auch in Frankfurt stattfanden; denn nur etwa fünfzehn Städte in Deutschland hatten über zehntausend Einwohner und waren deshalb von Bedeutung. Zentrum der Frankfurter Stadtverwaltung war ab 1405 der „Römer". Das älteste Rathaus, der „Ratshof", stand an der Stelle des heutigen Pfarrturmes des Kaiserdoms. Nun erwarb der Rat einen ganzen Häuserkomplex, zunächst das Haus „Zum Römer" mit der Fassade zum Römerberg und das Haus „Zum goldenen Schwan" mit der Fassade zum heutigen Paulsplatz. Dazu kamen nach und nach die benachbarten Häuser „Altenlimburg, Löwenstein, Frauenstein, Salzhaus, Haus Wanebach, Frauenrad, zur Viole, zum Nyde, Schwarzenfels und Silberberg." Alles zusammen wurde der „Römer" genannt und war Sitz des Rates der freien Reichsstadt. Nun hieß auch der Platz davor „Römerberg". Über der vorderen großen Halle wurde der Kaisersaal errichtet, der für die Kaiserwahlen benutzt wurde, aber auch für Rats- und Gerichtssitzungen zur Verfügung stand. Der Saal mit seinen Nischen für die Kaiserbilder war 1411 vollendet. In diesem neuen zentralen bürgerlichen Repräsentanzgebäude kam zugleich das starke Selbstbewußtsein der Bürger zum Ausdruck. Dies zeigte sich aber auch in dem Anspruch, mehr Einfluß auf die Kirche und ihr Schul- und Wohlfahrtswesen zu gewinnen. Die Bürger forderten das Patronatsrecht an den Stadtkirchen, und da sie ja für die Unterhaltung der Gebäude Sorge trugen, auch einen Anteil an der Verwaltung und Aufsicht über das Kirchengut. So richtete man das Amt eines „Kirchenpflegers", der dem Rat unterstellt war, innerhalb der städtischen Verwaltung ein, das bis heute besteht, indem ein Magistrats-Mitglied für die kirchlichen Angelegenheiten verantwortlich ist. Schulwesen, Kranken- und Armenpflege wurden nun in die städtische Verantwortung übernommen.

Spitäler lösten sich vom Stift oder Kloster und wurden selbständig. Die Versorgung übernahmen Spitalbruderschaften, die Verwaltung der Rat der Stadt. An die Stelle geistlicher Schulen oder neben sie traten Stadtschulen, an denen Schulmeister, zuerst meist Kleriker, tätig waren.

Der Gottesdienst in der Kirche mit seinem Höhepunkt der Messe erfuhr eine individuell-subjektive Ausgestaltung zur „Privatmesse", und die Liturgie wurde nicht mehr als der Dienst der gesamten Gemeinde empfunden. Die Gliederung: Priester, Chor und Gemeinde verschwand mehr und mehr zugunsten einer Art von „Priesterliturgie, in der der Priester allein den Gottesdienst zelebrierte; denn nur das, was der Priester tat, war gültig. Die Lesungen waren lateinisch, Wortverkündigung gab es nicht bei der Messe, deren Gewicht auf Ritus, die Zeremonien und das Zeigen des Sakramentes gelegt war. Die Meßfrömmigkeit konzentrierte sich daher auf das „Schauen", den Anblick der Hostie bei der Elevation nach der Wandlung, in der der Priester der Gemeinde den „Leib Christi" zeigte. Mit diesem Schauen wurden massive Wirkungen verbunden, wie die Erhörung von Gebeten oder bestimmte Gnadengeschenke. Häufig fanden deshalb auch Prozessionen mit dem Sakrament statt. Dagegen hatte sich schon Nikolaus von Kues gewehrt und gesagt: „Die Eucharistie sei als Speise und nicht als Schaumittel eingesetzt." Er hatte die Prozessionen außerhalb der Fronleichnamsoktav verboten.

Zwar war die deutsche Predigt an Sonn- und Feiertagen vor oder in der Messe üblich, es gab auch nachmittags eigene Predigtgottesdienste, Advents- und Fastenpredigten mittwochs und freitags, aber die Bildung der Pfarrer war weithin gering, denn es war dem einzelnen Geistlichen überlassen, sich nach dem Besuch der Latein- oder Klosterschule bei einem Pfarrer oder in einem Kloster die notwendigen Kenntnisse zu verschaffen; danach wurde man ohne jede besondere Prüfung von einem Bischof geweiht. Nur ein ganz geringer Teil der Kleriker hatte die Universität besucht und von dieser hatten die meisten nur die „artes liberales", die sieben freien Künste, also ohne Philosophie und Theologie, studiert. Jede Bruderschaft, jede Zunft, ja sogar jede bedeutende Familie wollte ihre Messe möglichst an ihrem Altar haben, wodurch sich die Zahl der Altäre und der Messen ständig vermehrte. Es gab sogenannte Votivmessen gegen Krankheiten oder plötzlichen Tod u.a. An dieser Meßpraxis gab es aber auch wachsende Kritik.

Die Bettelorden, und bei ihnen vor allem die Dominikaner, hatten zuerst für mehr Bildung bei ihren Mitgliedern gesorgt und dann auch die Predigt zu ihrer Aufgabe gemacht. Aber im Spätmittelalter standen die Orden, vor allem die alten Orden, wie etwa die Benediktiner, im Zeichen des Niedergangs. Ihre Klöster waren zu Versorgungsstätten unter Mißachtung der Gelübde geworden.

Mit der religiösen Unterweisung der Kinder sah es überhaupt schlecht aus. Der Unterricht der Kinder in der Glaubens- und Sittenlehre galt als Aufgabe der Eltern und Paten und beschränkte sich auf das Auswendiglernen des Glaubensbekenntnisses, des Vaterunsers, des Ave Maria und der zehn Gebote. Es gab keinen kirchlichen Beicht- und Kommunionsunterricht, auch die Unterweisung war den Eltern überlassen. In der Schule gab es keinen Religionsunterricht als Schulfach; außerdem erfaßte die Schule ja auch nur einen kleinen Teil der Jugend. Daher war in der Jugend und überhaupt im Volk nur ein sehr geringes religiöses Wissen vorhanden. Nikolaus von Kues ließ deshalb bei seinen Visitationen als päpstlicher Legat in Deutschland in den Kirchen Tafeln mit dem Vaterunser, Ave Maria, Glaubensbekenntnis und zehn Geboten aufstellen. Deshalb wurden die biblischen

Die Kurfürsten bei der Wahl Heinrichs VII. zum König 1308
in Frankfurt am Main

König Heinrich VII. wird auf den Altar der Dominikanerkirche
in Frankfurt am Main gesetzt - 1308

Ankunft der sieben Kurfürsten zur Königswahl in Frankfurt am Main
(Holzschnitt aus einem Druck der Goldenen Bulle 1485)

Wahl Maximilians I. zum König in Frankfurt am Main 1486

und die Heiligengeschichten auf Bildern als „biblia pauperum", Anschauungsstoff für die des Lesens Unkundigen dargestellt. Dem dienten auch die spätmittelalterlichen Passions- und Mysterienspiele und das gesamte, mit den vielen Feiertagen verbundene religiöse Brauchtum. Ablaßwesen, Wallfahrten und Heiligenverehrung nahmen einen weiten Lebensbereich ein.

34. Vorreformation und Humanismus - von 1450 bis zur Reformation

Um das Jahr 1450 bestand das Deutsche Reich aus einer Fülle kleiner und kleinster Territorien, die von weltlichen oder geistlichen Herren regiert wurden, dazu einer Anzahl freier, reichsunmittelbarer Städte. Von den sieben Kurfürsten gewählt, war der Kaiser Herr des „Heiligen Römischen Reiches Deutscher Nation." Von 1440 - 1493 war das Friedrich III. von Habsburg, dessen Macht aber sehr gering war, da er weder Heer noch Beamtenschaft besaß. Seine Macht war so begrenzt, daß er keine Reichssteuer erheben konnte. Dabei wurde das Reich von außen her bedrängt: Dänen, Polen und Ungarn sowie das Herzogtum Burgund schoben ihre Grenzen vor, und im Innern tobten die Fehden des Adels untereinander und mit den Städten. Nach Friedrichs Tod wurde 1493 sein Sohn Maximilian I., auch der „letzte Ritter " genannt, zum Kaiser gewählt. Er war für Neuordnungen aufgeschlossen, enttäuschte jedoch die in ihn gesetzten Erwartungen, weil ihm die Stetigkeit der Durchführung von Reformen fehlte. Immerhin kam es unter ihm aber doch 1495 zum Reichstagsbeschluß über den „ewigen Landfrieden" und das Reichskammergericht, das in Frankfurt tagte sowie über die Regelung der Reichssteuer. Der Landfrieden sollte erreichen, daß Rechtsstreitigkeiten nicht mehr mit Waffengewalt, sondern vor einem ordentlichen Gericht ausgetragen würden. Aber mit dem Reichskammergericht als Oberstem Gericht trat nun an die Stelle des bisher geltenden Rechts, das im „Sachsen- oder Schwabenspiegel" niedergeschrieben war, das römische Recht, wie es in Bologna, Padua oder Paris gelehrt wurde. Es kam allerdings dem sich entwickelnden Geld- und Handelsverkehr entgegen, da es die Begriffe von Eigentum und Besitz sehr scharf formulierte, zumal den Deutschen Wechselgeschäfte noch nicht so geläufig waren.

Für die Erschütterungen um die Zeit der Jahrhundertwende sind die Bauernaufstände in Süddeutschland gegen weltliche und geistliche Grundherren bezeichnend für die große soziale Not. Maximilian war aufgeschlossen für den aufkommenden Humanismus, für Wissenschaft und Kunst, er förderte Albrecht Dürer. Das Ideal des Kaisers war die Wiederaufrichtung der alten deutschen Kaiserherrlichkeit. Er versuchte seine Herrschaft über Italien wieder zu errichten und die Türken zurückzudrängen. Dazu war ihm auch die Erweiterung der habsburgischen Hausmacht wichtig, so daß er ständig in kriegerische Unternehmungen verwickelt war. Daran waren aber die Reichsstände unter Führung des Kölner Erzbischofs in keiner Weise interessiert. Der Reichstag setzte sich aus drei Kollegien zusammen: den Kurfürsten, den weltlichen und geistlichen Fürsten und den Reichsstädten. Ritter und Bauern besaßen keine Vertretung, und zu einem gültigen Beschluß gehörte die Einstimmigkeit aller drei Kollegien. Aber alle Fürsten hatten das Bestreben, ihre Macht gegenüber Kaiser, Rittern und Bürgern zu stärken. Das Zeitalter des absoluten Fürstentums begann sich in seinen Grundzügen abzuzeichnen. Dabei war die Macht der geistlichen Fürsten der der weltlichen gleichbedeutend. Diese Machtposition ist für die spätmittelalterliche Kirche bezeichnend und war immer wieder der Anlaß zu Reformversuchen. Dabei war es üblich geworden, daß Fürstenhäuser führende kirchliche Ämter mit ihren Angehörigen besetzten, ohne daß deren geistliche Eignung in jedem Falle gegeben war. Genauso sicherte sich der niedere Adel geistliche Ämter als Pfründen. Einträgliche kirchliche Ämter wurden auch unter Beteiligung der päpstlichen Verwaltung verkauft. Weithin trat ein Verfall der geistlichen und geistigen Bildung und der Sitten ein, wenn es daneben durchaus auch Gemeindepfarrer gab, die gewissenhaft Seelsorge betrieben. Mit zunehmender Erbitterung empfand man aber weithin, daß das Papsttum hohe Geldbeträge aus Deutschland abzog.

Es war ja allgemeine religiöse Sitte geworden, durch Gaben und Stiftungen, Almosen und Wallfahrten der Seele Seligkeit zu erwerben, und wenn das nicht genügte, sollte der Ablaß Erleichterung bringen. Er löste von den zeitlichen kirchlichen Strafen und gelangte immer mehr zu der Auffassung, daß er von Sünden freispreche. Dazu diente auch die Verehrung ablaßkräftiger Reliquien. So zeigte sich in der zweiten Hälfte des fünfzehnten Jahrhunderts ein wechselvolles Bild geistlichen Glaubenslebens, das neben tiefer Innerlichkeit mit mystischen Zügen auch erschreckende Äußerlichkeit darbot.

Der niedere Adel lebte im Lande verstreut auf seinen Burgen. Teils bewirtschaftete er seine Güter selbst, meist aber lebte er von den Erträgen seiner an Bauern verpachteten Höfe und Ländereien. Diese Abgaben wurden in Naturalien geleistet, so daß für den Adel das Geld in einer Zeit aufkommender Geldwirtschaft knapp war. Mit Neid sah man auf den Wohlstand der Bürger in den Städten und brachte ihn in Fehden mit den Städten und Überfällen auf Kaufleute zum Ausdruck. So entstand ein Raubrittertum, und der „ewige Landfrieden" wurde immer wieder gebrochen. Dennoch befand sich das Bürgertum in ständigem Aufstieg und wurde in der Zukunft auch zur tragenden Bildungsschicht.

Den Übergang zur modernen Geldwirtschaft bildeten die zuerst in Süddeutschland entstehenden Handelsgesellschaften, denn die Kostspieligkeit und der Transport der Waren aus dem Orient war für den einzelnen Kaufmann längst untragbar geworden. Auch die Erschließung und der Betrieb von Bergwerken war nur auf diese Weise möglich. Nach italienischem Muster entstanden nun auch Banken, deren Mittel durch die Spareinlagen von Bauern und Handwerkern gestärkt wurden. Eines der bedeutendsten Bankhäuser waren die Fugger in Augsburg, die Bergwerke in Kärnten, Ungarn und Spanien besaßen und sich um 1500 am portugiesisch-ostindischen Handel beteiligten. Sie wurden die Geldgeber für Kaiser und Fürsten. Durch die Entdeckung Amerikas 1492 durch Christoph Kolumbus und die anschließende wirtschaftliche Ausbeutung der neueroberten Gebiete kam ein Überangebot an Silber nach Europa, so daß dessen Wert vermindert wurde und eine allgemeine Preissteigerung erfolgte. Damit gerieten vor allem der niedere Adel und das Bauerntum, die bisher meist in ausreichenden Verhältnissen gelebt hatten, in zunehmende wirtschaftliche Bedrängnis. Hinzu kam, daß durch das herrschende Erbrecht der Besitz von Generation zu Generation kleiner wurde. Die Zahl der Besitzlosen, die dann zu ungünstigsten Bedingungen Pachtländereien übernahmen, steigerte sich. Es gärte unter der Bauernschaft, die ihre Rechtlosigkeit immer drückender empfand.

Aus allen Ständen hervorgegangen bildeten die Gelehrten in dieser Zeit

durch ganz Europa, verbunden durch die lateinische Sprache, eine geistige
Genossenschaft. Durch den Fall Konstantinopels waren viele Gelehrte als
Flüchtlinge nach Italien gekommen und hatten das Interesse für die grie-
chischen Klassiker des Altertums mitgebracht. Da in ihnen der Mensch im
Mittelpunkt stand, entwickelte sich die geistige Strömung des Humanis-
mus, die auch in die Theologie das Interesse am Urtext der Heiligen Schrift
brachte. Das ausgehende fünfzehnte Jahrhundert ist aber auch die Zeit der
Entdeckungen, nicht nur auf der Erde, sondern auch im Himmelsraum.
Kopernikus entdeckte, daß die Erde sich um die Sonne dreht, Kompaß
und Schießpulver wurden erfunden und Gutenberg revolutionierte die
Buchdruckerkunst durch bewegliche Buchstaben. Die Erfindung der Buch-
druckerkunst ermöglichte erst die Verbreitung des Wissens und der Bildung.
Der deutsche Humanismus hatte einen ausgeprägt nationalen Zug und
gewann dadurch schnell Anschluß an weite Kreise in Deutschland, die eine
Reform der Kirche an Haupt und Gliedern erstrebten.
So stand man zu Beginn des sechzehnten Jahrhunderts an der Schwelle
einer neuen Zeit.

35. Das Verhältnis zwischen Christen und Juden im Mittelalter

Von Anfang an und durch das gesamte Mittelalter hindurch bildeten die
Juden eine religiöse und völkische Sondergruppe, die ihrer christlichen
Umwelt unverständlich und weithin unzugänglich war, so daß man ihnen
Mißtrauen, Scheu, Vorurteile und Ressentiments entgegenbrachte.
Dabei galt noch bis in das Frühmittelalter hin die frühchristliche Unter-
scheidung von Juden und Heidenchristen. Man konnte am christlichen
Dom die Darstellung der Synagoge mit der Binde vor den Augen und der
zerbrochenen Lanze gegenüber der Figur der siegreichen Kirche anbringen.
Die Kirchenväter Tertullian und Augustinus sprachen deshalb von der
Knechtschaft der Juden unter die Christen, weil sie ihre Berufung verfehlt
und das Blut Christi vergossen hatten. Sie galten aber auch als die „Bücher-
verwalter" Christi und tragen den Christen die Bibel nach, denn die Heiden
konnten nicht sagen, die Christen hätten ihre Lehre erfunden. Für das Ende

der Welt wurde auch die Bekehrung der Juden erwartet, wie das Paulus im Römerbrief geschrieben hatte. Der bedeutendste Vertreter der jüdischen mittelalterlichen Theologie und Philosophie war der Gelehrte Moses Maimonides (1135 - 1204) in Cordoba und Kairo. Er schrieb Kommentare zum Talmud, um auch dem einfachen Juden die jüdische Lehre zu erklären und nahezubringen. Dabei war er stark von der rationalistischen arabisch-aristotelischen Philosophie geprägt. Maimonides hat Einfluß auf christliche Theologen gehabt, wie etwa Albertus Magnus, Thomas von Aquin, Meister Ekkehard und Nicolaus Cusanus. Ähnliche Einflüsse hatte auch die im zwölften und dreizehnten Jahrhundert in der Provence entstandene mystisch-theosophische Lehre der „Kabbala" mit ihrem Hauptwerk „Zoher" = Lichtglanz. Hier wird gelehrt, daß sich der verborgene Gott in den zehn Sphären (Sephitor) offenbart. Der Fromme kann bei rechter Gesetzeserfüllung und im Gebet Zugang zum Mysterium Gottes finden und an der Wiederherstellung der gefallenen Welt mithelfen, denn wo Mensch und Welt von Gott gelöst sind, werden sie böse. Auch Johannes Reuchlin wurde von diesen Lehren beeinflußt.

Im Frühmittelalter trennten noch keine Gettomauern Christen und Juden, die um ihre Synagoge mitten in der Stadt wohnten. Erst das Spätmittel-alter drängte sie an den Stadtrand und in das Getto oder sogar aus der Stadt heraus, wodurch die Kluft zwischen Christen und Juden immer tiefer und unüberbrückbarer wurde.

Da die Stellung der Juden in der Stadt von Kaiser, Kirche und Rat bestimmt war, bedeutete dies auch eine dreifache Besteuerung.

Als religiöse Sondergruppe inmitten ihrer christlichen Umwelt benötigten die Juden natürlich Schutz und bestimmte, ihre Existenz sichernde Privilegien. Dies erhielten sie seit den Merowingern und Karolingern in der Form von „Schutzbriefen."

Der Schutzbrief bedeutete das Recht, die unmittelbare Gerichtsbarkeit des Königs beanspruchen zu dürfen. Die Treue zum König war der Grund für den Schutz, daher erhielten auch Christen, insbesondere Kaufleute, solche Schutzbriefe. Auch hier wird deutlich, daß Juden und Christen rechtlich gleichgestellt waren. Dabei wurden für Schutzbriefe von Juden und Christen Gebühren erhoben. Allerdings galten diese Schutzbriefe immer nur für den einzelnen, ein „Judenschutzrecht" für die Juden als Gruppe gab es im fränkischen Reich ebenso wenig wie etwa ein „Kaufmannsschutz-recht". Dagegen gab es im elften Jahrhundert Stadtprivilegien für gesamte Judengemeinden. Ursprünglich waren die Juden frei, konnten Grund erwerben und sogar Waffen tragen und wurden zum städtischen Wehrdienst mit herangezogen. So konnten sich die Juden sogar gegen die Pogrome beim ersten Kreuzzug wehren. Als kaiserliche „Kammerknechte" durften sie dann keine politischen Ämter mehr bekleiden und nur Ämter im Judenrat innehaben.

Wir haben schon davon gesprochen, daß die Theologie der Kirchenväter den Begriff der „Knechtschaft der Juden" vertrat, den auch die Justinianische Gesetzgebung übernommen hatte: „Gott hat die Juden zu ewiger Knecht-schaft verdammt, weil sie Jesus verworfen und gekreuzigt haben." Von Augustin stammt die These, daß, wie Esau Jakob als dem Jüngeren dienen mußte, die Juden den Christen dienen sollen. Da sich infolge des Fluches ren, die Masse aber blind sein wird bis zum Jüngsten Gericht, gibt es kein Recht, die Juden zu vernichten, sondern sie müssen erhalten bleiben. Gleich-zeitig aber bezeugen die Juden auch durch ihre Existenz die Berechtigung des christlichen Glaubens. Deshalb sollten sie in den Städten wohnen dürfen und geschützt sein.

Aus dieser zunächst „geistlichen Knechtschaft" wurde dann aber vom drei-zehnten Jahrhundert an auch eine politisch-rechtliche. Vom IV. Lateran-konzil 1215 an bestand die Tendenz, jede Gemeinschaft zwischen Christen und Juden zu verhindern. Das kam in besonderen „Kleidervorschriften" zum Ausdruck. In seinem Gutachten „De Regimine Judaeorum ad Ducissimam Brabantiae", von der Herrschaft über die Juden, hergestellt für die Herzogin von Brabant, vertrat Thomas von Aquin in der Mitte des dreizehnten Jahrhunderts die Ansicht, Fürsten und Kirche könnten über das Gut der Juden „als ihrer Sklaven"verfügen.

Dagegen stellte Friedrich II. durch ein Privileg von 1236 die Juden unter sei-nen persönlichen Schutz und kehrte damit vom allgemeinen Recht des Land-friedens zum besonderen Recht des Privilegs zurück. Nun waren die Juden die „servi camerae", die kaiserlichen Kammerknechte, aber nicht mehr als einzel-ne, sondern als ganze ständisch geschlossene Gemeinschaft. So sonderten beide, das kirchliche und das weltliche Recht, die Juden von den Christen.

Dem dienten die Kleidervorschriften wie auch das Verbot an christlichen Festen teilzunehmen und schließlich auch das Verbot von „Glaubensgesprächen" zwischen Christen und Juden. Für den Übertritt eines Christen zum Judentum gab es für den Konvertiten und die Juden hohe Strafen. Die Juden wurden in besondere Wohngebiete zusammengeschart, „Gettos", die von verschließbaren Mauern umgeben waren. Auf Grund dieser Verordnung des Baseler Konzils 1434 verfügte dann auch der Rat der Stadt Frankfurt 1462 die Einweisung der Juden in ein solches Getto.

Natürlich war auch die von der Lebensweise der Bevölkerung verschiedene Lebenshaltung der jüdischen Gemeinde immer wieder der Anlaß zu Mißtrauen und Feindschaft. Hier spielten vor allem die Speisevorschriften, die den Christen fremd waren, eine entscheidende Rolle. Es gab reine (koscher) und unreine (trefe) Speisen. Rein waren Pflanzen, Wiederkäuer mit gespaltenen Hufen wie Rind, Schaf und Ziege, Fische mit Schuppen, Huhn, Gans, Ente, unrein dagegen Schwein, Hund, nicht ausgeblutete Tiere, Hasen, Vögel, Aal, Austern, Krabben und Hummer. Abgelehnt wurde von den Christen auch das beim Töten der Tiere notwendige „Schächten" und Ausbluten. Für die Juden waren dies aber als Gebote und Verbote Gottes in der Thora festgelegte Lebensregeln, die deshalb strikt eingehalten werden mußten.

Der christlich-jüdische Gegensatz fand verhängnisvollen Ausdruck in Gerüchten von Hostienschändungen und Ritualmorden, und obwohl Päpste und Kaiser dagegen Stellung nahmen, fanden diese Märchen beim einfachen und abergläubischen Volk doch immer wieder Glauben und vergifteten die Atmosphäre. So schrieb z.B. der Dominikaner Thomas von Cantimpre in seinem 1472 in Straßburg erschienenen Buch „Der Bienenstaat", „Die Juden glaubten, wenn sie christliches Blut vergössen, von dem Fluch über sie ‚Sein Blut komme über uns und unsere Kinder.....' befreit und von dem ihnen anhaftenden üblen Geruch befreit zu werden."

Für eine eigentliche Judenmission hat die mittelalterliche Kirche wenig getan. Glaubensgespräche waren bei Christen und Juden nicht beliebt, da sie meist zu Streitgesprächen wurden, an deren Ende die Juden als „verstockt" verurteilt wurden. Die Missionspredigt bildete eine wenig befolgte Ausnahme. Erst nachdem das Baseler Konzil 1434 die Zwangspredigt erlaubt hatte, begannen Dominikaner und Franziskaner mit solchen

„Bekehrungspredigten". So zwang in Frankfurt der Dominikaner Petrus Nigri die Juden, seine Predigt in deutscher und hebräischer Sprache anzuhören und versuchte ihnen zu beweisen, daß die messianischen Weisungen erfüllt seien. Er hatte aber keinen Erfolg bei seinen Zuhörern und reagierte voller Zorn darauf. Hier und da gab es auch einige Konvertiten und Konvertitenheime aus Bürgerstiftungen, denn die Übertretenden mußten, da ja nun die Judensteuer bei ihnen wegfiel, ihr Vermögen abgeben. Insgesamt war aber die Zahl der Konvertiten gering. Zu den prominentesten unter ihnen zählten Rabbi Viktor von Carben und Johannes Pfefferkorn 1505 in Köln. Aus diesen Übergetretenen wurden schlimme Judengegner. So schrieb Viktor von Carben 1509 das „Opus aureum et novum", das „Goldene und neue Werk" als Kampfschrift und Johannes Pfefferkorn 1507 in Köln den „Judenspiegel", in dem er die Irrtümer der Juden aufzeichnete. Aber der Dichter Ulrich von Hutten verhöhnte Pfefferkorn in einem Gedicht als „Nicht-Deutschen". Pfefferkorn sah den Grund für die Verstocktheit der Juden in ihren Büchern, besonders dem Talmud. Schließlich erhielt Pfefferkorn über Kunigunde, die Schwester Kaiser Maximilians I., von diesem die Erlaubnis, die Bücher der Juden einer Prüfung zu unterziehen. Dazu konfizierte der Rat in Frankfurt, an den er sich gewandt hatte, die jüdischen Bücher. Dagegen protestierte aber nun der Mainzer Erzbischof. Schließlich ordnete 1509 Kaiser Maximilian an, die Prüfung der Bücher solle unter Leitung des Erzbischofs durch die Universitäten Mainz, Köln, Erfurt und Heidelberg sowie durch Viktor von Carben und Johannes Reuchlin durchgeführt werden. Reuchlin erstellte sein Gutachten auf der Grundlage des römischen Reiches nach dem Grundsatz der Rechtsgleichheit der Juden als Untertanen des römischen Reiches, die deshalb nach kaiserlichem Recht zu behandeln seien. Die Bücher sollten nicht vernichtet werden, sondern die Juden dürften sie behalten bis auf zwei christenfeindliche apologetische Schriften: „Sefet ha Nizzachon" und „Toldot Jeschu", die eingezogen und vernichtet werden sollten.
Dagegen urteilten die Universitäten Mainz, Köln und Erfurt: Alle Bücher seien zu vernichten. Es fiel jedoch keine endgültige Entscheidung, und 1510 erhielten die Juden die Bücher zurück. Nun griff aber Pfefferkorn Reuchlin mit der Behauptung an, er habe sich von den Juden bestechen lassen." Zwischen Reuchlin und Pfefferkorn entbrannte der Streit, in dem

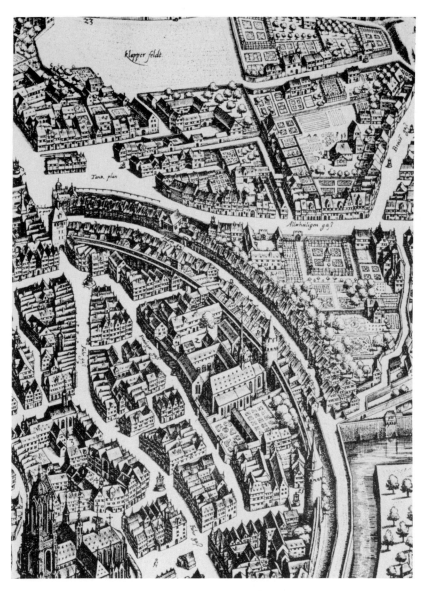

Das Juden-Getto in Frankfurt am Main

Chanukka-Leuchter aus Frankfurt am Main 1666

Thora-Schild aus Frankfurt am Main
(Anf. 18. Jahrh.)

nun der Frankfurter Pfarrer Peter Meyer Pfefferkorn erlaubte, sich anläßlich der Buchmesse öffentlich zu verteidigen. Auch der Inquisitor Hochstraten wandte sich gegen Reuchlin den „Judengönner und Ketzer". Der Kaiser forderte nun neue Gutachten von verschiedenen Universitäten, bei denen sich die Sorbonne in Paris ebenfalls gegen Reuchlin wandte. Hochstraten forderte Reuchlin vor das Inquisitionsgericht, das auf Anordnung Papst Leos X. unter Leitung des Erzbischofs von Speyer tagte und zugunsten Reuchlins entschied. Auch ein in Rom durchgeführter Prozeß ging für Reuchlin aus. Erasmus von Rotterdam, Ulrich von Hutten u.a. setzten sich für Reuchlin ein. Hutten schrieb 1515 die „Dunkelmännerbriefe". Nun ging es aber schon nicht mehr um die jüdischen Bücher, sondern um die Person Reuchlins. Diese Auseinandersetzungen waren aber letztlich nur möglich, da inzwischen christliche Gelehrte etwa seit dem Beginn des dreizehnten Jahrhunderts von Juden oder jüdischen Konvertiten die hebräische Sprache und Grammatik erlernt hatten. Gerade Johannes Reuchlin war der Begründer der neueren Hebraistik in Deutschland geworden und mit seinen „Rudimenta", d.h. „Anfangsgründe" bot er ein brauchbares hebräisches Lehrbuch als Schlüssel zum Verständnis der in Italien gedruckten hebräischen Bibeln. 1518 schuf er ein zweites Werk: „De accentibus et orthographia linguä hebraicä, also ein Buch über die richtige Schreibweise und Aussprache des Hebräischen.

36. Die Institutionen der jüdischen Gemeinde

a) Die Synagoge

Die wichtigste Aufgabe einer jüdischen Gemeinde war die Errichtung einer Synagoge. Für den Bau waren Spender und die Synagogen-Ältesten verantwortlich, denn sie entschieden über die Gestaltung und der Architekt handelte nach ihren Weisungen. Dabei galten jedoch bestimmte Grundsätze. So war z.B. das Verhältnis von Länge zur Breite 11 : 10, also ein fast quadratischer Bet- und Versammlungsraum nach dem Vorbild der römischen Basilika, wobei das Dach durch Säulenreihen abgestützt war. Die Außenfassade konnte geschmückt sein, während das Innere schlicht war. An den Wänden entlang befanden sich Steinbänke, auch der Fußboden bestand aus Stein. Der Haupteingang mußte nach Jerusalem ausgerichtet sein. Die Synagoge besaß 12 Fenster. Für die Frauen gab es einen gesonderten Platz, entweder einen Balkon oder aber auch, wie in Köln und Worms, eine ausgebaute Frauensynagoge mit einem Fenster zur Synagoge, damit die Vorbeterin der Frauen dem Vorbeter der Männer folgen konnte. Zur Mindestausstattung der Synagoge gehörte: Die heilige Lade (Aron hakodesch), ein Vorbeterpult (Tewa), ein Tisch für die Vorlesung der Thora (Bima), ein ewiges Licht sowie Sitzgelegenheiten, ein Thora-Schrank an der Wand nach Jerusalem für die Thorarollen, aus denen im Gottesdienst vorgelesen wurde sowie Gebetbücher, Menoraleuchter etc. Täglich fanden drei Gottesdienste statt, für die mindestens zehn großjährige männliche Personen (ab vierzehn Jahren) anwesend sein mußten. Der „Schulklopfer" schlug an Türen und Fenster, um zum Gottesdienst einzuladen. In der Synagoge fanden aber auch Versammlungen und Vorträge statt. Beschneidungen und Trauungen wurden in ihr vorgenommen. Wo keine Synagoge vorhanden war, konnten notfalls die für den Gottesdienst bestimmten Gebete auch privat an jedem reinen Ort gesprochen werden.

b)   Der Rabbiner

Der Rabbi = wörtlich: „Mein Lehrer" war der geistige und religiöse Leiter einer Gemeinde. Ursprünglich war dies ein Ehrenamt, später wurde der wegen seiner Gelehrsamkeit von allen verehrte Rabbi für seine Aufgaben freigestellt und von der Gemeinde besoldet. Neben dem Rabbi standen die Gemeinde-Vorsteher (parnassim). Sie waren mit diesem für das Recht, besonders das Eherecht, verantwortlich. Der Rabbi übte auch eine Lehrtätigkeit aus durch Vorträge und durch eine Schule, deren Schüler oft bei ihm wohnten.

c)   Der Thora-Schreiber („Sofer")

Die Rollen der fünf Bücher Mose und der Esther-Rolle zum Purim-Fest wurden von Berufsschreibern auf Pergament abgeschrieben. Der Sofer fertigte auch die mit vier Thora-Abschnitten ausgestatteten Gebetskapseln an, die „Tefillim", die mit Hilfe der Gebetsriemen beim Morgengebet am Kopf und dem linken Handgelenk befestigt wurden.

Ferner machten sie auch die Pergamentröllchen, die „Mesusot", die am rechten Türpfosten jeder jüdischen Wohnung angebracht waren. Sie verfertigten Gebetsbücher und setzten die Ehekontrakte auf. Sie waren aber keine Gemeindeangestellten, sondern Privatleute, die meist den ärmeren Schichten angehörten.

d) Der Vorbeter (Chasan) oder auch Kantor: (Scheliach Zibbur)

Er leitete den gemeinsamen Gottesdienst und sagte laut die liturgischen Texte, wobei die Gemeinde zuhörte oder mitbetete. Der Vorbeter wurde für jeweils drei Jahre bestimmt und erhielt manchmal auch Lohn dafür.

e) Der Schächter (Schochet)

Er schlachtete Vieh und Geflügel so, daß es ausblutete und untersuchte die Lungen. Dabei unterstand er der Kontrolle durch den Rabbi. Für seine Tätigkeit wurde er entlohnt.

f) Schule und Lehrer (Melammed)

Ab fünf Jahren gingen die Knaben zum Bibelunterricht. Der Lehrer war ebenfalls kein Gemeindeangestellter. Unterrichten durfte, wer es konnte, ohne besondere Zeugnisse dafür zu besitzen. Eine Entlohnung erfolgte nach Vereinbarung mit dem Vater. Mit zehn Jahren gingen die Knaben zum Mischna-Studium (Mischna = älteste mündliche Lehre), danach erhielten sie Talmud-Unterricht und erlernten die Liturgie. Dieser Unterricht wurde durch den Rabbi erteilt. Die Mädchen erhielten ihre Ausbildung im Familienkreis, wo sie auch hebräisch lesen lernten.

g) Das Bad (Mikwe)

Zu den Einrichtungen einer Judengemeinde zählte auch das rituelle Bad (Mikwe), in dem sich die Frauen nach ihrer Periode und eventuell auch die Männer nach Geschlechtsverkehr durch Untertauchen zu reinigen hatten.

Zu weiteren Einrichtungen, vor allem größerer Gemeinden, zählten: Ein Hospital, eine Herberge für Durchreisende, ein Tanzhaus, die Metzgerei und das Backhaus für die „Mazzot".

37. Überblick über die Geschichte Frankfurts

80 - ca. 260	Die Römerzeit. 83 n C. eroberten die Römer das Gebiet um Main und Wetterau. Es entstand die Provinz Obergermanien mit der Hauptstadt Mainz (Moguntiacum).
496	Der Frankenkönig Chlodwig besiegte die Alemannen und fränkische Siedler kamen an den Main und in die Wetterau.
793	Karl der Große kam in seine königliche Pfalz Frankfurt.
794	Unter dem Vorsitz Karls d. Gr. fand in Frankfurt eine Synode statt, bei der es für das „filioque" und gegen die Bilderverehrung ging.
822	König Ludwig hielt eine Reichsversammlung und errichtete neue Pfalzgebäude in Frankfurt.
843	Im Vertrag von Verdun wurde die Reichsteilung festgelegt. Lothar I. erhielt Italien und Lothringen; Karl der Kahle Westfranken und Ludwig der Deutsche Ostfranken mit der Hauptstadt Frankfurt.
852	wurde die neue Pfalzkapelle St. Salvator erbaut.
880/82	König Ludwig III. und nach seinem Tode 882 Karl III. bestätigen die Schenkungen Ludwigs d. Deutschen an St. Salvator.
941	Heinrich warf sich an Weihnachten seinem Bruder Otto I. in der Salvatorkirche zu Füßen und bat um Versöhnung.
951	Otto I. d. Gr. hielt Reichstag in Frankfurt
972	Otto I. d. Gr. weilte Weihnachten in Frankfurt
994	Otto III. schenkte dem St. Salvatorstift die Freitagsfische.
1007	Kirchenversammlung unter Heinrich II., dem „Heiligen" beschloß die Gründung des Bistums Bamberg.
1027	Nationalsynode in St. Salvator.
1069	König Heinrich IV. berief einen Fürstentag nach Frankfurt.
1142	Konrad III. hielt einen Reichstag ab.
1146	Bernhard von Clairvaux predigte in St. Salvator zum zweiten Kreuzzug.
1147	Bernhard von Clairvaux wollte Konrad III. zur Teilnahme am Kreuzzug bewegen. Dieser trug ihn aus der Kirche.

1149	Konrad III. hielt nach dem Scheitern des Kreuzzuges einen Reichstag in Frankfurt ab.
1152	Friedrich I. „Barbarossa" wurde zum König gewählt.
1208	Otto IV. wurde zum König gewählt.
1219	Friedrich II. hielt einen Reichstag ab und schenkte der Stadt ein Grundstück am Mainufer zum Bau einer Kirche der Maria und des Hlg. Georg, der späteren St. Leonhardskirche, und stellte die Kapelle unter königlichen Schutz. Frankfurt ist „königliche Stadt".
1220	Heinrich, Sohn Friedrichs II., wurde zum König gewählt.
1220	Ab jetzt gab es einen „Stadtschultheiß" für das Frankfurter Gebiet als Vertreter des Königs und Obersten Gerichtsherren. Der Deutsche Orden erhielt Hospital und Kirche in Sachsenhausen.
1234	Reichsversammlung Heinrichs VII. Gesetz über Ketzerverfolgung.
1236	Aufnahme des Antoniterordens in die Stadt.
1238	Päpstlicher Ablaß für die Renovierung von St. Salvator.
1239	Weihe von St. Bartholomäus.
1240	Kaiser Friedrich II. stellte die Frankfurter Messe unter seinen Schutz.
1241	Erstes Judenpogrom
1243	Päpstlicher Ablaß für Dominikanerkirche und -kloster.
1254	Anschluß Frankfurts an den „Rheinischen Städtebund".
1273	Rudolf von Habsburg zum König gewählt.
1274	Reichsversammlung.
1292	Auf Betreiben des Mainzer Erzbischofs Gerhard von Epstein wurde Graf Adolf von Nassau im Dominikanerkloster zum König gewählt. Er schenkte dem St. Bartholomäusstift die reichseigene St. Nikolauskapelle.
1298	Albrecht von Österreich zum König gewählt. Er bestätigte die Privilegien der Stadt.
1306	Hochwasser des Mains zerstörte Teile der Brücke.
1314	Ludwig der Bayer wurde zum König gewählt.
1324	Papst Johannes XXII. bannte von Avignon aus König Ludwig

den Bayern. Dieser antwortete mit der „Sachsenhäuser Appellation" an ein allgemeines Konzil.

1329	Papst Johannes XXII. belegte Frankfurt mit dem „Interdikt".
1330	Kaiser Ludwig der Bayer genehmigte der Stadt eine zweite Messe um Ostern und stellte die Messebesucher unter seinen Schutz.
1333	Kaiser Ludwig erlaubte den Bau einer neuen Stadtmauer.
1342	Große Mainüberschwemmung; Gelübde einer Prozession am Magdalenentag, bis 1527 durchgeführt.
1349	Graf Günther von Schwarzburg wurde im Dominikanerkloster als Gegenkönig Karls IV. gewählt. Günther starb noch im gleichen Jahr und wurde in der St. Bartholomäuskirche beigesetzt. Die Pest forderte in der Stadt über 200 Tote. Geißelbrüder verursachten ein Judenpogrom. 1349 - 1360 waren keine Juden in Frankfurt.
1356	Karl IV. bestimmte in der „Goldenen Bulle" Frankfurt zur Wahlstadt der deutschen Könige.
1363	Kaiser Karl IV. erlaubte den Zuzug von Juden in die Stadt.
1370	Der „Frankfurter" schrieb im Deutschordenskloster in Sachsenhausen die „Theologia Deutsch".
1372	Kaiser Karl IV. verkaufte der Stadt das Stadtschultheißenamt und den Reichswald Dreieich und Siegfried zum Paradies, der diese Ämter zu Lehen hatte, trat sie an die Stadt ab.
1376	Karls Sohn Wenzel wurde zum König gewählt.
1389	Niederlage der Frankfurter vor Kronberg.
1393	Bau der St. Peterskirche in der Neustadt.
1410	Sigismund zum König gewählt.
1415	Madern Gertener begann den Bau des Turmes an St. Bartholomäi.
1438	Albrecht II. von Österreich wurde zum König gewählt, starb aber noch im gleichen Jahr.
1440	Friedrich III. von Österreich wurde zum König gewählt und hielt 1442 einen Reichstag ab.
1451/52	Nikolaus von Kues schlichtete den Streit zwischen dem Bartholomäusstift und der St. Peterskirche. St. Peter und die

Dreikönigskirche durften - unter Aufsicht des Bartholomäusstiftes - Pfarrseelsorge betreiben.

1452	Gründung des Beginenhofes „Rosenberger Einung" durch den Schöffen Rosenberger und seine Frau.
1462	Einrichtung des Juden-Ghettos.
1481	Die Dörfer Oberrad, Hausen und Bornheim aus der Grafschaft Bornheimer Berg kamen zu Frankfurt.
1486	Maximilian I. wurde zum König gewählt und bestätigte die Privilegien der Stadt.
1519	Maximilian starb.

38. Die deutschen Kaiser und Könige

Karl I. der Große	768 - 814
Ludwig der Fromme	814 - 840
Lothar I.	840 - 855
Ludwig der Deutsche	840 - 876
Karl der Kahle	875 - 877
Karl der Dicke	876 - 887
Arnulf von Kärnten	887 - 899
Ludwig IV. das Kind	899 - 911
Konrad I.	911 - 918
Heinrich I.	919 - 936
Otto I. der Große	936 - 973
Otto II. der Rote	973 - 983
Otto III.	983 - 1002
Heinrich II. der Heilige	1002 - 1024
Konrad II.	1024 - 1039
Heinrich III.	1039 - 1056
Heinrich IV.	1056 - 1106
Gegenkönig: Rudolf von Schwaben	1077 - 1080
Gegenkönig: Hermann von Salm	1081 - 1088
Heinrich V.	1106 - 1125
Lothar III. von Supplinburg von Sachsen	1125 - 1137

Konrad III. von Hohenstaufen	1138 - 1152
Friedrich I. Barbarossa	1152 - 1190
Heinrich VI.	1190 - 1197
Philipp von Schwaben	1198 - 1208
Gegenkönig: Otto IV. von Braunschweig	1198 - 1209
Friedrich II. von Hohenstaufen	1215 - 1250
Heinrich VII. von Hohenstaufen	1220 - 1235
Gegenkönig: Heinrich Raspe von Thüringen	1246 - 1247
Gegenkönig: Wilhelm von Holland	1247 - 1256
Konrad IV. von Hohenstaufen	1250 - 1254
Richard von Cornwall	1257 - 1272) Partei-
Alfons der Weise von Kastilien	1257 - 1275) Könige
Rudolf I. von Habsburg	1273 - 1291
Adolf von Nassau	1292 - 1298
Albracht von Habsburg	1298 - 1308
Heinrich VIII. von Luxemburg	1308 - 1313
Gegenkönig: Friedrich III. von Habsburg	1314 - 1330
Ludwig IV. der Bayer	1314 - 1347
Karl IV. von Luxemburg-Böhmen	1347 - 1378
Wenzel von Luxemburg-Böhmen	1378 - 1400
Ruprecht von der Pfalz	1400 - 1410
Jobst von Mähren	1410 - 1411
Siegmund von Luxemburg	1410 - 1437
Albracht II. von Habsburg (von Österreich)	1438 - 1439
Friedrich III. von Habsburg (von Österreich)	1440 - 1493
Maximilian I. von Habsburg (von Österreich)	1493 - 1519
Karl V. von Habsburg	1519 - 1556

39. Die wichtigsten Päpste

Leo I., der Große (440 - 461), der erste eigentliche „römische Papst".

Gregor I., der Große (590 - 604) Begründer der weltlichen Macht des Papsttums in Italien. Bekehrung der Angelsachsen.

Gregor II. (715 - 731)	gab Bonifatius den Missionsauftrag für Friesen und Chatten, Thüringer und Sachsen.
Gregor IV. (827 - 844)	schlichtete 833 den Streit Ludwigs des Frommen mit seinen Söhnen.
Leo IV. (847 - 855)	stärkte die päpstliche Macht.
Nikolaus I. (858 - 867)	erhob Machtansprüche des Papsttums auch auf die östliche Kirche. 867 Schisma zwischen Rom und Byzanz.
Johannes XII. (955 - 964)	krönte 962 Otto I. d. Gr. zum Kaiser.
Gregor V. (996 - 999)	war von Otto III. eingesetzt.
Silvester II. (999 - 1003)	wurde ebenfalls von Otto III. eingesetzt.
Leo IX. (1049 - 1054)	wurde von Heinrich III. ernannt. Anhänger der Reformbewegung 1054 definitiver Bruch zwischen Rom und Byzanz. Leo begründete das Kardinaliat.
Gregor VII. (Hildebrand: 1073 - 1085	unter ihm erreichte die Reformbewegung ihren Höhepunkt. Erzwingt den Priesterzölibat. Sieht den Papst als: Herr der Universalkirche und oberster Herr der Welt, Kampf mit Kaiser Heinrich IV. um die Vormacht. 1077 Canossa.
Urban II. (1088 - 1099)	Kreuzzugsbeschluß.
Paschalis II. (1099 - 1118)	setzte den Kampf mit Heinrich IV. fort.
Calixt II. (1119 - 1124)	schloß 1122 mit Heinrich V. das Wormser Konkordat.
Alexander III. (1159 - 1181)	lenkte zu den Gregorianischen Herrschaftsansprüchen zurück. Kampf um die Vormacht mit Friedrich I. „Barbarossa''.
Innozenz III. (1198 - 1216)	erreichte gegen Heinrich VI. die Vormacht der Weltherrschaft. Beginn der

	Ketzerverfolgung: Katharer
	IV. ökumenische Lateransynode als Höhepunkt der päpstlichen Macht.
Gregor IX. (1227 - 1241)	Machtkampf mit Kaiser Friedrich II.
Innozenz IV. (1243 - 1254)	setzte den Kampf mit Friedrich II. fort, bannte den Kaiser; das Papsttum geriet aber nun in die Abhängigkeit von den Franzosen, die ihm im Kampf gegen die Staufer geholfen hatten.
Bonifatius VIII.(1294 - 1303)	unterlag mit seiner Bulle ,,unam sanctam" von 1302 Philipp IV. von Frankreich mit seiner Forderung: ,,Gehorsam gegen den römischen Bischof sei ,,heilsnotwendig". 1303 ließ Philipp IV. den Papst gefangennehmen. Dieser starb im gleichen Jahr.
Klemens V. (1305 - 1314)	verlegte den Sitz des Papstes nach Avignon, das zwar zum Kirchenstaat gehörte, aber doch von Frankreich abhängig war.

Die ,,Babylonische Gefangenschaft der Kirche von 1309 - 1377"

| Johannes XII.(1316 - 1334) | führte den letzten Machtkampf zwischen Papst und Kaiser mit Ludwig dem Bayer, der 1324 in der ,,Sachsenhäuser Appellation" ein allgemeines Konzil forderte und vom Papst gebannt wurde. |

Das große abendländische Schisma von 1378 - 1415

In dieser Zeit bestanden zwei Papstkirchen in Rom und Avignon. Ein allgemeines Konzil zu Pisa setzte 1409 Papst Benedikt XIII. in Avignon und Papst Gregor XII.in Rom ab und wählte als neuen Papst Alexander V. (1409

- 1410). Aber erst das Konzil zu Konstanz 1414 - 1418 beseitigte das Schisma durch die Wahl Martins V. (1417 - 1431) zum Papst.

Eugen IV. (1431 - 1447)	berief das Konzil zu Basel (1431-1449)
Nikolaus V. (1447 - 1455)	Mit ihm begann das Zeitalter der Renaissancepäpste.
Pius II. (1458 - 1464)	war als Protonotar der Reichskanzlei namens Enea silvio Piccolomini von Kaiser Friedrich II. auf dem Reichstag zu Frankfurt 1442 zum Dichter mit dem Lorbeerkranz gekrönt worden.
Leo X. (1513 - 1521)	der „Lutherpapst".

40. Literaturverzeichnis

M. Alvarez-Gomez:	Die verborgene Gegenwart des Unendlichen bei Nicolaus von Kues.
P. Arnsberg:	Bilder aus dem jüdischen Leben im alten Frankfurt. 2. A.W. Kramer
Batton:	Der Kaiserdom zu Frankfurt am Main Herdersche Buchhandlung Ffm. 1939
F. Bothe:	Geschichte der Stadt Frankfurt am Main. 2. A. 1923
H. Bingemer u.a.:	Rund um Frankfurt 1924 Englert und Schlosser
K. Beck:	Das Dominikanerkloster in Frankfurt am Main
F. Battenberg:	Die alte und die neue Peterskirche. 1895
H. Cellarius:	Die Reichsstadt Frankfurt am Main und die Gravamina der deutschen Nation. 1938

O. Donner/v. Richter:	Jerg Ratgeb und seine Wandmalereien 1892
Eichmann:	Quellensammlung zur kirchl. Rechtsgeschichte und zum Kirchenrecht, Teil I u. II. München 1968
Erdmann:	Briefe Heinrichs IV. Leipzig 1937
G. Gieraths:	Deutsche Mystiker Benzinger 1947
W. Gerteis:	Das unbekannte Frankfurt. Band I - III Verlag Frankfurter Bücher 1961
W. Goez:	Gestalten des Hochmittelalters Wiss. Buchges. 1983
	Handbuch der Kirchengeschichte Band III, 1 + 2 F. Kempf u.a. Herder 1966
Dr. J. Herr:	Der Kaiserdom zu Frankfurt Festbuch zur 700-Jahrfeier 1939
P.T. Hübenthal/Dr. W. Atzert:	Die Liebfrauenkirche zu Frankfurt am Main, Festschrift 1954
Hausen:	Festschrift der Kirchengemeinde 1972
K. Heussi:	Kompendium der Kirchengeschichte. J.C.B. Mohr 1930
E. Hillenbrand:	Vita Caroli quarti. 1979 Fleischhauer und Sohn
Haenel:	Nov. Cont. imp = Codices Gregorianus etc. Bonn 1844
Holtzmann:	Reg. Innocenz III. Bonn 1947

F. Lerner:	Gestalten von Holzhausen.
	W. Kramer 1953
J. L. Leclerq:	Bernhard von Clairvaux: Die Botschaft der Freude.
	Benzinger
E. Meyer:	Die Frankfurter Juden
	W. Kramer 1966
Monumenta Judaica	2000 Jahre Geschichte und Kultur der Juden am Rhein.
	K. Schilling, 1963 Köln
C. Meckseper:	Kleine Kunstgeschichte der deutschen Stadt im Mittelalter
	1982 Wiss. Buchges.
MGH	Monumenta Germaniae Historica Hannover/Berlin 1826
G. Jaeckel:	Die deutschen Kaiser
	Stalling 1980
E. Iserloh:	Thomas von Kempen und die Devotio Moderna
G. L. Kriegk:	Geschichte von Frankfurt am Main.
	1871
J. Kracauer:	Geschichte der Juden in Frankfurt am Main.
	1925 Kauffmann
W. E. Kellner:	Das Reichsstift St. Bartholomäi zu Frankfurt am Main im Spätmittelalter.
	Ffm. 1962
H. Pehl:	Von der Pfalzkapelle zum Kaiserdom
H. Pehl:	Als die Frankfurter noch hinter der Mauer lebten.
H. Pehl:	Als sie einst die Stadt schützten.

H. Pehl:	Hotels und Quartiere im alten Frankfurt. Sämtl.: Knecht
J. Proescholdt:	St. Katharinen zu Frankfurt am Main
G. Rauch:	Pröpste, Propstei und Stift St. Bartholomäus in Frankfurt am Main. 1975 W. Kramer
Römer-Büchner:	Die Wahl- und Krönungskirche der deutschen Kaiser zu Frankfurt am Main.
R. Rau:	Briefe des Bonifatius Wiss. Buchges. 1968
Th. Schieffer:	Winfried - Bonifatius und die christliche Grundlegung Europas.
L. Schlicht:	Vom Bonifatiusbrunnen zur Pfarrche „in der Burg". 1981
M. Schalles-Fischer:	Pfalz und Fiskus Frankurt am Main/Göttingen 1969
Synagoga-Katalog	der Ausstellung 1960/61 in Frankfurt am Main.
H. Vonhoff/Hofmann:	Samariter der Menschheit 1977 Claudius
G. Wehr:	Theologia deutsch Aurum 1980

41. Verzeichnis der Abbildungen

151

42. Register

Urban II. 48, 52, 53, 71

Verden 30
Verdun 1, 36
Victor von Carben 133

Waldenser 69
Weißfrauenkirche 73
Wenzel 92, 93, 95
Wicker Frosch 9
Wiclif 9
Widukind 28
Wetzlar 3
Wigel Frosch 83
Wigel von Wanebach 83
Wilhelm von Ockham 90, 100
Wilhelm von Holland 3
Weißfrauen 7, 84
Wotan 28
Willicher 77
Wisebeder 85

Zisterzienser 62
Zünfte 3

2. Teil

QUELLEN

In diesem zweiten Teil des Bandes „Die Kirche in Frankfurt am Main"
sind Quellen zur Geschichte gesammelt, die die dargestellten geschichtlichen
Ereignisse vertiefen, erläutern und erklären sollen.

Zugleich sollen sie dem interessierten Leser das mühsame Suchen nach zeitgenössischen Quellen erleichtern.

Inhaltsverzeichnis des Anhanges

Quellen zur Geschichte Franfurts, seiner Umwelt und Zeitgeschichte.

1. Der Primat des Papsttums

Das Problem der Gewaltenteilung zwischen Gottesreich und Weltreich

1. Der römische Bischof - Haupt der abendländischen Kirche
Edikt Theodosius' II. und Valentinians III. an Aetius,
445 Haenel, Nov. const. imp., 172 f.; Mirbt, Nr. 445

Es ist gewiß: für uns und unser Reich liegt der einzige Schutz in der Gunst der himmlischen Gottheit. Sie zu erlangen trägt vorzugsweise der christliche Glaube und die uns (als) verehrungswürdig (geltende christliche) Religion bei.

Da also der Primat des apostolischen Stuhles durch das Verdienst des heiligen Petrus, den ersten im Kranz der Bischöfe, sowie durch die Würde der Stadt Rom und durch das Ansehen der heiligen Synode (zu Sardica, can.3) befestigt ist, so versuche niemand, sich unrechtmäßigerweise etwas herauszunehmen, was das Ansehen jenes apostolischen Stuhles beeinträchtigen könnte. Denn erst dann wird überall in den Kirchen der Friede gewahrt werden, wenn die Gesamtheit (ihn als) ihren Herrn und Meister anerkennt ..... Niemandem soll es erlaubt sein, über kirchliche Angelegenheiten zu streiten oder den Verordnungen des Hauptes in Rom entgegenzutreten. Wer es (dennoch) wagt, verletzt die unserm Reich gebührende Achtung ..... Vielmehr soll für alle unverbrüchliches Gesetz sein, was der apostolische Stuhl kraft seines Ansehens bestimmt oder festsetzen wird, und zwar so, daß jeder Bischof, der der Aufforderung, sich dem Gericht des römischen Oberherrn zu stellen, nicht nachkommt, durch den Leiter seiner Provinz gezwungen wird, dort zu erscheinen. Nur so werdet ihr in jeder Beziehung das einhalten, was unsere göttlichen Vorfahren der römischen Kirche zugebilligt haben.

2. Die Lehre von den wei Gewalten
Papst Gelasius I. (492 - 496) an Kaiser Anastasius 494
Jaffe, Reg. Pont. Rom., Nr. 632, S. 85; Mirbt, Nr. 462

Um Deiner Liebe willen bitte ich Dich, mir meinen Eifer in der Sorge um das Göttliche nicht als Anmaßung anzurechnen! Fern sei es - ich bitte dich - einem römischen Herrscher, daß er die ihm gegenüber erwiesene

Offenheit als Beleidigung ansähe!

Zwei Gewalten sind es, erhabener Kaiser, von denen diese Welt hauptsächlich regiert wird: das geheiligte Ansehen der Bischöfe und die königliche Gewalt. Von diesen beiden fällt die Macht der Priester um so schwerer ins Gewicht, als sie es sind, die beim Gericht Gottes selbst auch für die Könige der Menschen Rechenschaft ablegen werden. Magst Du, mein gnädigster Sohn, auch das Menschengeschlecht an Würde überragen, Du weißt ja doch, daß Du vor denen, denen das Göttliche anvertraut ist, demütig Deinen Nacken beugst und von ihnen Dein Heil erwartest. Und wenn Du die himmlischen Sakramente empfängst und sie Dir - wie es sich geziemt - gereicht werden, so erkennst Du, daß Du Dich nach der religiösen Ordnung ihnen vielmehr unterwerfen als ihnen voranstehen solltest; daß Du hierbei also von ihrem Urteil abhängst, jene sich aber nicht nach Deinem Willen richten müssen. Denn im Bereich der öffentlichen Ordnung gehorchen auch die, welche die religiösen Angelegenheiten verwalten, Deinen Gesetzen in der Erkenntnis, daß Dir die Herrschaft durch göttliche Anordnung verliehen ist, und in der Absicht, daß es nicht so scheint, als widersetzten sie sich in weltlichen Dingen einem ergangenen Urteil. Mit welchem Eifer - ich bitte Dich - geziemt es sich nun, denen zu gehorchen, deren Vorrecht es ist, die ehrwürdigen Sakramente darzureichen .... Und wenn sich überhaupt allen Priestern, die am Heiligtum recht dienen, die Herzen der Gläubigen beugen müssen, wieviel mehr muß man dann dem Inhaber jenes Stuhles Zustimmung zollen, der nach dem Willen der höchsten Gottheit alle Priester (an Würde) überragt und den die allgemeine Kirche in der Folgezeit stets in frommer Ergebenheit verehrt hat?

3. Der Papst darf von niemandem gerichtet werden
Ennodius von Pavia (gest. 521) Opuscula II
Libellus adversus eos qui contra synodum scribere prasumpserunt, ed Hartel, SCEL VI., 295. 316; MGH Auct. ant. VII, 52 61 f.; Mirbt,

Nr. 469

Wir sind nicht der Meinung, daß - wie ihr sagt - der selige Petrus oder seine Nachfolger mit den Privilegien ihres Stuhles vom Herrn auch die Freiheit zu sündigen zugesprochen bekommen haben. Er hat die immerwährende Gabe seiner Verdienste zusammen mit dem Erbe seiner Unsträflichkeit seinen Nachfolgern überlassen. Was ihm erlaubt war in Anbetracht seiner glanzvollen Taten, das hat er auf die übertragen, die der gleiche Glanz des Lebenswandels ziert. Wer möchte wohl daran zweifeln, daß der heilig ist, den die mit so großer Würde geschmückte Tiara erhöht? Bei dem - falls eigene Verdienste fehlen - das genügt, was seine Amtsvorgänger geleistet haben? Er läßt nämlich nur die angesehensten Männer zu dieser höchsten Würde emporsteigen, oder die erhöht sind, verherrlicht er. Denn er weiß im voraus, was für das Fundament der Kirche dienlich ist und auf wen sich dieser große Bau selbst stützt.

Die Angelegenheiten anderer Menschen hat Gott vielleicht durch Menschen regeln lassen wollen, den Inhaber dieses Stuhls aber hat er ohne Zweifel seinem eigenen Gericht vorbehalten. Er hat gewollt, daß die Nachfolger des seligen Apostels Petrus ihre Unschuld nur dem Himmel und ihr unverletztes Gewissen nur vor dem höchsten Erforscher der Gewissen nachweisen sollten. Meint nur nicht, daß diese Seelen, die Gott sich zur Prüfung mehr als alle anderen vorbehalten hat, vor dieser Erforschung der Gewissen keine Angst hätten! Keine auch noch so glänzende Verteidigung bietet einem Angeklagten bei ihm Schutz, da er ja gerade den zum Zeugen seiner Taten hat, der ihn richtet. Du magst vielleicht sagen: bei diesem Gericht werden alle Seelen in dieser Lage sein. Darauf antwortete ich: Aber nur dem Einen gilt das Wort (Matth. 16, 18 f.): ,,Du bist Petrus, und auf diesen Felsen will ich meine Gemeinde bauen; was du auf Erden binden wirst, soll auch im Himmel gebunden sein'' usw. Und nach dem Ausspruch der heiligen Bischöfe heißt es wiederum: das Ansehen seines Stuhles gilt der ganzen Welt als verehrungswürdig. Ihm ist alles, was nur irgend die Gläubigen (in der ganzen Welt) betrifft, untertan; er ist zum Haupt des ganzen Leibes bestellt. Darauf scheint mir das Wort des Propheten (Jes. 10, 3) zu deuten, wenn er sagt. ,,Wenn er gedemütigt wird, zu wessen Hilfe wollt ihr flüchten, wo wollt ihr eure Herrlichkeit lassen?''

2. Benedikt von Nursia (480 - 547)

Die klösterliche Gemeinschaft ist für Benedikt eine vom übernatürlichen Geist getragene Familie, eine ,,Schule, in der man dem Herrn dient'' (Vorrede).

165

Hohe Anforderungen werden an den Abt des Klosters gestellt, aber ihm auch ebenso große Rechte eingeräumt:

„Der Abt, der für würdig gilt, einem Kloster vorzustehen, soll allzeit seines Namens, den er trägt, eingedenk sein und durch sein Benehmen den Namen eines Vorgesetzten rechtfertigen. Man betrachtet ihn wirklich als den Stellvertreter Christi ..... So soll er bald Strenge, bald Milde walten lassen, bald den Ernst des Meisters, bald die liebevolle Güte des Vaters zeigen: d.h. er soll die Zuchtlosen und Unruhigen strenge zurechtweisen, die Gehorsamen, Sanften und Geduldigen aber möge er ermuntern zum Fortschreiten in der Tugend; Nachlässige und Widerspenstige soll er tadeln und mahnen." (2. Kap.)

Der Eintritt ins Kloster wird jetzt genau festgelegt:

„Wenn ein Novize zum mönchischen Leben hinzukommt, so werde ihm kein leichter Eintritt gewährt, sondern, wie der Apostel sagt: „Prüfet die Geister, ob sie von Gott sind" (I. Joh. 4, 1). Wenn der Ankömmling nun beharrlich anklopft und es sich nach drei oder vier Tagen gezeigt hat, daß er die ihm zugefügten Kränkungen und Erschwerungen des Eintritts erträgt und bei seiner Bitte bleibt, so soll ihm der Eintritt bewilligt werden und er einige Tage in der Zelle der Gäste verweilen. Dann aber soll er sich in der Zelle der Novizen aufhalten, wo er geistliche Betrachtungen anstellen, essen und schlafen soll. Man weise ihm einen solchen Vorgesetzten zu, der geeignet ist, Seelen zu gewinnen. Dieser achte ganz genau auf ihn und sehe zu, ob er wirklich Gott sucht, ob er eifrig auf den Gottesdienst, auf den Gehorsam und auf Ertragen von Beschimpfungen bedacht ist. Man stelle ihm vor, wie rauh und beschwerlich der Weg ist, der zu Gott führt. Wenn er verspricht, auf seinem Treuelübde zu verharren, so soll ihm nach Verlauf von zwei Monaten diese Regel von Anfang bis zu Ende vorgelesen und ihm gesagt werden: „Siehe, das ist das Gesetz, unter dem du dienen willst! Kannst du es befolgen, so tritt ein; kannst du es aber nicht, so gehe frei von dannen." Wenn er noch darauf besteht, so soll er wiederum in die Zelle der Novizen geführt und aufs neue in aller Art von Geduld erprobt werden. Nach Verlauf von sechs Monaten soll ihm diese Regel nochmals vorgelesen werden .... nach Verlauf weiterer vier Monate abermals.... Und wenn er dann nach reiflicher Überlegung verspricht, alles zu befolgen und alles ihm Befohlene beobachten zu wollen, dann erst soll er in die Genossenschaft aufgenommen

werden mit dem Bewußtsein, daß es durch das Gesetz der Ordensregel bestimmt ist, daß er von diesem Tage an nicht mehr aus dem Kloster austre-
ten darf, noch den Nacken unter dem Joch der Regel wegziehen, die er in
so langer Bedenkzeit ablehnen oder annehmen durfte." (58. Kap.)

„Der Aufzunehmende soll im Betsaale in Anwesenheit aller Brüder ein
Gelübde vor Gott und Seinen Heiligen ablegen, damit er wisse, daß,
wenn er jemals anders handelt, er von Dem, welchen er verspottet, verdammt werden muß. Er soll geloben stetes Verharren im Kloster, die Ände-
rung seines sittlichen Wandels zu Keuschheit und Armut und den Gehorsam. Wenn er Eigentum besitzt, so gebe er es entweder vorher den Armen oder
übertrage es in feierlicher Schenkung auf das Kloster, ohne irgendwie etwas
für sich zu behalten; denn er soll wissen, daß er von diesem Tage an nicht
einmal mehr über seinen eigenen Körper zu verfügen hat. Darauf werde eine
Urkunde ausgestellt auf den Namen des Heiligen, dessen Reliquien im
Kloster sind und auf den Namen des derzeitigen Abtes. Alsbald stimme der
Novize selbst diesen Vers an: „Nimm mich auf, Herr, nach Deinem Wort,
daß ich lebe; und laß mich mit meiner Hoffnung nicht zuschanden werden!"
Diesen Vers erwidere die ganze Versammlung dreimal und füge hinzu:
„Ehre sei dem Vater ..." Darauf werfe sich jener Bruder Novize jedem zu
Füßen, damit sie für ihn beten. Von diesem Tage an werde er nun zu der
Kongregation (= Herde) gezählt." (58. Kap.)

Die Anlage des Klosters: „Das Kloster soll möglichst so angelegt werden,
daß alles Notwendige vorhanden ist, und alle Handwerke innerhalb der
Klostermauern getrieben werden, damit die Mönche nicht draußen umher-
zuschweifen brauchen, denn das bringt ihre Seelen in Gefahr." (66. Kap.)

Das gemeinsame Chorgebet

„Der Prophet sagt: „Ich lobe Dich des Tages siebenmal um der Rechte
willen Deiner Gerechtigkeit." (Psalm 119, 164) Diese geheiligte Siebenzahl
wird von uns so erfüllt werden, wenn wir zur Zeit der Mette (von lat.
„matutina" - Morgendämmerung), der Prim (um 6 Uhr), der Terz (um
9 Uhr), der Sexte (um 12 Uhr), der None (um 15 Uhr), der Vesper (um 18

Uhr) und des Completoriums (- Tagesschluß um 21 Uhr) die Pflichten unseres Dienstes vollbringen." (16. Kap.)

Die tägliche Arbeit

„Von Ostern bis zum 14. September gehen die Brüder frühmorgens nach der ersten Stunde (zwischen 6 - 7 Uhr) bis ungefähr zur vierten Stunde hinaus, um sich mit der notwendigen Arbeit zu befassen. Von der vierten Stunde an aber bis ungefähr zur sechsten Stunde obliegen sie der Lesung. Haben sie sich nach der sechsten Stunde vom Tische erhoben, dann sollen sie in tiefem Schweigen auf ihren Betten ausruhen. Will einer etwas für sich lesen, so kann er dies tun, vorausgesetzt, daß er einen anderen nicht stört. Die Non wird früher, um die Mitte der achten Stunde, gebetet. Hiernach begeben sie sich wiederum bis zur Zeit der Vesper an die Arbeit." (48. Kap.)
„Müßiggang ist der Feind der Seele. Deshalb müssen sich die Brüder zu bestimmten Zeiten der Handarbeit und zu bestimmten Zeiten wiederum der Lesung göttlicher Dinge widmen."
„Denn dann sind sie ja in Wahrheit Mönche, wenn sie von ihrer Handarbeit leben." (48. Kap.)

Von der Demut

Von der Demut als der höchsten Tugend des Mönches: „Die 1. Stufe der Demut ist der Gehorsam ohne Verzug. Er ist Sache derjenigen, die nichts höher schätzen als die Liebe Christi. Sobald etwas vom Oberen befohlen ist, kennen sie keinen Verzug in der Ausführung, gerade so, als ob es ein göttlicher Befehl wäre .... Aber selbst dieser Gehorsam wird nur dann Gott wohlgefällig und den Menschen angenehm sein, wenn der Befehl nicht unruhig und ängstlich, nicht säumig, nicht lässig, noch mit Murren oder Widerspruch ausgeführt wird, sondern mit freudigem Herzen ..." (5. Kap.)
„Der 12. und höchste Grad der Demut besteht darin, daß der Mönch nicht nur im Herzen, sondern auch an seinem Körper denen, die ihn sehen, immer Demut zeigt, d.h., daß er bei der Arbeit, im Bethaus, im Kloster, im Garten, auf der Straße, auf dem Felde oder wo sonst sitzend, gehend oder stehend immer das Haupt senke und die Augen auf den Boden hefte. Er halte sich

zu jeder Stunde wegen seiner Sünden für schuldig und glaube, daß er schon vor dem furchtbaren Gericht Gottes stehe..." (7. Kap.)

Klosterregeln

„Jeder schlafe in einem besonderen Bett. Ihre Lagerstätten sollen sie nach Maßgabe des mönchischen Lebens gemäß der Anordnung ihres Abtes empfangen. Wo möglich, sollen sie alle in einem Raum schlafen; wenn aber dies ihre Menge nicht gestattet, so sollen je 10 oder 20 mit den Senioren, welche um sie besorgt sind, ruhen. Eine Lampe brenne beständig in diesem Raum bis zum Morgen. Sie sollen angekleidet schlafen und umgürtet mit Gürteln oder Stricken. Ihre Dolchmesser sollen sie nicht an der Seite haben, während sie schlafen, damit nicht etwa infolge eines Traumes die Schlafenden verwundet werden. So sollen die Mönche jederzeit bereit sein, auf das gegebene Zeichen unverzüglich aufzustehen und zu eilen, sich gegenseitig zum Gottesdienst zuvorzukommen, doch mit aller Würde und Bescheidenheit." (22. Kap.) „Vor allem ist diese Sünde gründlich aus dem Kloster zu entfernen: Niemand soll sich herausnehmen, etwas zu nehmen oder in Empfang zu nehmen ohne Geheiß des Abtes und etwas zu eigen haben, irgend etwas, weder ein Buch, noch Tafeln, noch einen Griffel, sondern überhaupt nichts. Sie dürfen ja nicht einmal ihren Leib und ihren Willen in der eigenen Gewalt haben. Und alles sei allen gemein ..." (33. Kap.) „Kleider sollen den Brüdern je nach der Beschaffenheit der Orte, wo sie wohnen, oder der Temperatur gegeben werden, denn in kalten Gegenden wird mehr gebraucht, in warmen weniger. Zur Bettung genügt eine Matte, eine leinene Decke, eine wollene Decke und ein Kopfkissen. Diese Betten sind häufig vom Abt auf Privateigentum zu untersuchen, damit sich solches nicht etwa vorfinde. Damit diese Sünde des Privatbesitzes mit der Wurzel ausgeschnitten werde, soll vom Abt alles geliefert werden, was nötig ist, so daß jede Möglichkeit, sich mit dem Bedürfnis zu entschuldigen, abgeschnitten wird." (55. Kap.) „Zu jeder Zeit sollen sich die Möche des Schweigens befleißigen, besonders jedoch zur Nachtzeit. Wenn sie aus den Abendandachten kommen, soll keinem gestattet sein, wieder mit jemand zu sprechen. Wenn aber einer bei der Übertretung dieser Regel des Schweigens betroffen wird, soll er einer schweren Strafe unterliegen..." (42 Kap.) „Wer wegen schwerer Verschuldungen vom Betsaal und vom Tisch ausgeschlossen wird, soll zu der Stunde, in welcher im Betsaal Gottesdienst gehalten wird, vor der Tür des Betsaals sich niederwerfen und liegen bleiben, ohne etwas zu sagen. Nun soll er den Kopf auf die Erde legen und sich den Füßen aller derer, die aus dem Betsaal heraustreten, vornübergeneigt darbieten. Und dies soll er solange tun, bis der Abt erklärt, es sei genug geschehen. Und wenn er dann auf Befehl des Abtes erscheint, so soll er sich dem Abte, sodann allen anderen zu Füßen werfen, damit sie für ihn beten. Dann soll er, wenn es der Abt befiehlt, im Chor oder anderswo wieder aufgenommen werden; so allerdings, daß er sich nicht herausnimmt, einen Psalm oder eine Lektion oder sonst etwas im Betsaal anzustimmen, außer wenn es wiederum der Abt befiehlt. Und zu allen Stunden, wenn Gottesdienst gehalten wird, soll er sich zur Erde werfen an der Stelle, wo er steht, und so soll er Genugtuung leisten, bis ihm wiederum der Abt gebiete, daß er nun von dieser Genugtuung ruhe..." (44. Kap.)

3. Bonifatius

4. Der Bischofseid des Bonifatius
Ergebenheitserklärung dem Papst gegenüber, 30. November 722 (723)
MGH Ep. sel. I, 28 f.; Ep. III, 265 f.; Mirbt, Nr. 502

Ich, Bonifatius, von Gottes Gnaden Bischof, gelobe, euch, dem seligen Apostelfürsten Petrus und seinem Stellvertreter, dem seligen Papst Gregor (II., 715 - 731), und seinen Nachfolgern durch den Vater, den Sohn und den heiligen Geist und die untrennbare Dreieinigkeit und diesen deinen geheiligten Leib, den heiligen katholischen Glauben in voller Treue und Reinheit zu bestätigen und in der Einheit dieses Glaubens, auf dem ohne Zweifel das ganze Heil der Christen beruht, mit Gottes Hilfe zu beharren. Auf diese Weise will ich gegen die Einheit der gemeinsamen und allgemeinen Kirche böser Einflüsterung mein Ohr leihen, sondern - wie ich erklärte - meine Treue, meine Reinheit, meinen Beistand dir und zum Nutzen deiner Kirche, der von Gott dem Herrn die Macht zu binden und zu lösen gegeben ist (Matth. 16, 19) und deinen genannten Stellvertreter und seinen Nachfolgern in allem gewähren. Wenn ich aber erkannt habe, daß (einige) Priester entgegen den alten Satzungen der heiligen Väter wandeln, will ich mit ihnen keine Gemeinschaft oder Verbindung pflegen. Vielmehr will ich solches verhindern, wenn ich es nur kann. Wenn ich es aber nicht kann, will ich es getreulich sofort meinem Herrn Papst melden. Wenn ich - was fern sei - je versuchen würde, auf irgendeine Weise, in irgendwelcher Absicht oder aus irgendwelchem Anlaß gegen den Wortlaut dieses meines Gelöbnisses zu verstoßen, dann soll ich beim ewigen Gericht schuldig befunden werden und der Strafe des Ananias und der Saphira verfallen, die es gewagt hatten, euch durch falsche Angaben über ihr Eigentum zu betrügen (vgl. Apg. 5, 1 - 6).

Diese Eideserklärung habe ich, Bonifatius, unwürdiger Bischof, eigenhändig geschrieben, auf deine heilige Grabstätte (corpus) gelegt und - den göttlichen Richter zum Zeugen anrufend - den oben stehenden Eid geleistet, den auch zu halten ich gelobe.

4. Die sog. Konstantinische Schenkung, nach 756, Mirbt. Nr. 504

Im Namen der heiligen und unteilbaren Dreifaltigkeit, des Vaters, des Sohnes und des heiligen Geistes.....

Zusammen mit all unseren Satrapen und dem ganzen Senat, den Optimaten und dem ganzen unserer Herrschaft unterworfenen römischen Volk, haben wir es für nützlich erachtet, daß, wie Petrus als Stellvertreter des Sohnes Gottes auf Erden eingesetzt ist, auch die Päpste, die die Stelle des Apostelfürsten vertreten, eine größere Gewalt als die unsere hier auf Erden von uns und unserm Reich übertragen erhalten sollen. Den Apostelfürsten selbst und seine Stellvertreter wählen wir uns (hierfür) zu kräftigen Schutzheiligen bei Gott. Und wie unsere Herrschaft eine irdische kaiserliche ist, so erklären wir, seine heilige römische Kirche in Ehrfurcht verehren zu wollen. Mehr als unsere Herrschaft und unseren irdischen Thron wollen wir den hochheiligen Sitz des seligen Petrus prächtig erhöhen, indem wir ihm Macht und einen ehrenvollen Rang, Stärke und die Ehre wie einem Kaiser verleihen. Wir bestimmen und verordnen, daß er die Oberherrschaft haben soll über die vier Hauptsitze von Antiochien, Alexandrien, Konstantinopel und Jerusalem wie auch über alle Kirchen Gottes auf Erden. Der jeweilige Bischof dieser hochheiligen römischen Kirche soll erhaben und der erste sein unter allen

Priestern der ganzen Welt. Alles, was für den Gottesdienst und zur Festigung des christlichen Glaubens anzuordnen ist, soll nach seinem Ermessen geschehen. Denn es gehört sich so, daß das heilige Gesetz dort seine oberste Herrschaft ausübe, wo der Lehrer der heiligen Gesetze, unser Erlöser, wollte, daß der selige Petrus seinen apostolischen Bischofssitz habe, wo er durch die Kreuzigung den Becher des seligen Todes trank und (damit) seinen Meister und Herrn nachahmte. Dort sollen die Heiden im Bekenntnis zu Christus ihre Nacken beugen, wo ihr Lehrer, der selige Apostel Paulus, sein Leben für Christus hingab und mit dem Märtyrertod bekränzt wurde. Dort sollen sie ihren Lehrer immer und ewig suchen, wo der heilige Körper dieses Lehrers ruht. Dort sollen sie sich auf Knien und demütig dem himmlischen König, Gott unserem Heiland Jesus Christus, unterwerfen, wo sie (bisher) stolz dem Befehl eines irdischen Königs dienten.

Alle Völker und Nationen auf der ganzen Welt sollen wissen, daß wir innerhalb unseres Lateranpalastes unserem Herrn und Erlöser Jesus Christus eine Kirche mit einem Baptisterium von Grund auf erbaut haben, und seht, wir haben nach der Zwölfzahl der Apostel zwölf mit Erde gefüllte Körbe aus ihrem Unterbau auf unseren eigenen Schultern fortgetragen. Diese heilige Kirche soll als die erste und Hauptkirche auf der ganzen Erde bezeichnet, verehrt und öffentlich gepriesen werden, wie wir das schon durch andere kaiserliche Anordnungen bestimmt haben. Deswegen haben wir auch die Kirchen der seligen Apostelfürsten Petrus und Paulus, die wir mit Gold und Silber reich ausgestattet haben - wo man auch ihre heiligsten Leiber mit größter Ehrerbietung aufbewahrt - erbaut. Ihre Schreine haben wir aus edlem Metall, dem kein anderes Element zu vergleichen ist, verfertigt und haben ein Kreuz - aus reinstem Golde und mit wertvollen Edelsteinen besetzt - auf jeden dieser Schreine gelegt und mit goldenen Nägeln befestigt. Diese Kirchen haben wir zur Erhaltung ihres Besitzes mit Ländereien ausgestattet und haben sie mit verschiedenen Gütern reich beschenkt. Durch unsern kaiserlichen Befehl haben wir ihnen im Osten und im Westen, im Norden und im Süden, in Judäa, Griechenland, Asien, Thrazien, Afrika und Italien auf den verschiedenen Inseln unsere Großzügigkeit zugute kommen lassen, und zwar so, daß alles durch unseren seligsten Vater, den Bischof Silvester und seine Nachfolger, angeordnet werden soll.

Mit uns mögen alle Völker und alle Nationen auf der ganzen Welt sich freuen. Wir ermahnen alle, zusammen mit uns unserm Gott und Heiland Jesus Christus Dank zu sagen; denn dieser Gott des Himmels und der Erde, der uns durch seine heiligen Apostel heimsucht, würdigt uns des heiligen Taufsakraments und schenkt uns Gesundheit. Dafür überlassen wir diesen heiligen Aposteln, meinen Herrn, dem seligsten Petrus und Paulus, und durch sie auch dem seligen Silvester, unserem Vater, dem obersten Bischof und allgemeinen Papst der Stadt Rom und allen seinen Nachfolgern, die bis zum Ende der Welt den Stuhl des seligen Petrus einnehmen werden, und übergeben (ihnen) nun unseren Kaiserpalast auf dem Lateran, der alle Paläste der ganzen Erde (an Herrlichkeit) überragt, dann das Diadem, die Krone unseres Hauptes, zugleich die phrygische Mütze und das Schultertuch, nämlich das Lorum, das der Kaiser gewöhnlich um den Hals trägt. Wir übergeben aber auch den Purpurmantel, die scharlachrote Tunika und alle kaiserlichen Gewänder; auch (überlassen wir ihm) das Privilegium der kaiserlichen Vorreiter, die kaiserlichen Zepter, alle Banner, Fahnen, die verschiedenen kaiserlichen Dekorationen und den ganzen Aufzug der kaiserlichen Hoheit und den Glanz unserer Machtstellung.

Die ehrwürdigsten Männer, die Kleriker, welche in den verschiedenen Weihestufen dieser hochheiligen römischen Kirche dienen, sollen jene Ehre, Auszeichnung, Macht und Vorrang genießen, mit denen unser hochansehnlicher Senat geschmückt ist, das heißt, die Patrizier und Konsuln und die übrigen kaiserlichen Würdenträger. So wie die kaiserliche Miliz sollen die Kleriker der heiligen römischen Kirche geschmückt sein. Wie die kaiserliche Herrschaft mit den verschiedenen Ämtern der Kammerdiener, der Türhüter und Wächter (umgeben ist), so wollen wir auch die heilige römische Kirche (damit) auszeichnen. Damit die höchste bischöfliche Würde hell erstrahle, verordnen wir ferner, daß die Kleriker dieser heiligen römischen Kirche auf mit weißen Sätteln und Decken geschmückten Pferden reiten. Wie unser Senat Schuhe mit weißem Pelzwerk oder Tuch trägt (so sollen solche auch die Kleriker tragen), damit das himmlische und das irdische Regiment zur Ehre Gottes geziert sei. Vor allem aber gestatten wir unserem heiligsten Vater Silvester, dem Bischof und Papst der Stadt Rom und allen seinen Nachfolgern für ewige Zeiten, den seligsten Bischöfen, welche zur Ehre und dem Ruhme Christi unseres Gottes dieser großen katholischen und apostolischen Kirche Gottes vorstehen werden, kraft unserer Verordnung: wenn er jemanden nach eigenem Entschluß in den Stand oder die Zahl der Kleriker aufnehmen will, dann soll keiner von allen sich hochmütig dagegen auflehnen. Deshalb haben wir auch verordnet, daß dieser unser ehrwürdiger Vater Silvester, der höchste Bischof, und alle seine Amtsnachfolger das Diadem oder die Krone von reinstem Golde und kostbaren Edelsteinen, welche wir ihm von unserem Haupte verliehen haben, zur Verherrlichung Gottes und des heiligen Petrus auf dem Kopf tragen sollen. Der seligste Papst aber litt es nicht, daß er über dem Kranz des priesterlichen Standes (nämlich der Tonsur), welchen er zu Ehren des seligen Petrus trägt, eine goldene Krone tragen solle. Deshalb haben wir ihm mit unseren Händen die weißglänzende phrygische Mütze, die herrliche Auferstehung des Herrn versinnbildlichend, auf seinen hochheiligen Scheitel gesetzt, den Zügel seines Pferdes gehalten und ihm aus Verehrung für den seligen Petrus den Dienst eines Stallknechtes geleistet, mit der Bestimmung, daß sich dieser phrygischen Mütze alle seine Nachfolger bedienen sollten - besonders bei Prozessionen.

Damit die päpstliche Krone nicht gering, sondern höher verehrt erscheine als die Würde und Glorie des irdischen Kaisertums, übergeben und überlassen wir dem oft genannten seligsten Bischof und allgemeinen Papst Silvester - wie schon gesagt - unseren Palast, die Stadt Rom und alle Provinzen, Orte und Städte Italiens und der westlichen Länder, und stellen sie nach festem kaiserlichen Entschluß durch diese höchste Anordnung und pragmatische Bestimmung unter seine und seiner Nachfolger Gewalt und Botmäßigkeit und übergeben sie für immer der Jurisdiktion der heiligen römischen Kirche.

Daher erschien es uns angemessen, unser Kaisertum und unsern Herrschaftssitz nach dem Osten zu verlegen, an dem besten Platz der Provinz Byzanz unserm Namen eine Stadt zu erbauen und dort unser Kaisertum aufzurichten; denn es ist nicht recht, daß dort, wo der oberste Priester und das Haupt der christlichen Religion vom himmlischen Herrscher eingesetzt ist, ein irdischer Kaiser seine Herrschaft ausübe.

Alles, was wir durch dieses unser kaiserliches Gesetz und durch andere höchste Verordnungen festgesetzt und bestätigt haben, muß, so bestimmen wir, bis ans Ende der Welt unversehrt und unverändert bleiben. Deshalb beschwören wir vor dem lebendigen Gott, der uns zu herrschen befohlen hat, und angesichts seines schrecklichen Gerichtes durch diesen unseren kaiserlichen Beschluß alle unsere Nachfolger, die Kaiser und alle Optimaten, Satrapen, auch den hochansehnlichen Senat und das ganze Volk, welches auf dem weiten Erdkreis jetzt und in Zukunft unserer Herrschaft unterworfen ist, daß es keinem von ihnen irgendwie erlaubt sei, das, was wir durch kaiserliches Gesetz der hochheiligen römischen Kirche oder all ihren Priestern verliehen haben, zu widerrufen, umzustoßen oder in irgendeiner Weise zu ändern. Wenn sich aber jemand - was wir nicht glauben - hierin als Störenfried oder Verächter (unserer Anordnungen) zeigen sollte, so sei er der ewigen Verdammnis überantwortet und wisse, daß er die heiligen Apostelfürsten Gottes, Petrus und Paulus, im gegenwärtigen und im zukünftigen Leben zu Feinden haben und im tiefsten höllischen Feuer mit dem Teufel und allen Gottlosen schmachten muß.

Diese unsere kaiserliche Anordnung haben wir eigenhändig bestätigt und auf den ehrwürdigen Leib des seligen Apostelfürsten Petrus niedergelegt. Dort haben wir dem Apostel Gottes gelobt, daß wir alles unverbrüchlich halten werden. Auch unsern kaiserlichen Nachfolgern haben wir befohlen, all diesen Verpflichtungen nachzukommen. Unserm Vater Silvester, dem höchsten Bischof und allgemeinen Papst, und allen seinen Nachfolgern übergeben wir nach dem Willen unseres Herrn und Erlösers Jesus Christus das, was sie ewig und glücklich besitzen sollen. Die kaiserliche Unterschrift. Gott erhalte Euch viele Jahre, heiligste und seligste Väter!

9. Karl der Große bestätigt am 6. April 774 die Pippinsche Schenkung von 754
Vita Hadriani: Duchesne LP I, 498; Mirbt, Nr. 509

Am vierten Wochentage trat der vorher erwähnte Papst (Hadrian I., 772 - 795) mit seinen Richtern aus dem Klerus und dem Hofdienst heraus und ließ sich in der Kirche des seligen Apostels Petrus mit dem genannten König (Karl dem Großen) in ein Gespräch ein. Er bat ihn hartnäckig, ermahnte ihn und suchte ihn in väterlicher Liebe dazu zu bestimmen, jenes Versprechen in allen Stücken zu erfüllen, das sein königlicher Vater heiligen Angedenkens Pippin und der erhabenste Karl selbst mit seinem Bruder Karlmann und allen Richtern der Franken dem seligen Petrus wie dessen Stellvertreter, dem Herrn Papst Stephan (II., 752 - 757) heiligen Angedenkens gegeben

hatten, als dieser sich in das Frankenreich begab. (Stephan traf mit Pippin am 6. Januar 754 in Ponthion zusammen, um Schutz gegen die Langobarden zu erbitten.) Sie hatten sich aber verpflichtet, verschiedene Städte und Gebiete der Provinz Italien dem seligen Petrus und allen seinen Stellvertretern zu ewigem Besitz zu überlassen und zu übergeben.
Und als er sich dieses Versprechen, das im Frankenreich an einem Ort namens Quierzy (Bestätigung des Schutz- und Trutzbündnisses von Ponthion durch die Franken) zu Papier gebracht war, wieder hatte vorlesen lassen, da stimmte er samt seinen Richtern allem, was darin enthalten war, zu. Aus freien Stücken und in seinem gütigen und freundlichen Sinn ließ der vorher genannte erhabenste und wahrhaft christlichste Frankenkönig Karl durch seinen frommen und überaus klugen Kapellan und Notar Etherius eine andere Schenkungsurkunde nach der Art der früheren anfertigen, durch die er dieselben Städte und Gebiete dem seligen Petrus und dem vorgenannten Papste zu übertragen gelobte mit Angabe der Grenzen, wie sie aus der Schenkungsurkunde zu ersehen sind (es folgt die Angabe der Grenzen).

5. Die Kaiserkrönung Karls d. Gr.

13. Leo III. krönt Karl am 25. Dezember 800
zum Kaiser des römischen Reiches
1. Bericht: Einhardi vita Karoli Magni 27 und 28;
MGH SS rer. Germ. (25), 32 f.; Quellen zur Karolingischen
Reichsgeschichte, 75; Mirbt, Nr. 513

So sehr Karl auch die Kirche des heiligen Petrus ehrte, kam er während der siebenundvierzig Jahre seiner Regierung doch nur viermal dorthin, um sein Gelübde zu erfüllen und zu beten.
Seine letzte Reise hatte nicht allein darin ihren Grund, sondern dadurch, daß die Römer Papst Leo wegen der vielen Mißhandlungen, die ihm angetan worden waren, indem man ihm nämlich die Augen ausriß und die Zunge abschnitt, dahin brachten, den König um Schutz anzuflehen. Er kam also nach Rom und brauchte dort den ganzen Winter, um die Ordnung der Kirche, die allzusehr gestört war, wieder herzustellen. Damals empfing er die Benennung

Kaiser und Augustus. Das war ihm zuerst so zuwider, daß er versicherte, er würde an jenem Tage, obgleich es ein hohes Fest war, die Kirche nicht betreten haben, wenn er des Papstes Absicht hätte vorherwissen können. Den Neid der römischen Kaiser, die ihm die Annahme des Kaisertitels sehr verübelten, trug er mit großer Gelassenheit; und mit der Großherzigkeit, in der er ohne Frage weit über ihnen stand, wußte er ihren Trotz zu besiegen, indem er häufig Gesandtschaften zu ihnen schickte und sie in seinen Briefen als Brüder anredete.

Als sich der König gerade am heiligen Weihnachtstag vom Gebet vor dem Grab des seligen Petrus zur Messe erhob, setzte ihm Papst Leo eine Krone aufs Haupt und das ganze Römervolk rief dazu: dem erhabenen Karl, dem von Gott gekrönten großen und friedenbringenden Kaiser der Römer, Leben und Sieg! Nach den Huldigungen wurde er vom Papst nach der Sitte der alten Kaiser (durch Kniefall) geehrt und unter Weglassung des Titels Patricius Kaiser und Augustus genannt.

14. a Das Karlsamt im Kaiserdom zum 28. Januar

Sequentia s. Karoli

Karlssequenz

Francfordensis urbs regalis,
Regni sedes principalis,
Prima regum curia,

Frankfurt, du königliche Stadt,
des Reiches Fürstensitz,
Versammlungsort der Könige,

Regi regum pange laudes,
Quae de magni regis gaudes
Karoli praesentia

dem König der Könige singe Lob,
die du dich freust am Festtage
des großen Königs Karl!

Iste coetus psallat laetus,
Psallat chorus hic sonorus,
Vocali concordia;

Es singt diese Gemeinde froh,
es singt tönend dieser Chor
im Zusammenklang der Stimmen,

At dum manus operatur
Bonum, quod cor meditatur,
Dulcis est psalmodia.

und während die Hand das Gute tut,
wie ihr das Herz eingibt,
klingt süß die Melodie.

Hic est magnus imperator,	Er ist der große Herrscher,
Boni fructus bonus sator	der Sämann der guten Frucht
Et prudens agricola.	und der kluge Landmann.
Hic superbos domat reges,	Er bezwingt die hochmütigen Könige,
Hic regnare sacras leges	und er läßt herrschen die heiligen
Facit cum iustitia,	Gesetze mit Gerechtigkeit,
Quam tuetur eo fine,	deren Schützer er ist,
Ut et iustus nec sine	damit er gerecht sei und
Sit misericordia.	voll Barmherzigkeit.
Stella maris, o Maria,	Meerstern, o Maria,
Mundi salus, vitae via,	Heil der Welt und Weg des Lebens,
Vacilantum rege gressus	lenke die Schritte der Wankenden,
Et ad regem des accessus	und laß uns eintreten zum König
in perenni gloria.	in die ewige Herrlichkeit.
Christ, splendor Dei Patris,	Christus, Glanz Gottvaters,
incorruptae fili matris,	Sohn der unversehrten Mutter,
Per hunc sanctum, cuius festa	gewähre uns durch diesen Heiligen,
Celebramus, nobis praesta	dessen Fest wir feiern,
Sempiterna gaudia.	die ewige Freude.
Amen. Alleluia	Amen. Alleluia.

Laudes imperiales

Ch.	Christus vincit! Christus regnat! Christus imperat!
A.	Christus vincit! Christus regnat! Christus imperat!
Ch.	Exaudi Christe!
A.	Exaudi Christe!
Ch.	Carolo Magno regi Francorum vita et victoria! Redemptor mundi,
A.	tu illum adiuva!

Ch.	Sancte Petre,
A.	tu illum adiuva!
Ch.	Sancte Paule,
A.	tu illum adiuva!
Ch.	Sancte Bartholomaee,
A.	tu illum adiuva!
Ch.	Sancte Michael,
A.	tu illum adiuva!
Ch.	Sante Michael,
A.	tu illum adiuva!
Ch.	Sancte Laurenti,
A.	tu illum adiuva!
Ch.	Sancte Martine,
A.	tu illum adiuva!
Ch.	Sancte Bonifati,
A.	tu illum adiuva!
Ch.	Sancte Rhabane Maure,
A.	tu illum adiuva!
A.	Christus vincit! Christus regnat! Christus imperat!
Ch.	Rex regum! Rex noster! Spes nostra!
A.	Christus Vincit! Christus regnat! Christus imperat!
Ch.	Gloria nostra! Misericordia nostra! Auxilium nostrum!
A.	Christus vincit! Christus regnat! Christus imperat!
Ch.	Fortiduto nostra! Liberatio et redemptio nostra! Lux, via et vita nostra!
A.	Christus vincit! Christus regnat! Christus imperat!
Ch.	Ipsi soli honor, laus et jubilatio per infinita saecula saeculorum. Amen.
Ch.	Kyrie eleison.
A.	Kyrie eleison.
Ch.	Feliciter! Tempora bona habeas! Multos annos! Amen.

Kaiserlaudes

Christus ist Sieger, Christus ist König, Christus ist Weltenherr!
Erhöre uns, Christus!
Karl dem Großen, dem König der Franken:
Leben und Sieg!
Erlöser der Welt, steh du ihm bei!
Heiliger Petrus, steh du ihm bei!
usw.
Erhöre uns, Christus!
Christus ist Sieger usw.

König der Könige, unser König, unsere Hoffung! Unser Ruhm, unsere
Barmherzigkeit, unsere Hilfe! Unsere Stärke, unsere Befreiung und Erlö-
sung! Unser Licht, Weg und Leben!
Ihm allein sei die Ehre, der Preis und der Jubel in alle unendliche Ewigkeit!
Amen.
Herr, erbarme dich!
Glückliche und gesegnete Zeiten!
Multus annosi Amen.

6. Otto I. der Große und Papst Johannes XII.

16. Ottos des Großen Zusagen an den Papst, 962
Iuramentum futuri imperatoris; MGH Const. I, 23; Mirbt, Nr. 524

König Otto läßt Herrn Papst Johannes XII. durch uns beim Vater, dem
Sohne und dem heiligen Geiste und bei diesem Holz des lebendigmachen-
den Kreuzes und bei diesen Reliquien der Heiligen versprechen und schwören, daß er, wenn er mit Gottes Zulassung nach Rom kommt, die heilige
römische Kirche und den Herrn Papst Johannes, ihren Lenker, nach seinem
Vermögen erhöhen wird - wenn er ihn lebend antrifft. Wenn aber nicht,
dann gilt dasselbe dem, der ihm rechtmäßig (auf dem Stuhle Petri) nachfolgt. Und er wird niemals sein Leben oder seine Glieder und auch nicht

die Ehre selbst, welche er jetzt besitzt oder durch ihn gewinnen wird, mit seinem Willen oder unter seiner Zustimmung oder auf seinen Rat oder seine Aufforderung hin verlieren, weder er noch einer seiner Nachfolger. Und er wird in Rom keine Regelungen und keine Anordnungen treffen hinsichtlich der Dinge, welche den Papst oder die Römer angehen, ohne den Rat des Herrn Papstes. Und was auch immer vom Gebiet des heiligen Petrus in seine Gewalt kommt oder kommen wird, wird er der römischen Kirche zurückerstatten. Wem er auch immer das italische Königreich anvertraut, den wird er einen Eid schwören lassen, daß er dem Herrn Papst und seinen Nachfolgern nach bestem Vermögen zur Verteidigung des Landes des heiligen Petrus Beistand leisten wolle.

17. Das Privileg Kaiser Ottos I. vom 13. Februar 962

Bestätigung des Pactum Hludowici Pil cum Paschali pontifice von 817 und der Konstitutio Romana Kaiser Lothars I. von 824:

MGH Const. I, 24 ff.; Mirbt, Nr. 525

Im Namen Gottes, des allmächtigen Vaters, des Sohnes und des heiligen Geistes. Wir, Otto von Gottes Gnaden Kaiser, geloben zusammen mit unserm ruhmreichen Sohn, dem durch göttliche Vorsehung eingesetzten König Otto (II.), und versprechen durch diesen unseren Zusicherungsvertrag Dir, dem seligen Apostelfürsten und Schlüsselinhaber des Himmelreiches, Petrus und durch Dich Deinem Stellvertreter, dem obersten Priester und allgemeinen Papst, Herrn Johannes XII. (alles so zu halten), wie Ihr es seit den Tagen eurer Vorgänger bis zu Eurer Amtsübernahme gehalten und angeordnet habt: wir bestätigen Dir den Besitz des römischen Kirchenstaates mit seinem Dukat .... (es folgt die Aufzählung des Besitzstandes), welche die hervorragenden Kaiser Pippin und Herr Karl (der Große) seligen Angedenkens, unsere Vorgänger, dem seligen Apostel Petrus und Euern Vorgängern schon vor langer Zeit durch eine Schenkungsurkunde übertragen haben .... unbeschadet unserer und unserer Nachfolger Oberherrschaft über diese Dukate in allen Beziehungen. Wir bestätigen - soweit an uns liegt - Schützer aller genannten Gebiete für die Kirche des Petrus und der Päpste sein zu wollen. Der gesamte Klerus und Adel des römischen Volkes haben sich eidlich darauf zu verpflichten, daß es bei der künftigen Wahl der Päpste kanonisch und rechtmäßig zugehe und daß der Erwählte von niemandem als geweihter Papst anerkannt wird, ehe er nicht in Gegenwart unserer Gesandten das gleiche Versprechen abgibt, das Herr Leo bekanntlich freiwillig geleistet hat ...

7. Heinrich IV. und Gregor VII.

22. Gregors VII. (1073 - 1085) Leitsätze über die Rechte und Pflichten des Papstes
Der Dictatus papae vom Jahre 1075
Gregorii VII Registrum II 55a: MGH Ep. sel. II 1, 202 - 208, Mirbt, Nr. 547

1. Die römische Kirche ist vom Herrn allein gegründet.
2. Allein der römische Bischof wird zu Recht der allgemeine genannt.
3. Er allein kann Bischöfe ab- oder wiedereinsetzen.
4. Sein Legat hat beim Konzil den Vorsitz über alle Bischöfe - auch wenn er niedrigeren Ranges ist; auch kann er über sie das Absetzungsurteil aussprechen.
5. Der Papst kann (auch) Abwesende absetzen.
6. Mit denen, die von ihm in den Kirchenbann getan sind, dürfen wir unter anderem auch nicht in dem gleichen Hause wohnen.
7. Allein er darf nach den Erfordernissen der Zeitumstände neue Gesetze erlassen, neue Gemeinden gründen, aus einem Stift eine Abtei machen und umgekehrt, ein reiches Bistum teilen und arme (zu einem) zusammenlegen.
8. Allein er kann kaiserliche Würdenzeichen benutzen.
9. Allein die Füße des Papstes haben alle Fürsten zu küssen.
10. Allein sein Name wird in den Kirchen genannt.
11. Dieser Name ist einzig in der Welt.
12. Ihm steht es zu, Kaiser zu entthronen.
13. Er darf Bischöfe von einem Sitz auf einen anderen versetzen, wenn es die Umstände erfordern.
14. Er darf für jede Kirche einen Geistlichen einsetzen - wohin auch immer er will.

15. Der von ihm Eingesetzte kann wohl einer anderen Kirche vorstehen, er kann ihr aber nicht (in untergeordneter Stellung) dienen; auch darf er von keinem Bischof einen höheren Grad annehmen.

16. Keine Synode darf sich ohne seinen Befehl eine Generalsynode nennen.

17. Kein Rechtssatz und kein Rechtsbuch kann ohne seine Genehmigung als kanonisch gelten.

18. Sein Urteilsspruch kann von niemandem zurückgewiesen werden, er allein kann aber den aller verwerfen.

19. Er darf von niemandem gerichtet werden.

20. Niemand möge es wagen, den zu verurteilen, der an den apostolischen Stuhl appelliert.

21. Wichtigere Fragen jeder Kirche müssen vor diesen gebracht werden.

22. Die römische Kirche hat niemals geirrt und wird nach dem Zeugnis der Schrift auch in alle Ewigkeit nicht irren.

23. Der römische Bischof wird - vorausgesetzt, daß er kanonisch ordiniert ist - unzweifelhaft durch die Verdienste des seligen Petrus heilig. Das bezeugt der heilige Bischof Ennodius von Pavia (vgl. Nr. 3), und viele heilige Väter stimmen ihm darin bei; so steht es in den Dekreten des seligen Papstes Symmachus (ML 8, 834 ff.; Mirbt, Nr. 468).

24. Auf seinen Befehl hin und mit seiner Genehmigung dürfen Untergeordnete Anklage erheben.

25. Ohne daß eine Synode zusammentritt, kann er Bischöfe ab- und wiedereinsetzen.

26. Niemand meine, er sei katholisch, wenn er sich nicht mit der römischen Kirche in Einklang befindet.

27. Er kann die Untertanen von dem Treueeid gegen Ungerechte lösen.

23. Heinrich IV. zeigt sich um ein gutes Einvernehmen mit dem Papst bemüht
Brief des deutschen Königs an Gregor VII., 1075
Erdmann, Briefe Heinrichs IV., Nr. 7

Eure Heiligkeit, mein Vater, wisse, daß ich diese Boten heimlich zu Euch schicke, weil sich, wie ich erfahren, fast alle Fürsten meines Reiches mehr über unsere Uneinigkeit als über ein gutes wechselseitiges Einvernehmen (zwischen uns) freuen. Ich weiß, sie sind sehr edel und gottesfürchtig, und sie wünschen - daran zweifle ich nicht im geringsten - daß das Glück des Friedens uns vereine. Das aber, was ich (Euch) anvertraue, soll niemand wissen als Ihr, meine Frau Mutter, meine Tante Beatrix und ihre Tochter Mathilde.

Wenn ich mit Gottes Hilfe aus dem Sachsenfeldzug heimkehre, will ich andere Gesandte schicken, die vertrautesten und treuesten, die ich habe. Durch sie will ich Euch all meine gute Gesinnung und meine Ehrerbietung anzeigen, die ich dem seligen Petrus und Euch schulde.

24. Vorwürfe des Papstes wegen des Königs unkirchlicher Haltung und Ermahnung zur Umkehr
Schreiben Gregors VII. an Heinrich IV. vom 8. Dezember 1075
Gregorii VII Registrum III 10: MGH Ep. sel. II 1, 263 - 267

Bischof Gregor, Knecht der Knechte Gottes, sendet König Heinrich seinen Gruß und apostolischen Segen, vorausgesetzt, daß er dem apostolischen Stuhl, wie es sich für einen christlichen König geziemt, Gehorsam erweist. Indem wir reiflich überlegen und voll Sorge erwägen, wie wir dem gestrengen Richter über die Verwaltung des uns durch den seligen Apostelfürsten Petrus anvertrauten Amtes Rechenschaft ablegen sollen, haben wir Dir (nur) mit einigem Bedenken unsern apostolischen Segen erteilt, da Du ja mit Männern, die durch das Urteil des apostolischen Stuhles und durch den Spruch der Synode gebannt sind, wissentlich Umgang gehabt haben sollst. Wenn das wahr ist, dann erkennst Du (wohl) selbst, daß Du weder die Gnade des göttlichen noch des apostolischen Segens erlangen kannst; es sei denn, daß Du dich von den Gebannten trennst, sie zur Buße drängst und zuerst für Dein Vergehen durch würdige Buße und Genugtuung Vergebung und Verzeihung erlangst. Daher raten wir Deiner Erhabenheit, daß Du, falls Du Dich in dieser Sache schuldig fühlst, durch schleunige Ablegung der Beichte bei einem frommen Bischof Rat einholst, damit dieser Dich mit unserer Erlaubnis unter Auferlegung einer Deiner Schuld entsprechenden Buße freispreche und uns mit Deiner Einwilligung das Maß Deiner Buße durch einen Brief wahrheitsgetreu mitteile.

Übrigens erscheint es uns sehr merkwürdig, daß Du, der Du uns so oft so ergebene Briefe und eine so große Demut Deiner Hoheit durch die Worte Deiner Gesandten übermittelst, der Du Dich einen Sohn der heiligen Mutter Kirche und unseren Sohn nennst, im Glauben unterwürfig, in Liebe einzig, in Ehrerbietung hervorragend, Dich schließlich mit aller Liebe und Ehrfurcht empfiehlst, daß Du Dich in Wirklichkeit jedoch durch Deine Taten als schärfsten Gegner der kirchenrechtlichen und apostolischen Beschlüsse erweist in den Dingen, die die kirchliche Frömmigkeit am meisten verlangt. Denn, um vom übrigen zu schweigen, was Du in der Mailänder Angelegenheit durch Deine Mutter und durch unsere Mitbrüder, die Bischöfe, die wir zu Dir geschickt haben, uns versprochen hattest, wie Du das gehalten oder in welchem Sinne Du das versprochen hast, das weisen die Dinge selbst aus. Und jetzt hast Du gar, um der Wunde noch eine Wunde hinzuzufügen, gegen die Bestimmungen des apostolischen Stuhles die Kirchen von Fermo und Spoleto - als wenn eine Kirche überhaupt von einem Menschen übergeben oder verschenkt werden könnte - einigen uns noch dazu unbekannten Personen übergeben, denen, wenn sie nicht bewährt und vorher gut bekannt sind, regulär gar nicht die Hand (zur Bischofsweihe aufs Haupt) aufgelegt werden darf.
Es hätte sich für Deine königliche Würde geziemt, wenn Du dich als Sohn der Kirche bekennst, ehrerbietiger auf den Herrn der Kirche, d.h. den seligen Apostelfürsten Petrus, Rücksicht zu nehmen. Ihm bist Du, wenn Du eines von den Lämmern des Herrn bist, durch Gottes Wort und Macht zur Weide übergeben, da Christus zu ihm sagt: „Petrus, weide meine Lämmer" (Joh. 21, 15), und an anderer Stelle: „Dir sind übergeben die Schlüssel des Himmelreiches, und was du auf Erden binden wirst, soll auch im Himmel gebunden sein, und was du auf Erden lösen wirst, soll auch im Himmel los sein" (Matth. 16, 19). Auf seinem Stuhle und in apostolischem Dienst üben wir, obwohl auch wir ein Sünder und unwürdig sind, durch göttliche Anordnung an seiner Stelle die Gewalt. Was Du uns auch immer durch ....

25. Absage der deutschen Bischöfe an Gregor VII.

Synodalschreiben, Ende Januar 1076

Erdmann, Briefe Heinrichs IV., Anhang A

Uns ist zwar wohl bekannt, eine wie unerlaubte und ruchlose Tat gegen menschliches und göttliches Recht Du Dir in der Dir gewohnten Anmaßung herausnahmst, sobald Du das Ruder der Kirche an Dich gerissen hattest; doch meinen wir, das so lasterhafte Beginnen Deines Antritts einstweilen mit Schweigen geschehen lassen zu dürfen, und hofften dabei natürlich, daß so üble Anfänge durch Redlichkeit und Fleiß bei Deiner folgenden Amtsführung wiedergutgemacht und bis zum gewissen Grade wieder ausgelöscht würden. Wie aber jetzt der beklagenswerte Zustand der allgemeinen Kirche kundtut und klagt, vergiltst Du Deine bösen Anfangstaten unselig und hartnäckig mit noch weit schlimmeren Handlungen und Beschlüssen. Während nämlich unser Herr und Heiland den Vorzug des Friedens und der Liebe gleichsam als besonderes Zeichen seines Gläubigen aufprägte, wofür es mehr Zeugnisse gibt, als daß sie sich in einem kurzen Brief fassen ließen, trachtest Du - dazu ganz im Gegensatz - nach ruchlosen Neuerungen, hast mehr Freude an einem glänzenden als guten Ruf, bläst Dich in unerhörter Überheblichkeit und hast wie ein Bannerträger des Schismas alle Glieder der Kirche, die vor dieser Deiner Zeit nach dem Apostel (1. Tim. 2, 2) „ein ruhiges und stilles Leben führten", in überheblicher Grausamkeit und grausamer Überheblichkeit zerfleischt und hast die Flamme der Zwietracht, die Du in der römischen Kirche durch unheilvolle Parteiung entfachtest, durch alle Kirchen Italiens, Deutschlands, Frankreichs und Spaniens in rasendem Wahnsinn ausgebreitet. Soviel an Dir lag, nahmst Du den Bischöfen alle Gewalt, die ihnen auf Grund göttlicher Fügung durch die Gnade des heiligen Geistes verliehen ist, der hauptsächlich bei den Bischofsweihen wirkt, und wiesest die ganze Verwaltung der kirchlichen Angelegenheiten der Wut der Menge zu. Da infolgedessen niemand mehr irgendwo Bischof oder Geistlicher ist als nur der, der das in unwürdigster Liebesdienerei von Deinem Hochmut erbettelte, brachtest Du die ganze Kraft der apostolischen Ordnung und jene wunderschöne Einteilung der Glieder Christi, die Paulus so oft empfiehlt und einschärft (vgl. Röm. 12, 5; Kor. 12, 12 - 30; Eph. 5, 30) in elender Verwirrung durcheinander. Und so ging durch diese Deine prahlerischen Dekrete, was man nicht ohne Tränen aussprechen kann, fast Christi Namen unter. Wer aber soll nicht über die empörende Tatsache betreten sein, daß Du Dir eine neue, Dir nicht zustehende Macht aneignest und anmaßt, nämlich dadurch, daß Du die der gesamten Bruderschaft gebührenden Rechte umstößt? Denn wenn ein Vergehen eines unserer Pfarrkinder oder nur das Gerücht davon zu Dir dringt, dann maßt Du Dir an, daß fernerhin niemand mehr von uns irgendwelche Macht habe, ihn zu binden und zu lösen außer Du allein und derjenige, den Du besonders dazu bestimmt hast. Welcher in der heiligen Schrift unterrichtete Mann sähe nicht, wie diese Ansicht allen Wahnsinn übersteigt?

Weil wir es also für schlimmer als jedes Übel hielten, daß Gottes Kirche, die sich durch diese und andere Deiner vermessenen Gedanken in so schwerer Gefahr befindet, ja fast zugrunde gerichtet ist, das noch länger erduldet, so kam der Beschluß zustande, daß auf Grund der gemeinsamen Einsicht von uns allen, was wir bisher verschwiegen, Dir bekannt würde, weswegen Du den apostolischen Stuhl weder jetzt verwalten kannst noch jemals verwalten konntest.

26. Heinrich IV. versichert sich der Unterstützung durch das römische
Volk bei seinem Kampf gegen den Papst
Brief des deutschen Königs an den Klerus und das Volk von Rom, Ende
Januar 1076; Erdmann, Briefe Heinrichs IV., Nm. 10 und 11

Als fest und unerschütterlich gilt eine solche Treue, die man immer und in gleicher Weise dem Anwesenden wie dem Abwesenden bewahrt und die sich weder durch die lange Abwesenheit dessen, dem man sie schuldet, noch aus Überdruß wegen der Länge der Zeit ändert. Daß Ihr sie uns so bewahrt, wissen wir, danken Euch dafür und bitten, daß sie noch lange Bestand habe, nämlich daß Ihr, wie Ihr ja auch tut, beständig unseren Freunden freundlich, unseren Feinden feindlich gesonnen seid. Unter jene rechnen wir fürwahr Hildebrand den Mönch und rufen Euch deshalb zur Feindschaft gegen ihn auf, weil wir ihn als Eindringling in die Kirche und ihren Bedrücker und als hinterhältigen Feind des römischen Staates und unseres Reiches ertappten, wie sich aus folgendem Brief, den wir an ihn richteten, deutlich ersehen läßt. (Es folgt der Wortlaut des Briefes an Gregor VII.):

„Heinrich, von Gottes Gnaden König, an Hildebrand.

Während ich bisher von Dir (alles) wie von einem Vater erwartete und Dir in allem gehorchte, worüber unsere Getreuen sehr unwillig waren, erhielt ich von Dir ein Entgelt, wie es nur von dem gefährlichsten Feind unseres Lebens und Reiches zu erwarten war. Denn nachdem Du mir zuerst alle ererbte Ehre, die mir von jenem Stuhl her zukommt, in übermütigem Unterfangen weggenommen hattest, gingst Du dann noch weiter und versuchtest, mir die Herrschaft über Italien mit den schlimmsten Machenschaften zu entreißen. Damit nicht zufrieden, hast Du Dich nicht gescheut, Deine Hand an die verehrungswürdigsten Bischöfe zu legen, die wie die liebsten Glieder mit uns verbunden sind, und hast sie mit den hochmütigsten Beleidigungen und den bittersten Schmähungen gegen göttliches und menschliches Recht gequält, wie sie selbst sagen. Da ich das alles mit einer gewissen Geduld hingehen ließ, hieltest Du das nicht für Geduld, sondern für Feigheit. Du wagtest, gegen das Haupt selbst Dich zu erheben und ließest mir - wie Du weißt, um nämlich Deine Worte zu gebrauchen - sagen, daß Du entweder sterben oder mir Leben und Reich nehmen wolltest.

Diesen unerhörten Trotz glaube ich nicht mit Worten, sondern durch die Tat niederschlagen zu müssen und hielt darum eine allgemeine Versammlung aller Reichsfürsten auf ihre Bitten hin ab. Als man dort das, was man bisher aus Furcht und Ehrerbietung verschwiegen hatte, oben vorbrachte, da wurde nach den wahrheitsgetreuen Versicherungen, die Du aus dem Schreiben jener Leute entnehmen kannst (gemeint ist der Brief der deutschen Bischöfe an Gregor VII., vgl. Nr. 25), öffentlich bekanntgemacht, daß Du auf keinen Fall auf dem päpstlichen Stuhl bleiben kannst. Weil deren Spruch gerecht und vor Gott und den Menschen tauglich schien, stimme auch ich zu und spreche Dir alles Recht auf das Papsttum ab, das Du zu besitzen schienst, und befehle Dir, vom römischen Stuhl zu steigen, dessen Schirmherrschaft mir Gott unter der eidlichen Zusage der Römer zuerkannt.“

Dies ist der Wortlaut unseres Briefes an den Mönch Hildebrand. Ihn haben wir deswegen auch Euch mitgeteilt, damit Euch unsere Gesinnung und uns, vielmehr Gott und uns, Eure Liebe vollkommen kund werde. Erhebt Euch also, ihr Getreuesten, gegen ihn, und der erste in der Treue sei der erste, ihn zu verdammen! Wir sagen nicht, daß ihr sein Blut vergießen sollt, da ja für ihn das Leben nach der Absetzung eine größere Strafe ist als der Tod, son-

dern daß Ihr ihn, wenn er nicht will, abzutreten zwingt und einen andern
auf den päpstlichen Stuhl setzt, den wir auf den gemeinsamen Ratschlag
aller Bischöfe und auf Euren hin erwählt haben, einen, der alle Wunden, die
jener der Kirche schlug, heilen will und kann.

27. Exkommunikation und Absetzung Heinrichs IV. durch Gregor VII.

Protokoll der römischen Fastensynode vom 14. - 20. Februar 1076
Gregorii VII Registrum III 10a: MGH Ep. sel. II 1, 270 f.;
Mirbt, Nr. 548

Neige dein heiliges Ohr zu mir, ich bitte dich, seliger Petrus, Fürst der
Apostel, und höre mich, deinen Knecht. Du hast mich von Jugend auf groß-
gezogen und mich bis zu diesem Tag vor der Hand meiner Feinde bewahrt,
die mich um meiner Treue zu dir willen haßten und hassen. Mit meiner Herrin, der Mutter Gottes, und mit deinem seligen Bruder Paulus kannst du mir
vor allen Heiligen bezeugen, daß mich deine heilige römische Kirche gegen
meinen Willen zu ihrer Leitung berufen hat. Ich habe es nicht für einen
Raub angesehen (vgl. Phil. 2, 6), deinen Thron zu besteigen; viel lieber hätte
ich (allerdings) mein Leben als Mönch beendet, als daß ich deinen Platz in
irdischer Gesinnung an mich risse, um mir (auf diese Weise) Ruhm in dieser
Welt zu verschaffen. Und darum glaube ich auf Grund deiner Gnade, ich
poche nicht auf meine Werke: es war und ist dein Wille, daß das Christen-
volk, das dir im besonderen Maße anvertraut ist, mir in deiner Stellvertretung ebenso gehorcht. Mir ist durch deine Gnade von Gott die Macht gegeben, zu binden und zu lösen im Himmel und auf Erden. Im Vertrauen
darauf verbiete ich zur Wahrung der Ehre deiner Kirche und zu ihrer Verteidigung im Namen Gottes, des allmächtigen Vaters, des Sohnes und des heiligen Geistes kraft der mir von dir verliehenen Gewalt und Vollmacht dem
König Heinrich, Kaiser Heinrichs (III.) Sohn, der sich gegen deine Kirche in
unerhörtem Hochmut erhoben hat, die Herrschaft über das ganze deutsche
Reich und über Italien. Ich löse alle Christen von dem Band des Eides, den
sie ihm geschworen haben oder schwören werden, und verbiete, daß ihm
jemand als König Dienste leistet. Denn es gebührt sich, daß, wer die Ehre
deiner Kirche zu schmälern trachtet, selbst die Ehre verliert, die er zu haben
scheint. Und weil er es verschmäht hat, wie ein Christ zu gehorchen und

nicht wieder zu Gott zurückgekehrt ist, den er verlassen, indem er mit Gebannten verkehrte und - du bist mein Zeuge - meine ihn zu seinem Heil erteilten Mahnungen verachtete; von deiner Kirche hielt er sich fern und versuchte, eine Spaltung herbeizuführen. Deswegen binde ich als dein Stellvertreter ihn mit der Fessel des Fluches und im Vertrauen auf dich binde ich ihn so, daß alle Völker wissen und erfahren: du bist Petrus, auf deinen Felsen hat der Sohn des lebendigen Gottes seine Kirche gebaut, und die Pforten der Hölle werden sie nicht überwältigen (Matth. 16, 18).

32. Heinrich IV. bemüht sich um die Lösung vom Bann
Brief des deutschen Königs an geistliche und weltliche Würdenträger,
Okt. 1076
Erdmann, Briefe Heinrichs IV., Nr. 14.

Da wir durch unsere Getreuen erfuhren, daß einige Leute unserer Gnaden dem apostolischen Stuhl und seinem verehrungswürdigen Vorsteher, dem Herrn Papst Gregor (die gebührende Achtung) vorenthalten haben, haben wir es für gut befunden, unsern früheren Entscheid durch einen heilsameren Ratschluß zu ändern und wie unsere Vorgänger und Vorfahren dem hochheiligen Stuhl und dem Mann, der ihm bekanntlich vorsteht, dem Herrn Papst Gregor, in allem den schuldigen Gehorsam zu wahren und, wenn sich einer etwas Schlimmes gegen ihn herausgenommen hat, das durch angemessene Genugtuung beizulegen.

Wir wollen aber, daß auch Ihr nach dem Vorbild unserer Hoheit Euch nicht weigert, dem seligen Petrus und seinem Stellvertreter den feierlichen (Gehorsam) zu leisten und daß die, die sich von seinem Bann gefesselt wissen, sich bemühen, durch ihn selbst, d.h. durch den Herrn Papst Gregor, sich feierlich lösen zu lassen.

33. Die Übereinkunft zu Tribur-Oppenheim, 16. - 22. Oktober 1076
Bericht Lamperts von Hersfeld, Lamperti opera: MGH SS rer. Germ.
282 - 283

Während nun alle voller Spannung und Sorge den Ausgang so großer Dinge erwarteten, siehe, da schickten beim ersten Morgengrauen des folgenden

190

Tages, von dem man fürchtete, daß er dem Staat das äußerste Unheil bringen werde, die Schwaben und Sachsen Gesandte zum König, die ihm sagen sollten: obwohl er sich weder im Krieg noch im Frieden jemals um Gerechtigkeit oder Gesetz irgendwie gekümmert habe, wollten sie doch nach den Gesetzen mit ihm verfahren. Obwohl die Vergehen, die man ihm vorwerfe, allen klarer als das Sonnenlicht feststünden, wollten sie doch die Angelegenheit unverkürzt der Untersuchung des römischen Papstes anheimstellen. Sie würden mit dem Papst vereinbaren, daß er am Fest Mariä Reinigung nach Augsburg komme, dort eine feierliche Versammlung der Fürsten des ganzen Reiches abhalte, um nach Erörterung der Beweisgründe beider Parteien selbst durch sein Urteil den Angeklagten entweder zu verurteilen oder freizusprechen. Wenn er nun vor dem Jahrestag seines Bannes, zumal durch seine eigene Schuld, nicht von dem Bannfluch entbunden werde, dann habe er ohne Widerrede seine Sache für immer verloren und könne in Zukunft nicht mehr auf gesetzmäßige Weise die Herrschaft wiedererlangen, da er, wenn er ein volles Jahr lang den Kirchenbann erlitten habe, nach dem Gesetz nicht länger regieren dürfe. Nehme er aber die vorgeschlagenen Bedingungen bereitwillig an und verspreche er, dem römischen Papst in allem unterwürfig zu sein und sich seinem Urteil gehorsam zu beugen, dann würden sie folgende Probe (seiner Aufrichtigkeit) zulassen: alle, die der Papst mit dem Bann belegt habe, solle er sogleich aus seiner Umgebung und aus seinem Gefolge entfernen; er selbst solle sein Heer entlassen und sich nach Speyer zurückziehen; dort solle er allein mit dem Bischof von Verdun und wenigen Dienern, die nach dem Urteil der Fürsten im Hinblick auf diesen Bann für rein und unbescholten erklärt seien, zunächst ein zurückgezogenes Leben führen, keine Kirche betreten, kein Recht in bezug auf die Staatsgeschäfte ausüben, kein Gepränge königlichen Aufwandes, keine Abzeichen königlicher Würde, wie sie ihm gewohnheitsmäßig zuständen, gebrauchen, bis seine Sache durch den Reichstag geprüft sei. Außerdem solle er aus der Stadt Worms, die nach der Vertreibung des Bischofs, nach Zerstörung des Heiligtums Gottes zu einer Kriegsburg und einer Mördergrube gemacht habe, seine Besatzung wegführen und (die Stadt) dem Bischof von Worms wiedergeben; außerdem solle er ihn durch Eide und Geiseln versichern, daß er in Zukunft keinen Aufstand oder Nachstellungen von den Bürgern zu fürchten habe. Ferner, wenn er eine dieser Bedingungen nicht erfülle, dann wollten sie, von aller Schuld, von aller Eidespflicht, von aller Schande der Treulosigkeit frei, das Urteil des Papstes nicht länger abwarten, sondern in gemeinsamer Beratung zusehen, was dem Reiche dienlich sei.

Der König, dem schon alle Hoffnung und alle Hilfsmittel geschwunden waren, war höchst erfreut, daß er unter irgendeiner - wenn auch noch so schmählichen - Bedingung der augenblicklich so drückenden Gefahr entgangen war, und versprach bereitwilligst Gehorsam in allen Stücken. Sogleich befahl er den Bischöfen von Köln, Bamberg, Straßburg, Basel, Speyer, Lausanne, Zeitz und Osnabrück, sowie Ulrich von Cosheim, Eberhard, Hartmann und den übrigen Gebannten, deren Hilfe und Rat er sich vorher am liebsten bedient hatte, sämtlich das Lager zu verlassen. Auch nach Worms schickte er Boten mit der Aufforderung, daß die Truppen, die er dorthin als Besatzung verlegt hatte, abziehen und die Stadt dem Bischof öffnen sollten. Darauf entließ er alle übrigen, die ihm zu Hilfe zahlreich zusammengekommen waren, in seine Heimat. Er selbst begab sich der Verabredung gemäß mit nur wenigen nach Speyer und führte dort innerhalb der Schranken und Gesetze, die die Fürsten ihm vorgeschrieben hatten, eine Zeitlang in Genügsamkeit ein zurückgezogenes Leben. Die Schwaben und Sachsen kehrten, nachdem die Wormser sich ergeben und ihre Stadt dem Bischof in friedlichstem Zustande übergeben hatten, freudig und frohlockend in ihre Heimat zurück und schickten sogleich Gesandte nach Rom, die den Papst von dem Hergang der Sache unterrichten und ihn dringend bitten sollten, daß er es zur Beilegung dieser so heftigen Stürme des Bürgerkrieges in Gallien nicht verschmähen möge, am bestimmten Tag persönlich (in Augsburg) zu erscheinen.

34. Entwurf (?) einer Gehorsamserklärung des Königs
Versprechen Heinrichs IV. Gregor VII. gegenüber, Oktober 1076
MGH Const. I, 114

Durch den Rat unserer Getreuen ermahnt, verspreche ich dem apostolischen Stuhl und Dir, dem Papst Gregor, in allen Dingen den schuldigen Gehorsam zu bewahren. Falls irgendwie Beeinträchtigung dieses Stuhles oder Deiner Würde durch uns entstanden zu sein scheint, so werde ich dafür sorgen, daß es durch eine ergebene Genugtuung in Ordnung kommt. Weil aber einige schwerere Vorwürfe gegen uns erhoben werden über das, was ich gegen diesen Stuhl und gegen Deine Hoheit beschlossen habe, so werde ich mich dafür zu geeigneter Zeit entweder durch den Beweis meiner Unschuld oder mit Gottes Hilfe rechtfertigen oder sonst schließlich dafür gern eine entsprechende Buße auf mich nehmen. Es ziemt sich aber auch für Deine Heiligkeit, das, was über Dich allgemein zum Ärgernis der Kirche verbreitet wird, nicht zu übergehen, sondern auch diese Besorgnis von dem öffentlichen Gewissen zu nehmen und die allgemeine Ruhe der Kirche wie des Reiches durch Deine Weisheit wiederherzustellen.

36. Bericht über die Buße König Heinrichs IV. vor Gregor VII.
Schreiben Gregors an die deutschen Fürsten, nach dem 28. Januar 1077
Gregorii VII Registrum IV 12: MGH Ep. sel II 1, 312 - 314;
Mirbst, Nr. 549

Bischof Gregor, Knecht der Knechte Gottes, sendet allen Erzbischöfen, Bischöfen, Herzögen, Grafen und den übrigen Fürsten des deutschen Reiches, die den christlichen Glauben verteidigen, seinen Gruß und apostolischen Segen.

Da Ihr aus Liebe zur Gerechtigkeit mit uns gemeinsam im Wettstreit des christlichen Dienstes eine Gefahr auf Euch genommen habt, haben wir Sorge getragen, Euch mit aufrichtiger Liebe zu berichten, wie der König, demütig zur Buße, Verzeihung (und Lösung) vom Bann erlangt hat und auf welche Weise die ganze Angelegenheit nach seinem Einzug in Italien bis jetzt behandelt worden ist.

Wie mit den Gesandten, die uns von Eurer Seite geschickt waren, verabredet war, kamen wir in der Lombardei ungefähr zwanzig Tage vor dem Termin an, an dem uns einer von den Fürsten am Klausenpaß entgegenkommen sollte. Wir erwarteten dort ihre Ankunft, um zum verabredeten Ort aufbrechen zu können. Aber da uns - die Frist war schon verstrichen - gemeldet wurde, daß in diesen Zeiten wegen vieler Schwierigkeiten - was wir gerne glauben - ein Geleit nicht entgegengeschickt werden könne, und wir keine andere Möglichkeit hatten, zu Euch zu gelangen, sind wir mit großer Sorge um das, was wir hauptsächlich tun müßten, umgekehrt. Inzwischen aber hatten wir zuverlässig erfahren, daß der König nahe sei.

Er hatte auch, bevor er Italien betrat, Gesandte an uns mit Bitten geschickt und sich verpflichtet, in allem Gott, dem heiligen Petrus und uns Genugtuung zu leisten. Er versprach, bis zum Ende seines Lebens vollen Gehorsam zu bewahren, wenn er nur gewürdigt würde, von uns die Gnade der Lossprechung und des apostolischen Segens zu erlangen. Als wir in vielen Beratungen zweifelhaft waren und ihn durch alle hin- und hergehenden Boten heftig wegen seiner Übergriffe zurückwiesen, kam er schließlich selbst, ohne etwas Feindseliges oder Unbesonnenes zu zeigen, mit geringer Begleitung nach Canossa, wo wir uns aufhielten. Dort stand er drei Tage lang vor dem Tor der Burg, ohne jedes königliche Abzeichen, jämmerlich, unbeschuht und im leinenen Gewande. Er hörte nicht eher auf, mit lautem Weinen die Hilfe und den Trost des apostolischen Mitleides anzuflehen, bis er alle, die dort waren und zu denen das Gerücht davon gelangt war, zu so großem Mitleid und Teilnahme an seinem Leiden bewegte, daß alle mit vielen Bitten und Tränen um ihn sich zwar über die ungewohnte Härte unseres Herzens wunderten, einige aber laut klagten, daß in uns nicht die Härte apostolischer Strenge, sondern gleichsam die Grausamkeit eines Tyrannen herrsche.

Schließlich haben wir ihn, durch die Leidenschaft seiner Reue und die zahlreichen Bitten aller Anwesenden überwunden, endlich von der Fessel des Fluches befreit und in die Gnade der Gemeinschaft und den Schoß der heiligen Mutter Kirche wieder aufgenommen, nachdem wir von ihm die Garantien erhalten hatten, die unten mitgeteilt sind. Für diese haben wir auch Bürgschaften von der Hand des Abtes von Cluny, unserer Töchter Mathilde und der Gräfin Adelheid und anderer Fürsten, Bischöfe und Laien, die wir dazu für geeignet hielten, empfangen. Da dies nun alles so vollendet ist, daß wir zum Frieden der Kirche und zur Eintracht des Reiches, wie wir es schon lange wünschten, alles mit Gottes Hilfe vollkommener ausführen können, möchten wir bei erster Gelegenheit in Euer Land kommen. Dies nämlich wollen wir Eure Liebe unzweifelhaft wissen lassen, daß unsere Anwesenheit und die Einmütigkeit Eurer Pläne überaus nötig zu sein scheinen, da ja, wie Ihr aus den beschriebenen Garantien ersehen könnt, die Erledigung der ganzen Angelegenheit bisher aufgeschoben ist. Deswegen bemüht Euch alle in der Treue, wie Ihr angefangen habt, und der Liebe zur Gerechtigkeit zu bleiben, wohl wissend, daß wir dem König nicht anders verpflichtet sind, als wir ihm im Gespräch ohne Vorbehalt - wie es unsere Sitte ist - gesagt haben, was er von uns hoffen kann, wozu wir ihm zu seinem Heil und seiner Ehre mit Gerechtigkeit und Barmherzigkeit ohne Gefährdung unserer oder seiner Seele verhelfen können.

37. Die Vereinbarungen in Canossa
Treueversprechen König Heinrichs IV. an Gregor VII.
vom 28. Januar 1077
MGH Const. I, 115; Mirbst, Nr. 549

Der Eid Heinrichs, des deutschen Königs:
Ich, König Heinrich, werde innerhalb der Frist, die der Herr Papst Gregor festgesetzt hat, über den Groll und die Feindseligkeit, die jetzt Erzbischöfe und Bischöfe, Äbte, Herzöge, Grafen und sonstige Fürsten des deutschen Reiches gegen mich hegen und auch andere, die jenen in ihrer Feindseligkeit folgen, entweder nach seinem Urteilsspruch eine Entscheidung fällen oder nach seinem Rat Frieden schließen, falls nicht mir oder ihm ein unüberwindliches Hindernis in den Weg tritt. Sobald dies beseitigt ist, werde ich bereit sein, diese Zusicherung zu erfüllen.
Ebenso gelobe ich, daß derselbe Herr Papst Gregor, wenn er über die Alpen oder in irgendwelche anderen Landesteile gehen will, von meiner Seite wie von Seiten derjenigen, auf die ich Einfluß habe, vor jeder Verletzung seines Lebens und Leibes und vor einer Gefangennahme bei der Hin- und Rückreise und bei seinem Aufenthalt an irgendeinem Ort sicher sein wird, und zwar er selbst wie seine Führer und sein Gefolge oder auch die, welche von ihm geschickt werden oder zu ihm aus irgendwelchen Teilen der Erde kommen. Und er soll auch nicht irgendein anderes Hindernis mit meiner Zustimmung finden, was gegen seine Ehre verstößt. Und wenn ihm irgend jemand etwas täte, so werde ich ihm mit aufrichtiger Treue und nach bestem Können helfen.
So sei es, so wahr mir Gott helfe und dieses heilige Evangelium!
Verhandelt zu Canossa am 28. Januar ...., im Jahre unseres Herrn Jesus Christus 1077 ....

8. Der erste Kreuzzug (1096 - 1099)

a) Der Aufruf Papst Urbans II. auf der Synode von Clermont am
27. November 1095 zum ersten Kreuzzug

Nachdem man hier Verordnungen und Einrichtungen geschaffen hatte, um
der sinkenden Kirche aufzuhelfen, Zucht und Sitten wieder aufzubauen und
den Frieden, der aus der Welt verschwunden war, wiederherzustellen, ging
der Papst schließlich zu folgender Ermahnung über und sprach:

„Ihr wißt, geliebte Brüder, wie der Erlöser der Menschheit, als er uns zum
Heile menschliche Gestalt angenommen hatte, das Land der Verheißung mit
seiner Gegenwart verherrlichte und dadurch seine vielen Wunder und durch
das Erlösungswerk, das er hier vollbrachte, noch besonders denkwürdig
machte. Hat nun gleich der Herr durch sein gerechtes Urteil bekanntgege-
ben, daß die Heilige Stadt wegen er Sünden ihrer Bewohner mehrmals in die
Hände ihrer Ungläubigen geraten würde, hat er sie auch eine Zeitlang das
schwere Joch der Knechtschaft tragen lassen, so dürfen wir darum doch
nicht glauben, daß er sie verschmäht und verworfen habe. Die Wiege unseres
Heils, nun das Vaterland des Herrn, das Mutterland der Religion, hat ein
gottloses Volk in seiner Gewalt. Das gottlose Volk der Sarazenen drückt die
heiligen Orte, die von den Füßen des Herrn betreten worden sind, schon
seit langer Zeit mit seiner Tyrannei und hält die Gläubigen in Knechtschaft und Unterwerfung. Die Hunde sind ins Heiligtum gekommen, und das
Allerheiligste ist entweiht. Das Volk, das den wahren Gott verehrt, ist er-
niedrigt; das auserwählte Volk muß unwürdige Bedrückung leiden.
Bewaffnet euch mit dem Eifer Gottes, liebe Brüder, gürtet eure Schwerter
an eure Seiten, rüstet euch und seid Söhne des Gewaltigen! Besser ist es, im
Kampfe zu sterben als unser Volk und die Heiligen leiden zu sehen. Wer
einen Eifer hat für das Gesetz Gottes, der schließe sich uns an. Wir wollen
unsern Brüdern helfen. Ziehet aus, und der Herr wird mit euch sein. Wendet
die Waffen, mit denen ihr in sträflicher Weise Bruderblut vergießt, gegen die
Feinde des christlichen Namens und Glaubens. Die Diebe, Räuber, Brand-
stifter und Mörder werden das Reich Gottes nicht besitzen; erkauft euch mit
wohlgefälligem Gehorsam die Gnade Gottes, daß er euch eure Sünden, mit
denen ihr seinen Zorn erweckt habt, um solch frommer Werke und der vereinigten Fürbitten der Heiligen willen schnell vergebe. Wir aber erlassen durch

die Barmherzigkeit Gottes und gestützt auf die heiligen Apostel Petrus und Paulus allen gläubigen Christen, die gegen die Heiden die Waffen nehmen und sich der Last dieses Pilgerzuges unterziehen, alle die Strafen, welche die Kirche für ihre Sünden über sie verhängt hat. Und wenn einer dort in wahrer Buße fällt, so darf er fest glauben, daß ihm die Vergebung seiner Sünden und die Frucht ewigen Lebens zuteil werden wird."

9. Der dritte Kreuzzug (1189 - 1192)

a) Kreuzzugslied zur Werbung für den dritten Kreuzzug:

Im Sommer 1187 hatte Saladin das christliche Ritterheer in der Schlacht von Hattin westlich des Sees Genezareth vernichtend geschlagen und im Herbst desselben Jahres Jerusalem erobert. Nur noch wenige befestigte Städte waren den Christen verblieben. Die Nachrichten über diese Ereignisse rüttelten das kreuzzugsmüde gewordene Abendland auf. Die Appelle der Päpste Gregor VIII. (1187) und Klemens III. (1187 - 1191) wurden von den Dichtern unterstützt, die sowohl in lateinischer wie in der Volkssprache sich für einen neuen Kreuzzug einsetzten. Aus der Fülle der Kreuzzugsdichtung ist als ein Beispiel das um 1187 verfaßte „Carmen Sangallense" hier aufgenommen.

Schläfer, wach auf! Wenn dich das heilige Kreuz einst erlöst hat,
Rette es nun mit dem Schwert, und werde dort der Erlöser,
Wo die Erlösung geschah. Sei wachsam und nützlich, nicht träge!
Schweißgebadet am Kreuze der Herr: der Knecht sollte feiern?
Trage dein Kreuz; er selbst trug es auch! Er trank von dem Essig:
Also auch du! Denn niemals ehrt man die Knechte gar höher
Als ihren Herrn; und wer ihm will folgen, der folge mit Eifer
Leidend dem Leiden des Herrn. Der Weg zu den Sternen steht offen,
Wenn man den Lüsten entsagt. Der Tod, der auch dir einst bevorsteht
Durch die Natur, den schenke du Gott und stirb in dem Herrn.
Unvermeidliches Schicksal ist es für alle zu sterben;
Darum diente der Tod dir zur Tugend, und durch meine Leitung
Sei ich für dich der Grund für die Tat und den Tod.

Denn wenn du besiegt wirst,
Wirst du obsiegen. Doch ist es nicht besser zu siegen:
Der Sieger findet nur Lohn in der Hoffnung:
Der Siegeskranz krönt den Besiegten.
Dulde nicht länger Verzug! Gebiete dem Fleische zu schweigen.
Halte dich fern von der Lust und eile mit Eifer zum Kampfe,
Tapfere Schar; dein Wille sei hurtig, als hätte er Flügel . . . .

Quelle: Carmen Sangallense, ca. 1187

10. Die deutschen Ordensritter.
(Orden der Ritter des Hospitals St. Marien der Deutschen in Jerusalem)

„Im Jahre 1090, als Akkon von den Christen belagert und mit Gottes Hilfe wieder aus den Händen der Ungläubigen gewonnen wurde, waren in dem Heere gute Leute aus Bremen und Lübeck. Diese erbarmten sich um der Liebe Christi willen über die mannigfaltigen Gebrechen der Siechen im Heere und errichteten das Spital unter dem Segel eines Schiffes und brachten die Kranken dort mit großer Andacht unter und pflegten ihrer eifrig .... Herzog Friedrich von Schwaben sandte seine Boten über das Meer zu seinem Bruder König Heinrich, der dann Kaiser wurde, damit er vom Papst Cölestin die Bestätigung des Spitals erlangte, daß es die Kranken pflege wie die Johanniter und ritterlich lebe nach dem Orden der Templer. So geschah es, daß dieser beider Orden Leben und Vorrechte für unser Spital von der Gnade unseres Herrn und von der Mildigkeit des Papstes verliehen und bestätigt wurden" (Statuten a, 1.)

Aus der Ordensregel
„An diesen drei Dingen, Keuschheit, Gehorsam, zu leben ohne Eigentum, liegt der Regel Kraft so ganz, daß der Meister des Ordens nimmer Gewalt hat, jemand Urlaub zu geben wider diese drei Dinge......
Nur der Orden in seiner Gesamtheit darf besitzen Gut und Erbe, Land und Äcker, Weingärten, Festen, Pfarren, Kapellen, Zehnten und sogetane Din-

ge...... auch Leute, Weib und Knecht, Knechte und Diener zu ewigen Rechten.... Es ist dieser Orden zur Ritterschaft gegen die Feinde des Kreuzes und Glaubens besonders bestimmt. Daher sind Dinge, die zur Ritterschaft gehören..... gestattet. Doch soll am Sattel und Zaum wie am Schilde kein Gold oder Silber oder andere weltliche Farbe sein. Sattel, Schaft und Schild sollen keine Überdecke haben. Der Meister verleiht den Brüdern Roß und Waffen und kann sie andern geben, ohne daß die Brüder widersprechen dürfen, denn sie haben kein Eigentum daran.''

,,Da der Orden eher Spital hatte denn Ritterschaft, so soll er in dem obersten Hause .... ein Spital haben für alle Zeiten. Jeder Sieche, der in das Spital aufgenommen wird, wenn er noch kräftig dazu ist, seine Sünden beichten .....'' (Regel b, 2)

Laute Jagd mit Beize und Meute und Federspiel dürfen die Brüder nicht üben. Sie mögen Jäger halten, die das Wildbret in den Ordensrevieren erlegen. Aber Raubzeug (Wölfe, Luchse, Bären, Löwen) mögen sie zu gemeinem Nutzen nicht zur Kurzweil jagen; Vögel schießen der Übung halber (Regel b, 9.)

Zu Hochzeiten, zu Ritterversammlungen, zu anderen Gesellschaften und Schauspielen, die man zu weltlicher Hoffahrt im Dienste des Teufels abhält, sollen die Brüder selten kommen, doch kann es zuweilen in Geschäften des Ordens oder zur Gewinnung von Seelen geschehen.'' (Regel b, 10.)

11. Bernhard von Clairvaux und der zweite Kreuzzug (1147 - 1149)

a) Bernhards Aufruf an den Bischof, den Klerus und das Volk von Speyer

Seht denn ihr Brüder, die willkommene Zeit, die heilerfüllten Tage sind da. Erschüttert wurden die Lande und erbebten, weil Gott im Himmel sein Land zu verlieren begann. Sein Land sage ich; dort sah man ihn das Wort seines Vaters lehren, dort wandelte er über dreißig Jahre als Mensch unter Menschen. Sein Land, das er mit Wundern erleuchtet, das er mit dem eigenen Blute geweiht hat, darin die ersten Blüten der Auferstehung erschienen. Jetzt schaffen es unsere Sünden, daß dort die Feinde des Kreuzes ihr verruchtes Haupt erhoben haben; mit der Schärfe ihres Schwertes verheeren sie das Land der Verheißung. Schon ist es nicht fern, - wenn kein Verteidiger sich findet - und sie brechen ein in die Stadt des lebendigen Gottes selbst, sie zerstören die Stätten unserer Erlösung und besudeln die heiligen Orte, wo das fleckenlose Lamm sein purpurnes Blut ließ. O Schmerz, schon schnappt ihr schänderischer Rachen nach dem Heiligtum des christlichen Bundes, und antasten und zerstören möchten sie das Lager, auf dem unsertwillen unser Leben im Tode entschlief.

Was tut ihr, tapfere Männer? Was tut ihr, Diener des Kreuzes? So wollt ihr das Heiligtum den Hunden und die Perlen den Säuen geben? Wieviele Sünder haben dort ihre Sünden mit Tränen gebeichtet und Verzeihung erlangt, seit das Schwert der Väter den Heidenunrat hinausgeworfen hat? ... Weil euer Land an tapferen Männern fruchtbar ist und kräftig durch die Fülle seiner Jugend - wie denn durch alle Welt euer Preis geht und der Ruhm eures Heldentums die ganze Erde erfüllt hat - so gürtet auch ihr euch mannhaft und ergreift die glücklichen Waffen im Eifer für Christi Namen ....

Du tapferer Ritter, du Mann des Krieges, jetzt hast du eine Fehde ohne Gefahr, wo der Sieg Ruhm bringt und der Tod Gewinn. Bist du ein kluger Kaufmann, ein Mann des Erwerbs in dieser Welt - einen großen Markt sage ich dir an; sieh zu, daß er dir nicht entgeht. Nimm das Kreuzeszeichen und für alles, was du reuigen Herzens beichtest, wirst du auf einmal Ablaß erlangen. Die Ware ist billig, wenn man sie kauft; wenn man fromm für sie bezahlt, ist sie ohne Zweifel das Reich Gottes wert. Gut haben also die gehandelt, die das himmlische Zeichen schon genommen haben; gut handeln auch die übrigen und nicht vergebens, wenn sie eilen, selbst das zu ergreifen, was ihnen zum Heile gereiche. Im übrigen, ihr Brüder, mahne ich euch, und nicht nur ich mahne euch, sondern Gottes Apostel mit mir, daß nicht jedem Geiste zu trauen sei. Wir haben mit Freuden vernommen, wie der Eifer Gottes in euch glühe, aber immer ist es nötig, daß die Bändigung durch die Vernunft nicht fehle. Nicht die Juden soll man verfolgen, nicht sie totschlagen, nicht einmal sie verjagen. Befragt darum die Heilige Schrift .... Lebendige Zeichen sind sie uns, die Passion des Herrn darstellend. Deswegen sind sie in alle Gegenden zerstreut; denn während sie die gerechte Strafe für ihre Missetat leiden, sollen sie Zeugen unserer Erlösung sein.

Quelle: Bernhard von Clairvaux, Brief Nr. 363.

12. Die Mystik Bernhards von Clairvaux (1090 - 1153)

a) Die Stufen der Demut und des Stolzes (1124)

„Zwölf Stufen der Demut in aufsteigender Richtung" (Duodecim gradus humilitatis in ascendo)

12. Mit dem Herzen und mit dem Körper immer Demut zeigen, und zwar mit gesenktem Blick (Corde et corpore semper humilitatem ostendere, defixis in terram aspectibus).

11. Der Mönch soll nur wenige vernünftige Worte sprechen, und das mit leiser Stimme (Ut monachus pauca et rationabilia verba loquatur, non in clamosa voce).

10. Wenn man nicht leicht und bereitwillig lacht (Si non sit facilis aut proptus in risu).

9. Schweigen, bis man gefragt wird (Taciturnitas usque ad interrogationem). nem).

8. Einhalten, was die gemeinsame Mönchsregel sagt (Tenere quod communis habet monasterii regula).

7. Sich ausdrücklich für geringer halten als alle (Credere et pronuntiare se omnibus viliorem).

6. Sich in allen Dingen für unwürdig und unnütz halten und das auch zugeben (Ad omnia indignum et inutilem se confiteri et credere).

5. Das Bekenntnis der Sünden (Confessio peccatorum).

4. Aus Gehorsam Hartes und Schweres geduldig ertragen (Pro oboedienta in duris et asperis patientiam amplecti).

3. In allem Gehorsam den Oberen untertan sein (Omni oboedientia subdi maioribus).

2. Nicht den eigenen Willen lieben (Propriam non amare coluntatem).

1. Aus Furcht vor Gott sich zu jeder Stunde vor jeder Sünde hüten (Timore Dei custodire se omni hora ab omni peccato).

Die beiden ersten Stufen der Demut sind außerhalb des Klosters zu erreichen; wer weiter aufsteigen will, muß sich dann auf der dritten Stufe einem Oberen unterwerfen.

„Die Stufen des Stolzes in absteigender Richtung" (Superbiae gradus in descendendo)

1. Neugier, wenn man mit den Augen und den anderen Sinnen auf das

abirrt, was einen nicht angeht (Curiositas, cum oculis ceterisque sensibus vagatur in ea quae ad se non attinent).

2. Leichtfertigkeit, die man an unbedacht fröhlichen oder traurigen Worten erkennt (Levitas mentis, quae per verba indiscrete laeta vel tristia notatur).

3. Törichte Fröhlichkeit, die an der Leichtigkeit zu erkennen ist, mit der man lacht (Inepta lactitia, quae per facilitatem risus denotatur).

4. Prahlerei, die dazu führt, daß man viel redet (lactantia, quae in multiloquio diffunditur).

5. Egoismus, Verlangen nach Eigenem und Ehre dafür (Singularitas; privata affectare cum gloria).

6. Anmaßung: Wenn man sich für den Heiligsten hält (Arrogantia: credere se omnibus sanctiorem).

7. Dreistigkeit: Wenn man sich überall eindrängt (Praesumptio: ad omnia se ingerere).

8. Verteidigung der Sünden (Defensio peccatorum).

9. Geheuchelte Beichte, was sich erweist, wenn Hartes und Schweres auferlegt wird (Simulata confessio, quae per dura et aspera iniuncta probatur).

10. Auflehnung gegen Lehrer und Brüder (Rebellio in magistrum et fratres).

11. Freiheit zu sündigen (Libertas peccandi).

12. Gewohnheit zu sündigen (Concustudo peccandi).

Zu den beiden letzten Stufen des Stolzes kann man im Kloster nicht hinabsteigen. In den sechs ersten Stufen zeigt sich eine Mißachtung der Brüder, in den vier folgenden eine Mißachtung des Lehrers, in den beiden übrigen eine Mißachtung Gottes.

13. Friedrich II. (1194 - 1250)

a) Vereinbarung Friedrichs mit den geistlichen Fürsten über deren Vorrechte (25. April 1220)

Im Namen der heiligen und unteilbaren Dreifaltigkeit. Friedrich II., durch die Gunst göttlicher Gnade römischer König und immer Augustus und

König von Sizilien. Wir beherzigen und gedenken schuldig, mit welcher Macht und Treue unsere lieben, treuen geistlichen Fürsten uns bisher beigestanden haben, indem sie uns an die Spitze des Reiches emporbrachten, uns emporgekommen dort stärkten und schließlich unseren Sohn Heinrich (VII.) sich zum König und Herrn wohlwollend und einmütig wählten ....

1. Zuerst versprechen wir, daß wir hinfort niemals beim Tode irgendeines geistlichen Fürsten seine Hinterlassenschaft für den Fiskus (königliche Schatzkammer) beanspruchen werden .... Wenn jedoch einer entgegen dieser Verordnung die Hinterlassenschaft für sich zu beanspruchen wagt, so sei er geächtet, sei außerhalb des Gesetzes und gehe des Lehens oder der Pründe verlustig, wenn er so etwas besaß.

2. Ferner werden wir neue Zölle und neue Münzen in ihren Territorien und Gerichtsbarkeiten ohne ihre Befragung und ohne ihren Willen nicht mehr errichten, sondern die alten Zölle und Münzrechte, die ihren Kirchen zugestanden sind, unerschütterlich und fest beibehalten und schützen ....

3. Ferner werden wir die, die in irgendeiner Art Hörigkeit zu ihnen gehören, gleich, aus welchem Grund sie sich aus ihrer Hörigkeit entfernten, in unsern Städten nicht zu deren Schaden aufnehmen.

4. Ferner beschließen wir, daß niemand eine Kirche an ihren Gütern schädigt in der Eigenschaft als Vogt eben dieser Güter ....

5. Wenn ferner einer von ihnen seinen Vasallen, der ihn etwa verletzte, nach dem Lehnsrecht belangte und sich so des Lehens bemächtigt, dann werden wir es in seiner Nutznießung schützen. Und wenn er uns das Lehen aus einem guten und freien Willen übertragen will, dann werden wir es trotz Liebe oder Haß annehmen. Wenn es sich aber auf irgendeine Art, und sei es durch den Tod des Belehnten, ereignet, daß ein Lehen für einen geistlichen Fürsten frei wird, so werden wir es keineswegs aus eigener Machtvollkommenheit oder gar mit Gewalt in Besitz nehmen. .....

9. Ferner beschließen wir, daß kein Gebäude, Burgen nämlich und Städte, auf dem Grund und Boden der Kirche als Vogtei oder unter irgendeinem andern Vorwand gebaut werden; und wenn sie etwa gegen den Willen derer errichtet sind, denen der Grund und Boden gehört, so sollen sie mit Befehl des Königs niedergerissen werden.

c) Friedrichs II. Erlaß zur Verfolgung deutscher Ketzer, März 1232

1. Die Ausübung der uns vom Himmel anvertrauten Herrschaft und die von Gott verliehene erhabene kaiserliche Würde erfordern es, daß wir das leibliche Schwert, das wir im Unterschied zu den Geistlichen führen, gegen die Feinde des Glaubens und zur Ausrottung der verderblichen Ketzerei anwenden, um das Otterngezücht, die Söhne des Unglaubens, die Gott und die Kirche verhöhnen, und gewissermaßen den Mutterschoß zernagen, mit gerechter Strafe zu verfolgen. Wir wollen es nicht dulden, daß diese schändlichen Menschen weiter leben .....

2. Wir bestimmen deshalb, daß die Ketzer, wie immer sie heißen mögen, überall im Reich, wo sie von der Kirche verurteilt und dem weltlichen Gericht überantwortet werden, gebührend bestraft werden. Wenn aber jemand von ihnen nach der Ergreifung aus Furcht vor dem Tode zum einen Glauben zurückkehren will, so soll er entsprechend den kanonischen Bestimmungen für immer ins Gefängnis geworfen werden, um dort Buße zu tun.

3. Wenn die Ketzer von den päpstlich ernannten Inquisitoren oder anderen Eiferern um den reinen Glauben in irgendwelchen Städten, Gemeinden oder an anderen Orten des Reiches aufgespürt werden, so sollen sie die dortigen Machthaber auf Anzeige der Inquisitoren oder anderer Katholiken ergreifen und gefangenhalten, um sie nach ihrer kirchlichen Verurteilung mit dem Tode zu bestrafen, weil sie die Sakramente des Glaubens und des Lebens verflucht haben.....

4. Der gleichen Strafe unterliegen nach unserem Urteil alle, die der schlaue Feind anstachelt, als Befürworter der ketzerischen Irrtümer aufzutreten oder sie ohne Erlaubnis zu verteidigen, besonders wenn ihr Verbrechen gleich groß ist, es sei denn, sie hören aufgrund einer Ermahnung auf und denken lieber an ihr eigenes Leben.

5. Diejenigen, die an einer Stelle der Ketzerei überführt werden und sich daraufhin an eine andere begeben, um dort das Gift der verderblichen Irrlehre sicherer ausbreiten zu können, sollen gebührend bestraft werden, sobald dies von bekehrten Anhängern derselben Sekte oder anderen, die sie der Ketzerei überführen - was in diesem Fall rechtlich möglich sein soll - eindeutig bezeugt wird.

6. Ebenso sollen die Ketzer mit dem Tode bestraft werden, die nach der Anklage in ihrer äußersten Lebensgefahr der Ketzerei abschwören, aber - wie sich später herausstellt - falsch und meineidig, wenn sie in ihrer Krankheit wieder rückfällig werden.

7. Zudem entziehen wir den Ketzern und denjenigen, die sie aufnehmen und begünstigen, jedes Recht der Beschwerde und der Appellation; denn wir wollen, daß die Ketzerbrut aus Deutschland, wo immer der wahre Glaube geherrscht hat, gänzlich vertilgt werden.

8. Den Erben und Nachkommen dieser Ketzer und derer, die sie aufnehmen, begünstigen und für sie eintreten, entziehen wir kraft unserer kaiserlichen Gewalt bis zur zweiten Generation alle weltlichen Lehen und alle öffentlichen Ämter und Ehren, damit sie sich an der Erinnerung an das Verbrechen ihres Vaters ohne Unterlaß in Trauer verzehren und erkennen, daß der Herr ein eifriger Gott ist und die Sünden der Väter mit Macht an den Söhnen rächt (vgl. Ex 20, 5). Aber wir schließen hierbei die Möglichkeit der Gnade nicht aus: Wenn jemand, der an der Ketzerei seines Vaters nicht teilgenommen hat, den verborgenen Unglauben seines Vaters anzeigt, so soll er als unschuldiger Sohn nicht in dieser Weise enterbt werden - unabhängig davon, wie die Schuld des Vaters bestraft wird.

9. Außerdem wollen wir allen bekanntgeben, daß der Prior und die Brüder des Dominikanerordens von Würzburg in Glaubensangelegenheiten gegen die Ketzer für Deutschland unsere treuen Beauftragten sind und daß sie sowie die übrigen, die es unternehmen, die Ketzer dem Gericht zuzuführen, soweit sie nicht der Reichsacht unterliegen, überall unter dem besonderen Schutz von Kaiser und Reich stehen.

Quelle: Mandatum de haereticis teutonicis persequendis.

14. Papst Innocenz III. (1198 - 1216)

Die Zeit des hohen Mittelalters wird von der Persönlichkeit des Papstes beherrscht. 1198 wird der Kardinalsdiakon Lothar von Sequials (?) Innocenz III. (*1160) Papst.

a)   Zum Verhältnis von geistlicher und weltlicher Gewalt: Aus dem Brief
„Sicut universitatis conditor ..." von 1198

Noch im Jahre seines Pontifikatsantritts setzte Innocenz seine Vorstellungen
von den Ausnahmeregelungen in die Tat um; Konstanze verlieh er das
Königreich als Lehen und bewog sie zum Verzicht auf den römischen
Königstitel, d.h. auf die Regierungshoheit über italienische Kirchenstaats-
gebiete; zwischen Richard von England und Philipp II. August von Frankreich schmiedete er einen fünfjährigen Waffenstillstand; und im staufisch-
welfischen Thronstreit behielt er sich das Entscheidungsrecht über Philipp
von Schwaben oder Otto von Braunschweig vor. Überall machte er trotz des
Prinzips der Gewaltentrennung Ausnahmen um der Sicherung des Kirchenstaates und des europäischen Friedens willen. Dabei verschob sich das Prin-
zip der Gewaltentrennung zugunsten der Superiorität des Papstes. Dieser
sei der Sonne, die weltliche Gewalt dem Mond vergleichbar.

Wie Gott der Schöpfer des Alls, am Himmel zwei große Lichter geschaffen
hat, ein größeres, das den Tag, und ein kleineres, das die Nacht regieren sollte (Gen. 1, 16), so hat er in der katholischen Kirche, die mit dem Himmel
gemeint ist, zwei große Herrscher eingesetzt, einen höheren über die Seelen
und einen niedrigeren über die Leiber, die sich zueinander verhalten wie Tag
und Nacht: Das sind die Autorität des Papstes und die Macht des Königs.
Wie nun der Mond sein Licht von der Sonne erhält und zugleich kleiner und
im Hinblick auf Helligkeit, Stellung und Wirksamkeit unbedeutender ist, so
erhält die königliche Macht ihren Glanz von der Autorität des Papstes. Je
enger sie in deren Umkreis bleibt, desto weniger wird sie beleuchtet; und je
weiter sie sich von ihrer Pracht entfernt, desto stärkeren Glanz gewinnt sie.

15. Die Klosterreform von Cluny

Von dem Kloster Cluny in Burgund ging eine Reformbewegung aus, die die
Benediktinerregel wiederherstellte und um Unabhängigkeit der Klöster
kämpfte. Die Reform setzte sich im Anfang des 12. Jahrhunderts durch.
Darüber wird in den „Konstitutionen des seligen Wilhelm von Hirsau"
(Monumenta Germaniae, Scriptores XII, S. 209 ff.) berichtet.

„An welchen Orten das Stillschweigen zu halten ist:

Der Novize muß auch die Zeichen sorgfältig lernen, mit ihnen spricht er in gewissem Sinne, schweigend. Ehe er in den Konvent aufgenommen wird, darf er nur sehr selten sprechen. Die Orte aber, an denen im Kloster nach der Überlieferung und den Bestimmungen unserer Väter ein immerwährendes Stillschweigen zu beachten ist, sind diese: Kirche, Schlafsaal, Speisesaal, Klosterküche. Wird an einem dieser Orte nur ein Wort gesprochen, so muß man freiwillig um Verzeihung bitten...."

,,Von der Zeichensprache:
Ich will nun etwas von den Zeichen bringen (dieses ,,etwas" sind 20 Kapitel!), und zum Beispiel zunächst etwas, was mit dem Lebensunterhalte zusammenhängt. Das allgemeine Zeichen: Man schlägt die Finger der einen Hand in die der anderen und umschließe so die eine Hand mit der anderen. Das Zeichen für Brot: Mache mit den beiden Daumen und den beiden Zeigefingern einen Kreis, dann meinst du rundes Brot. Für das Brot, das in Wasser gekocht wird und etwas besser als das tägliche Brot ist, mache zuerst das allgemeine Zeichen, dann lege die eine Handfläche auf den Rücken der anderen Hand und bewege die obere Hand im Kreise ...."

,,Von den Jünglingen und ihren Wächtern:
Hat jemand freiwillig auf die Welt verzichtet, ist er aber noch in einem Alter, das der Hut bedarf, so soll er nicht ohne Wächter bleiben. Deshalb wird nie ein Laie oder ein Schulknabe in die Klausur eingeführt..... Wer so beobachtet wird, hat sein Bett neben dem des Wächters, ohne ihn darf er nicht zum Bette gehen und es nicht verlassen. Wohin der Jüngling des Nachts geht ... trage er vor sich eine Laterne. Der Wächter sehe darauf, daß er immer eine Kerze habe. Im Remter lösche er sie aus und stelle sie auf seinen Fußschemel. Zwischen zwei Jünglingen müssen dort immer zwei Brüder sitzen, damit, wenn einer hinausgeht, der andere drinnen bleibt .... Nur mit seinem Wächter darf der Jüngling arbeiten, der ihn dort und überall sorgfältig beaufsichtigen muß...."

,,Vom Aufstehen der Mönche zum nächtlichen Chorgebet:
Sobald der Bruder das Zeichen zum Aufstehen vernommen hat, eile er sich zu erheben. Ehe er jedoch die Decke abzieht, zieht er im Bett sitzend die

Kukulle (langes Mönchsgewand mit Kapuze) an und bedeckt damit die Beine. Er darf aber das Bett nicht nachlässig liegen lassen, er muß die Decke anständig darüber breiten. Das Kopfpolster verbirgt er vollständig unter der Decke; dann bekleidet er sich mit der Flocke (Kapuze) und weckt nötigenfalls mit Zischen die Brüder ..."

16. Ende des Investiturstreites: Das Wormser Konkordat

49. Das Wormser Konkordat als Ende des Investiturstreites
Vereinbarungen zwischen Heinrich V. und Calixt II.
vom 23. Sept. 1122
MGH Const. I, 159 - 161; Mirbt, Nr. 571

Im Namen der heiligen und unteilbaren Dreifaltigkeit.

1. Ich, Heinrich (V.) von Gottes Gnaden römischer Kaiser, Augustus, überlasse aus Liebe zu Gott, zur heiligen römischen Kirche und zum Herrn Papst Calixt (II., 1119 - 1124) um meines Seelenheils willen Gott und seinen heiligen Aposteln Petrus und Paulus und der heiligen katholischen Kirche alle Investitur mit Ring und Stab und gestatte, daß in allen Kirchen meines Reiches die Wahl kanonisch stattfindet und die Weihe frei ist.

2. Die Besitztümer und die Regalien des seligen Petrus, die seit Anfang dieses Streites bis zum heutigen Tage unter meines Vaters oder meiner Regierung weggenommen worden sind, gebe ich - soweit ich sie habe - der heiligen römischen Kirche zurück; die aber nicht in meinem Besitz sind, werde ich gewissenhaft zurückerstatten lassen.

3. Auch die Güter aller anderen Kirchen und Fürsten, aller Kleriker und Laien, um die in jenen Wirren die rechtmäßigen Besitzer gekommen sind, werde ich - soweit sie in meinem Besitz sind - nach dem Rat der Fürsten und der Gerechtigkeit entsprechend zurückgeben; wenn ich nicht über sie verfüge, werde ich für deren Rückerstattung gewissenhaft Sorge tragen.

4. Und ich gebe wahren Frieden dem Herrn Papst Calixt und der heiligen römischen Kirche und allen, welche auf seiner Seite stehen oder

gestanden haben.

5. Und wo die heilige römische Kirche meine Hilfe in Anspruch nimmt, will ich ihr treu helfen und wo sie Klage vor mich bringt, ihr Recht verschaffen, wie es sich gebührt.

1. Ich, Calixt, Bischof und Knecht der Knechte Gottes, gestatte Dir, meinem lieben Sohne Heinrich, von Gottes Gnaden römischem Kaiser, Augustus, daß die Wahlen der Bischöfe und Äbte im deutschen Reich, soweit sie zum (deutschen) Königreich gehören, in Deiner Gegenwart stattfinden, aber ohne Simonie und ohne jede Gewalt. Entsteht Zwietracht unter den Parteien, so sollst Du Dich nach dem Rat und dem Gutachten des Metropoliten und der Mitbischöfe der Provinz der verständigeren Partei zuwenden und ihr helfen. Der Gewählte aber soll die Regalien durch Verleihung des Szepters von Dir erhalten und die sich daraus ergebenden Verpflichtungen erfüllen.

2. In den anderen Teilen des Kaiserreichs soll der Geweihte innerhalb sechs Monaten durch Verleihung des Szepters die Regalien von Dir erhalten und die sich daraus ergebenden Verpflichtungen erfüllen; ausgenommen davon ist alles, was zur römischen Kirche gehört.

3. Wo Du aber vor mir Klage führst und mich um meine Unterstützung bittest, werde ich Dir entsprechend meinem Amt die gebührende Hilfe zuteil werden lassen.

4. Ich gebe Dir und allen, die zur Zeit dieses Streites auf Deiner Seite stehen oder gestanden haben, wahren Frieden.

IV. Höhepunkte des Kampfes zwischen Kaisertum und Papsttum
zur Zeit der Staufer (1150 - 1251)

50. Bernhard von Clairvaux über den Herrschaftsanspruch des Papstes
Sancti Bernardi opera III, Tractatus et opuscula:
De Consideratione ad Eugenium papam

Buch II. VI, 9 - 11 (S. 416 - 418): Nimm an, Du glichest einem der Propheten. Wäre Dir das nicht genug? Ich meine, eher zu viel. Aber durch Gottes Gnade bist Du, was Du bist. Sei also wie ein Prophet; oder willst Du etwa noch mehr sein? Bist Du einsichtig, dann wirst Du zufrieden sein mit dem Maß, das Dir (von Gott) zugemessen ist. Denn was darüber ist, das ist von Übel. Lerne am Vorbild des Propheten der Erste zu sein nicht so sehr im Herrschen als vielmehr im Tun dessen, was die Zeit erfordert. Lerne, daß Dir zu der Arbeit eines Propheten eine Hacke nottut, nicht aber ein Szepter. Jener steht nicht auf, um zu herrschen, sondern um auszuroden .... Im Evangelium steht ein Wort des Herrn, das lautet: „Die Könige der Völker herrschen, und ihre Mächtigen heißet man gnädige Herren. Ihr aber nicht also!" (Luk. 22, 25 ff.).

Es ist klar, den Aposteln ist verboten zu herrschen. Wohlan, so wage es denn, Dir als Herrscher das Amt eines Apostels anzueignen oder als Apostel den Herrn zu spielen. Gewiß ist Dir keins von beiden gestattet. Willst Du beides in gleicher Weise haben, dann wirst Du beides verlieren.

Buch IV. III, 6 (S. 453 f.): Sage wenigstens, daß du nicht für dieses Volk der Hirte bist, oder erweise Dich als solcher. Du wirst es nicht leugnen, sonst wird der, dessen Stuhl du innehast, Dich nicht als seinen Erben anerkennen. Man weiß nichts davon, daß Petrus einmal mit Edelsteinen geschmückt oder in seidenen Kleidern einhergegangen ist, auch war er nicht beladen mit Gold; ebensowenig ritt er auf einem weißen Pferd; nicht umgaben ihn Ritter, nicht umdrängten ihn Diener. Und doch glaubte er, das heilbringende Wort erfüllen zu können: „Wenn du mich liebst, weide meine Schafe" (vgl. Joh. 21, 15 ff.). Hierin bist Du nicht Nachfolger des Petrus, sondern des Konstantin ... Trittst Du jedoch auch in Purpur und Gold auf, so hast Du doch keinen Grund, die Mühe und Sorge eines Hirten zu meiden, hast Du doch das Hirtenamt übernommen; es gibt keinen Grund, daß Du Dich des Evangeliums schämst ... Das Evangelium verkünden, heißt weiden. Tue das Werk eines Evangelisten, und Du hast das Werk des Hirten erfüllt.

Buch IV, VII, 23 (S. 465 f.): Bedenke vor allem, daß die heilige römische Kirche, über die Gott Dich gesetzt hat, die Mutter der Kirche ist, nicht die Herrin; Du bist nicht Herr der Bischöfe, sondern einer von ihnen. Du bist denen, die Gott lieben, ein Bruder und ein Freund derer, die ihn fürchten ... Beherzige, was ich Dir sage: Gott wird Dir die Einsicht (dazu) schenken.

Friedrich I. „Barbarossa"

51. Die geheiligte Autorität der Bischöfe und die königliche Gewalt
Brief Friedrich Barbarossas an Papst Eugen III. vom März 1152
MGH Const. I, 191 f.

Wir haben den königlichen Geist mit den vielfältigen Zierden königlicher
Würde versehen, mit denen wir teils durch die Dienstbeflissenheit der weltlichen Fürsten, teils durch die ehrwürdigen Segnungen der Bischöfe ausgestattet sind. Mit der ganzen Kraft unseres Geistes sind wir darauf bedacht,
gemäß dem Wortlaut unseres Gelübdes, das wir von rechtgläubigen kirchlichen Vorgesetzten auf dem Königsthron und bei der heiligen Weihe empfangen haben, Euch Ehre und Hochachtung sowie unserer hochheiligen Mutter,
der römischen Kirche, und allen kirchlichen Amtsträgern willfährig und
gebührend Recht und Schutz zu gewähren, Witwen, Waisen und allem uns
anvertrauten Volk Gesetz und Frieden zu schaffen und zu bewahren. Da
es nämlich zwei Dinge sind, durch die diese Welt hauptsächlich regiert wird,
nämlich die geheiligte Autorität der Bischöfe und die königliche Gewalt,
so sind wir bereit, in Ehrerbietung allen Priestern Christi den Nacken zu beugen, auf daß - geb's Gott! - während unserer Regierung das Wort Gottes in
seinem Lauf nicht behindert werde und niemand es wage, die Regeln der
Väter und die durch die hochheiligen Konzilien erlassenen Beschlüsse zu
verletzen, ohne schwer bestraft zu werden, damit durch unseren beständigen
Eifer die katholische Kirche mit den Vorrechten ihrer Würde geziert und die
Hoheit des römischen Reiches mit Gottes Hilfe zur ursprünglichen Kraft
seiner Erhabenheit zurückgeführt werde.

52. Die Kaiserliche Gewalt verleiht allein Gott
Friedrich Barbarossa weist eine Botschaft Papst Hadrians IV. zurück
Oktober 1157 - MGH Const. I. 231; Mirbt, Nr. 588

Da die göttliche Macht, von der alle Gewalt im Himmel und auf Erden
stammt, uns, ihrem Gesalbten, das Königtum und das Kaisertum zur Verwaltung übertragen und die Bewahrung des kirchlichen Friedens den kaiserlichen Waffen anvertraut hat, so sehen wir uns nicht ohne größten Herzens-

kummer gezwungen, Eurer Liebe zu klagen, daß vom Haupte der heiligen Kirche, welcher Christus das Mal des Friedens und seiner Liebe aufgedrückt hat, Anlässe zu Zwistigkeiten, der Same des Unheils, das Gift einer verderblichen Krankheit auszugehen scheint. Wir fürchten gar sehr, daß dadurch, wenn Gott es nicht abwendet, der ganze Leib der Kirche befleckt, die Einheit gesprengt, zwischen Königtum und Priestertum eine Spaltung hervorgerufen werde ... Da durch die Wahl der Fürsten allein von Gott her das Königtum und das Kaisertum unser ist, von Gott her, welcher im Leiden Christi, seines Sohnes, den zwei notwendigen Schwertern die Regierung des Erdkreises unterwarf, und da der Apostel Petrus mit dieser Lehre die Welt unterwiesen hat: „Fürchtet Gott, ehret den König" (1. Petr. 2, 17), so ist derjenige, welcher sagt, daß wir die kaiserliche Krone als Lehen vom Herrn Papst empfangen hätten, mit der göttlichen Anordnung und der Lehre des Petrus im Widerspruch und der Lüge schuldig......

53. Zwei Schwerter regieren die Welt
Friedrich Barbarossa beruft wegen der eingetretenen Wahl von zwei Päpsten eine allgemeine Kirchenversammlung ein, Oktober 1159
MGH Const. I, 253

Daß sich Christus bei seinem Leiden mit zwei Schwertern begnügte, das findet, wie wir glauben, durch wunderbare Vorsehung seine Erklärung in der römischen Kirche und im römischen Reich, da durch diese beiden Häupter und Herrschaften die ganze Welt sowohl in göttlichen als auch in menschlichen Dingen geleitet wird. Und obwohl ein Gott, ein Papst, ein Kaiser genügen und die Kirche Gottes eine sein muß, so scheint es doch, als hätten wir jetzt - wir können es nicht ohne Herzenskummer sagen - zwei Päpste in der römischen Kirche .... Damit nun nicht durch so große Zwietracht die gesamte Kirche gefährdet werden könne, muß das römische Kaisertum, das die göttliche Güte zur Heilung einer so verderblichen Krankheit ausersehen hat, für das Heil aller angelegentlich besorgt sein und damit nicht so große Übel in der Kirche Gottes überhandnehmen, künftigem Unheil geschickt begegnen.

54. Das Treueversprechen zwischen Kaiser und Papst
Friede zu Venedig zwischen Friedrich Barbarossa und Alexander III.
von 1177, MGH Const. I, 362 f.

1. Wie Herr Kaiser Friedrich den Herrn Papst Alexander als katholischen und allgemeinen Papst anerkannt hat, so wird er ihm auch die gebührende Ehrfurcht erweisen, wie dies auch seine katholischen Vorgänger dessen katholischen Vorgängern gegenüber getan haben. Auch dessen Nachfolgern, die in katholischer Weise ihr Amt antreten, wird er dieselbe Ehrfurcht erweisen.

2. Und der Herr Kaiser wird dem Herrn Papst Alexander und allen seinen Nachfolgern wie der ganzen römischen Kirche wahren Frieden geben.

3. Allen Besitz und alles Eigentum, mag es eine Präfektur oder sonst etwas sein, was die römische Kirche gehabt und er persönlich ihr entzogen hat oder durch andere hat entziehen lassen, wird er ihr gewissenhaft zurückerstatten, unbeschadet aller Rechte des Reichs. Auch die römische Kirche wird allen Besitz und alles Eigentum, das sie dem Kaiser selbst oder durch andere entzogen hat, ihm unter Wahrung aller Rechte der römischen Kirche zurückerstatten.

6. Außerdem werden Kaiser und Papst einander unterstützen in Wahrung der Ehre und Rechte der Kirche und des Reichs: der Papst als gütiger Vater seinen frommen und teuren Sohn und allerchristlichsten Kaiser, der Kaiser aber als frommer Sohn und christlichsten Kaiser seinen geliebten und ehrwürdigen Vater und Stellvertreter des seligen Petrus.

17. Friedrich II. und Innocenz III.

60. Das Kaisertum ist vom römischen Stuhl verliehen
Ansprache Innocenz III. bei seiner Entscheidung für Otto IV., 1200/01
Holtzmann, Reg. Innoc. III., 43 f.

Im Namen des Vaters und des Sohnes und des heiligen Geistes. Sache des apostolischen Stuhles ist es, gewissenhaft und umsichtig über die Verleihung des römischen Kaisertums zu beraten, da die Verfügung über das Kaisertum ihn bekanntermaßen sowohl hinsichtlich des Ursprungs als hinsichtlich der

Bestimmung (principaliter et finaliter) angeht. Hinsichtlich des Ursprungs, weil es durch ihn und um seinetwillen von Griechenland übertragen worden ist, und zwar durch ihn als Urheber und um seinetwillen zu seiner bessern Verteidigung; hinsichtlich der Bestimmung aber, weil der Kaiser vom Papst die endgültige oder letzte Handauflegung zur eigentlichen Erhebung empfängt, wenn er von ihm gesegnet, gekrönt und mit dem Kaisertum bekleidet wird.

61. Die Goldene Bulle von Eger
Friedrichs II. Zugeständnisse an Innocenz III., 12. Juli 1213
MGH Const. II, 58 f.; Mirbt, Nr. 616

Im Namen der heiligen und unteilbaren Dreifaltigkeit. Friedrich II., von Gottes Gnaden römischer König, immer Augustus und König von Sizilien.

1. Unser Königtum glauben wir zuversichtlich dann zu festigen, wenn wir den Höchsten, aus dessen Hand wir die Güter, die wir besitzen, empfangen haben, verherrlichen. Je mehr wir uns nämlich dem Herrn gegenüber, der uns seine Wohltaten zuteil werden läßt, verpflichtet fühlen, ihm all unser Tun und Ergebenheit darzubringen, um so mehr wird er sich uns gegenüber barmherzig und wunderbar erweisen. Nun haben wir ja seine Güte gegen uns erfahren, haben auch Eure überaus großen, zahllosen Wohltaten vor Augen, teuerster Herr und hochverehrter Vater, unser Schutzherr und Wohltäter, Herr Innocenz, ehrwürdiger Hoherpriester von Gottes Gnaden, durch dessen Wohltat, Mühewaltung und Fürsorge wir aufgezogen und ebenso geschützt wie gefördert worden sind, nachdem uns unsere Mutter seligen Angedenkens, die Kaiserin Konstanze, gleichsam aus ihrem Schoße Eurer Sorge übergeben hatte. Darum werden wir Euch, seligster Vater, wie allen Euern katholischen Nachfolgern und der heiligen römischen Kirche, unserer Mutter, allen Gehorsam, Ehrerbietung und Hochachtung immer mit demütigem Herzen und ergebenen Sinnes erweisen, wie unsere Vorgänger, die katholischen Könige und Kaiser, sie Euern Vorgängern bekanntermaßen erwiesen haben, wobei wir nichts davon verringert, vielmehr alles vermehrt wissen wollen, damit unsere Ergebenheit um so mehr hervorstrahle.

2. Jeden Mißbrauch also, den bisweilen einige unserer Vorgänger bei den Wahlen von Prälaten bekanntlich geübt haben, wollen wir abschaffen. So erlauben und beschließen wir denn, daß die Wahlen von Prälaten frei und kanonisch vor sich gehen sollen, indem der an die Spitze seiner verwaisten Kirche gestellt wird, den das ganze Kapitel oder der größere und bessere Teil für die Wahl (am geeignetsten) hält, vorausgesetzt, daß dem nichts von seiten der kirchlichen Verordnungen hinderlich ist.

3. Die Anrufung des apostolischen Stuhles bei kirchlichen Angelegenheiten soll frei sein; die weitere Durchführung und der Verlauf dieser Anordnungen möge sich niemand herausnehmen zu stören.

4. Wir unterlassen und weisen auch jenen Mißbrauch zurück, den unsere Vorgänger gewöhnlich bei der Besetzung von Prälatenpfründen oder sonst bei vakanten kirchlichen Ämtern nach ihren Gutdünken geübt haben.
Wir überlassen alle geistlichen Güter Euch und den anderen kirchlichen Prälaten zu freier Verfügung, damit, was des Kaisers ist, dem Kaiser und, was Gottes ist, Gott in richtiger Verteilung gegeben werde.

5. Darüber hinaus werden wir auch den Irrtum häretischer Verkehrtheit kräftig mithelfen auszurotten.

6. Auch die Besitzungen, die die römische Kirche wiedererlangt hat und die ihr von unsern Vorgängern oder sonstwem vorenthalten worden waren, überlassen wir ihr frei und unangefochten; und wir versprechen, sie in ihrem Bemühen um diese Besitzungen nach bestem Wissen zu unterstützen. Diejenigen aber, die sie noch nicht wiedererlangt hat, werden wir ihr wiederzubekommen nach Kräften behilflich sein; und was uns in die Hände kommt, werden wir uns bemühen, ihr - ohne Schwierigkeiten zu machen - zurückzuerstatten. Hierzu gehört das ganze Land von Radicophanus bis zum Zeperanus, die Mark Ankona, das Herzogtum Spoleto, das Land der Gräfin Mathilde, die Grafschaft Bertinora, das Exarchat von Ravenna, die Pentapolis mit allen angrenzenden Ländereien, von denen in vielen kaiserlichen und königlichen Privilegien seit der Zeit Ludwigs ausdrücklich gesagt ist, daß die römische Kirche sie besitzen solle in alle Zukunft mit allen Rechten und Ehren. Wenn wir aber - vom apostolischen Stuhl gerufen

- kommen, um die Krone des Reiches entgegenzunehmen, werden wir
- wenn es für die Kirche nötig ist - im Auftrage des Papstes die Verwaltung und Versorgung von ihnen übernehmen.

7. Helfen werden wir als ergebener Sohn und katholischer Fürst ferner, das der römischen Kirche gehörige Königreich Sizilien und alle sonstigen Rechte zu behaupten und zu verteidigen, die ihr erwiesenermaßen zustehen.

8. Zur Bekräftigung dessen, daß dies alles Euch, unserm vorerwähnten heiligsten Vater, Herrn Innocenz, dem Papst der geheiligten römischen Kirche und Euern Nachfolgern durch uns und unsere Nachfolger, die römischen Könige und Kaiser, geleistet werden und fest und unverbrüchlich immerdar bestehen bleiben soll, haben wir die vorliegende Urkunde mit unserer Majestät goldener Bulle versehen lassen.

18. Friedrich II. und Gregor IX.

67. Dem Urteil des apostolischen Stuhles hat sich der ganze Erdkreis zu
unterwerfen
Aus einem Schreiben Gregors IX. an Friedrich II. 22. Oktober 1236
MGH Ep. saec. XIII., I, 602 f. 604

Wenn Du klug bedächtest, daß der Baum des Lebens mitten im Paradies steht, dann würdest Du verständig innerhalb Deiner Grenzen verharren und würdest, die Verwirrung des eigenen Gewissens fürchtend, nicht unbedacht aus ihnen hervorgestürzt sein, um die Geheimnisse unseres Gewissens, dessen Richter im Himmel und dessen Mitwisser in der Höhe ist (vgl. Hiob 16, 19), zu richten. Denn - wie Du siehst - sind die Nacken der Könige und der Fürsten den Knien der Priester untergeordnet, und die christlichen Kaiser müssen ihre Gewalt nicht nur dem römischen Papst unterwerfen, sondern sollen sich vielmehr auch den anderen Geistlichen beugen; denn der Herr hat den apostolischen Stuhl, dessen Urteil er den ganzen Erdkreis unterwirft, allein seinem Urteil vorbehalten, so daß er weder im Verborgenen noch in der Öffentlichkeit von jemandem gerichtet werden darf......
An jenem der ganzen Welt öffentlich bekannten Umstand können wir keineswegs vorbeigehen, daß nämlich Konstantin, der eine einzigartige Allein-

herrschaft über die ganze Welt innehatte, zusammen mit dem ganzen
Senat und Volk, denen nicht nur die Herrschaft über Rom, sondern über
das ganze römische Reich zustand, es unter einmütiger Zustimmung aller
für geziemend ansah, daß der Stellvertreter des Apostelfürsten, wie er
auf dem ganzen Erdkreis die Herrschaft über das Priestertum und die Seelen ausübt, so in der gesamten irdischen Welt auch die oberste Herrschaft
über die Leiber besitze. Ferner hielt er (Konstantin) es für richtig, daß
der die irdischen Angelegenheiten mit dem Zügel der Gerechtigkeit leite,
dem - wie ihm bewußt war - der Herr die Verfügung über die himmlischen
Dinge auf Erden anvertraut hatte. Dem römischen Papst hat er die
kaiserlichen Zeichen und Szepter, die Stadt Rom mit ihrem ganzen Dukat -
die Du mit großem Geldaufwand gegen uns aufzuwiegeln trachtest nach
dem Beispiel jenes Wesens (vgl. Hiob 40, 15 ff.), das den Fluß verschlingt
und sich nicht wundert, und sich in der Hoffnung, daß der Jordan in seinen Mund fließt, getäuscht sah - sowie auch das ganze Kaiserreich zur
Betreuung für ewige Zeiten übergeben. Weil er es für frevelhaft hielt, daß
dort, wo nach Verfügung des Himmelskönigs das Haupt der ganzen Christenheit seinen Sitz hat, der irdische Kaiser irgendwelche Macht ausübe,
überließ er Italien der apostolischen Verfügung und suchte sich in Griechenland eine neue Residenz. Von dort hat dann der apostolische Stuhl
das Richteramt des Kaisertums in der Person Karls des Großen, der das
ihm von der römischen Kirche auferlegte kaum tragbare Joch in frommer
Demut tragen zu müssen lehrte, auf die Deutschen und es (damit) Deinen
Vorgängern übertragen. So ist es, wie Du wohl weißt, auch mit Deiner
Person geschehen: durch das Amt der Weihe und Salbung hat er (der apostolische Stuhl) - ohne damit vom Bestand der eigenen Machtbefugnis
irgendetwas aufzugeben - ihnen (nämlich den Nachfolgern auf dem kaiserlichen Thron) in der nachfolgenden Krönung die Gewalt des Schwertes
überlassen. Wenn Du also den, der Dich zu dem gemacht hat, was Du bist,
nicht anerkennst, so tust Du - wie Du überzeugt sein mußt - sowohl dem
Recht des apostolischen Stuhles als nicht minder Deinem Treueversprechen
und Deiner Ehre Abbruch !

68. Friedrich II. weist die Beschldigungen Gregors IX.
und seinen Bann zurück
Aus einem Schreiben des Kaisers vom 20. April 1239
Huillar-Breholles, Hist. dipl. Fried. II., V 1, 304 f.

Weder die allgemeine Kirche noch die christlichen Könige, Fürsten und Völker mögen sich daher wundern, wenn wir den Spruch eines solchen Richters nicht ehrfürchtig annehmen. (Das geschieht) nicht aus Mißachtung dem päpstlichen Amt oder der apostolischen Würde gegenüber, der alle Bekenner des orthodoxen Glaubens und wir besonders vor allen anderen untertan zu sein gestehen, sondern weil wir ihn als Pflichtverletzung einer Person ansehen, die sich des Thrones eines so hohen Amtes als unwürdig erwiesen hat. Und damit alle Fürsten der Christenheit den heiligen Vorsatz unserer Absicht und den Eifer einer inneren Ergebenheit an uns erkennen, und daß der römische Kaiser gegen den römischen Papst nicht durch den Zunder des Hasses, sondern aus gerechtester Ursache erregt ist, weil er fürchtet, es könnte die Herde des Herren unter einem solchen Hirten auf Abwege gebracht werden, siehe, so beschwören wir die Kardinäle der hochheiligen römischen Kirche beim Blute Jesu Christi unter Anrufung des göttlichen Gerichtes durch unsere Briefe und Boten, sie möchten ein allgemeines Konzil der kirchlichen Würdenträger und der anderen an Christus Gläubigen unter Zuziehung unserer und der übrigen Fürsten Gesandten einberufen, in deren Gegenwart wir alles, was wir gesagt haben, darzulegen und zu beweisen bereit sind..... Du also, Geliebter, empfinde mit den von Dir hochgeschätzten Fürsten des Erdkreises Trauer nicht nur über uns, sondern auch über die Kirche, die die Gemeinschaft aller Gläubigen ist. Erbarme Dich ihrer, weil ihr „Haupt krank" ist (Jes. 1, 5), „ihr Fürst wie ein brüllender Löwe in ihrer Mitte....." (vgl. 1. Petr. 5, 8), ihr „Prophet wahnsinnig" (vgl. Jer. 5, 13, 31), ein ungläubiger Mensch, ein Priester, der das Heiligtum entweiht (vgl. Apg. 24, 6), einer, der ohne alles Recht gegen das Gesetz handelt.

19. Dominikus (ca. 1170 - 1221) - Ein Augenzeugenbericht

„Bruder Dominikus war voller Mitgefühl für seine Mitmenschen und wünschte sehnlichst, ihr ewiges Heil zu befördern. Er predigte selbst häufig, und mit allen Mitteln spornte er seine Brüder an, das Wort Gottes zu verkünden. Wenn er ihnen dies Amt übertrug, ermahnte und beschwor er sie, immer an das Seelenheil ihrer Nächsten zu denken. Voller Vertrauen auf Gottes Hilfe, sandte er auch die zur Predigt weniger Geeigneten aus und sagte ihnen: „Geht im Vertrauen auf Gott, der Euch die rechten Worte eingeben wird. Nichts wird Euch fehlen, denn er wird mit Euch sein." So gingen sie denn, und es geschah ihnen, wie er gesagt ....

Um diese Zeit erhielt der Orden auch zahlreiche Schlösser und Besitzungen in der Gegend von Toulouse und Albi. Die auf solche Weise reichgewordenen Brüder aus jenem Landstrich nahmen auf ihren Reisen Geld mit, ritten und trugen Chorhemden aus feinem Stoff. Bruder Dominikus aber brachte seine Brüder dazu, weltliches Gut preiszugeben und zu verachten, in der Armut zu verharren, nicht mehr zu reiten, von milden Gaben zu leben und kein Geld auf ihren Reisen mit sich zu führen. So wurden die französischen Besitzungen des Ordens an die Zisterzienser und die ausländischen an andere Orden abgetreten...."

„Woher wißt Ihr all das, was Ihr berichtet?"

„Ich habe lange mit Bruder Dominikus zusammengelebt und das gesehen, was ich von ihm erzählt habe."

Bruder Dominikus war im Verkehr mit reich und arm liebenswürdig, ebenso auch gegen Juden und Ungläubige, deren es ja viele in Spanien gibt. Und er war - ich habe es selbst gesehen - bei allen beliebt, nur nicht bei den Irrgläubigen und Kirchenfeinden, die er beunruhigte und durch seine Streitgespräche und Predigten von ihrem Irrtum befreite. Aber ich war auch Zeuge davon, wieviel Zeit und Mühe er an die Ermahnung gerade der zuletzt Genannten wandte, wie unermüdlich er sie zur Reue zu bewegen und zum Glauben zurückzuführen suchte.

Bei Nacht schlief er angekleidet wie am Tage; nur die Schuhe legte er ab; ich habe es oft beobachtet. Begab er sich von einem Orte zu einem anderen, so zog er die Schuhe aus und ging barfuß. Vor dem nächsten Orte legte er die Schuhe an, zog sie aber am Ausgange des Ortes wieder aus und trug sie selbst; keinem erlaubte er, sie für ihn zu tragen .....

Verletzte er sich den Fuß an einem Steine, so ertrug er den Schmerz mit heiterer Miene und sagte, ohne sich zu erregen: „Es soll mir zur Buße dienen, wie ein in Trübsalen stets froher Mensch.....

Er legte es darauf an, grobe Kleider zu tragen; er hatte auf alle irdischen Güter verzichtet und hat in meiner Gegenwart die Brüder oft an den Wert der Armut erinnert. ....

Er war in Speis und Trank mäßig, besonders in dem, was die Zukost betraf; er gewährte den anderen Befreiung in diesem Punkte, sich selbst aber nicht; im Gegenteil beobachtete er die Regel mit aller Strenge.....

Kam er auf Reisen durch Städte oder Dörfer (ich war häufig sein Begleiter), so hielt er die Augen fast stets zu Boden gesenkt. ....

Er wurde zwei- oder dreimal zum Bischof gewählt, lehnte aber stets ab und zog es vor, mit seinen Brüdern in der Armut zu leben. ....

Bruder Dominikus sprach wenig, außer mit Gott, wenn er betete, oder von Gott; er hielt seine Brüder an, ein Gleiches zu tun. Ich habe ihn selbst weinen gesehen und gehört. Während seinen Lebzeiten und auch nach seinem Tode habe ich sagen hören, daß er die Reinheit stets bewahrt habe: diese Anschauung war den Brüdern ganz geläufig. Oft hat er gewünscht, gegeißelt und in Stücke zerschnitten zu werden und für den Glauben an Jesus Christus zu sterben. Mündlich und brieflich ermahnte er die Brüder ohne Unterlaß, das Alte und Neue Testament zu studieren. Ich habe ihn selbst so sagen hören und auch seine Briefe gelesen. Er trug stets das Matthäus-Evangelium und die Briefe des hl. Paulus bei sich und las sie so eifrig, daß er sie schließlich fast auswendig konnte.

Durch einige Domherren und viele andere glaubwürdige Leute habe ich erfahren, daß zu der Zeit, als er die Weihen noch nicht empfangen hatte und noch in Palencia studierte, eine furchtbare Hungersnot in dieser Gegend ausbrach, unter der besonders die Armen zu leiden hatten und an der viele starben. Bruder Dominikus, beim Anblick dieses Elends von Mitleid gerührt, verkaufte voller Barmherzigkeit seine Bücher und was er sonst noch sein Eigen nannte, um den Hungernden beizustehen."

20. Franz von Assisi (1181 /82 - 1226) und die Gründung des Franziskanerordens

a)   Aus der Franziskanerregel von 1223

1.   Hier beginnen - in Gottes Namen - die Anweisungen für das Leben der Minderbrüder -. Dies ist die Regel für das Leben der Minderbrüder, wie

man nämlich das heilige Evangelium unseres Herrn Jesu Christi befolgt durch ein Leben in Gehorsam, ohne Eigentum und in Keuschheit. BruderFranz verspricht dem Herrn Papst Honorius und seinen rechtmäßigen Nachfolgern sowie der Römischen Kirche Gehorsam und Ehrerbietung. Gleicherweise sind die übrigen Brüder gehalten, dem Bruder Franz und dessen Nachfolgern zu gehorchen.

2. Einiges über diejenigen, die diese Lebensweise annehmen wollen, besonders, wie sie sie annehmen müssen: - Wenn jemand diese Lebensweise annehmen will und zu unseren Brüdern kommt, so sollen diese sie zu ihren Provinzialoberen schicken; denn nur diesen und niemandem sonst darf es erlaubt werden, Brüder aufzunehmen. Die Provinzialoberen sollen sie dann im katholischen Glauben und in der Lehre von den kirchlichen Sakramenten sorgfältig prüfen ...

3. Einiges über Gottesdienst und Fasten und über den Wandel der Brüder in der Welt: - Die Kleriker sollen den Gottesdienst nach der Ordnung der heiligen Römischen Kirche abhalten, wobei sie statt des Psalteriums Breviere verwenden können. Die Laien dagegen sollen Vaterunser beten, und zwar vier zu Matutin, fünf zu den Laudes. ....

4. Brüder dürfen kein Geld annehmen: - Allen Brüdern verbiete ich strengstens, persönlich oder durch einen Mittelsmann Geld oder anderen Besitz anzunehmen ....

5. Wie man arbeiten soll: - Die Brüder, denen es der Herr vergönnt hat zu arbeiten, sollen es treu und mit Hingabe tun . ....

6. Die Brüder dürfen sich nichts aneignen. Einiges über das Betteln von Almosen und über schwache Brüder: - Die Brüder dürfen sich nichts aneignen, weder Häuser noch Landbesitz noch irgendetwas anderes. ...

8. Die Wahl des Generaloberen dieser Bruderschaft und das Pfingstkapitel. ....

9. Die Prediger: - Die Brüder dürfen in keiner Diözese predigen, deren Bischof es ihnen untersagt hat. Abgesehen davon darf es auch kein Bruder wagen, zum Volk zu predigen, der nicht vom Generaloberen dieser Bruderschaft geprüft und anerkannt und mit dem Predigtamt betraut worden ist.

10. Ermahnung und Zurechtweisung von Brüdern: - Brüder, die Obere und damit Diener anderer Brüder sind, sollen ihre Brüder visitieren

und ermahnen. Dabei sollen sie sie in Demut und Liebe zurechtweisen und ihnen nichts vorschreiben, was gegen ihre Seele und unsere Regel ist. ...

12. Einiges über diejenigen, die zu den Sarazenen und anderen Ungläubigen gehen: - Alle Brüder, die aufgrund einer göttlichen Eingebung zu den Sarazenen und anderen Ungläubigen gehen wollen, müssen dafür eine Erlaubnis ihrer Provinzialoberen einholen. Diese dürfen aber nur solchen eine Erlaubnis erteilen, von denen sie sehen, daß sie zur Aussendung geeignet sind. Außerdem gebiete ich den Oberen bei ihrer Gehorsamspflicht, daß sie den Herrn Papst um einen der Kardinäle der heiligen Römischen Kirche bitten, der Lenker, Beschützer und Lehrmeister dieser Bruderschaft sein soll. So wollen wir immer untertänig zu Füßen eben dieser heiligen Kirche fest im Glauben katholische Armut und Demut und das heilige Evangelium unseres Herrn Jesus Christi, das wir fest gelobt haben, beachten und befolgen.

21. Thomas von Aquin (1225 - 1274): Die Summe der Theologie (1267 - 1273), unvollendet

c) Über den vierfachen Schriftsinn (Sth I q 1 a10)
10. Artikel
Hat in der Heiligen Schrift ein und dasselbe Wort einen mehrfachen Sinn?
1. Man unterscheidet in der Hl. Schrift gewöhnlich den geschichtlichen oder Wortsinn, den allegorischen, den tropologischen oder moralischen und endlich den anagogischen Sinn. Dieser vielfache Sinn der Hl. Schrift muß aber Verwirrung anrichten und den Leser irreführen, und die Sicherheit des Beweises ist dahin. Denn auf diese Art läßt sich aus vielen Sätzen der Hl. Schrift gar nichts beweisen, sondern es ist höchstens Anlaß zu Trugschlüssen gegeben. Die Hl. Schrift aber muß mit letzter Zuverlässigkeit die Wahrheit zeigen können, ohne alle Gefahr der Täuschung. Also kann mit derselben Schriftstelle kein mehrfacher Sinn verbunden sein.
2. Augustinus sagt: ,,Das Alte Testament wird in vierfacher Weise überliefert: nach dem Historischen, dem Aitiologischen, dem Analogischen und dem Allegorischen''. Diese vier stimmen aber nicht zusammen

mit den oben genannten. Also kann mit demselben Text kein mehrfacher Sinn verbunden sein.

3. Außerdem gibt es noch eine andere Art der Auslegung, nämlich die nach dem parabolischen Sinn. Auch dieser ist unter den vier genannten nicht enthalten. Andererseits schreibt Gregorius: ,,Die Hl. Schrift übertrifft schon durch die Eigenart ihrer Sprache alle Wissenschaften. Denn wo sie Geschichte erzählt, offenbart sie zugleich ein Mysterium.''

Antwort: Urheber der Hl. Schrift ist Gott. In Gottes Macht aber liegt es, zur Bezeichnung und Kundgebung von etwas nicht nur Worte zu verwenden - das kann auch der Mensch -, sondern die Dinge selbst. Wenn also schon in allen Wissenschaften die Worte ihren bestimmten Sinn haben, so hat unsere Wissenschaft das Eigentümliche, daß die durch Worte bezeichneten Dinge selbst wieder etwas bezeichnen. - Die erste Bedeutung also, nach der die Worte die Dinge bedeuten, wird wiedergegeben durch den ersten ,,Sinn'', nämlich den geschichtlichen oder Wort-Sinn. Die andere Bedeutung aber, wo die durch die Worte bezeichneten Dinge selbst wieder andere Dinge bezeichnen, wird wiedergegeben durch den geistigen Sinn.'' Und zwar gründet der geistige Sinn im Wort-Sinn und setzt diesen voraus.

Dieser geistige Sinn wird dreifach eingeteilt. Wie nämlich das Alte Gesetz (nach Hebr. 7, 19) ein Vorbild des Neuen ist und das Neue Gesetz selbst (nach Dionysius) ein Vorbild der zukünftigen Herrlichkeit, so ist auch im Neuen Gesetz das, was am Haupte (Christus) geschehen ist, Zeichen und Vorbild dessen, was wir (die Glieder) tun sollen. Soweit also die Geschehnisse des Alten Testamentes die des Neuen vorbilden, haben wir den allegorischen Sinn, soweit das, was an Christus selbst oder an seinen Vorbildern geschah, zum Vorbild und Zeichen für unser eigenes Handeln wird, haben wir den moralischen Sinn, soweit es aber das vorbildet, was in der ewigen Herrlichkeit sein wird, haben wir den anagogischen Sinn.

Nun bezeichnet man aber das, was der Autor bei seinen Worten ,,im Sinne hat'', als Wort-Sinn. Urheber der Hl. Schrift aber ist Gott, der in seiner Erkenntnis alles zumal begreift. Also ist es (nach Augustinus) ganz angemessen, wenn auch nach dem Wort-Sinn dieselbe Schriftstelle einen mehrfachen Sinn hat.

f) Über die Rechtfertigung des Sünders (Sth 1/II q 113 a4)

4. Artikel

Ist zur Rechtfertigung des Sünders eine Regung des Glaubens erforderlich?

1. Wie der Mensch durch den Glauben gerechtfertigt wird, so auch durch anderes, z.B. durch die Furcht ..... Desgleichen durch Liebe .... Also ist die Regung des Glaubens zur Rechtfertigung nicht in größerem Maße erforderlich als die Regung der vorgenannten Tugenden.

2. Ein Akt des Glaubens ist zur Rechtfertigung nur insoweit erforderlich, als der Mensch durch den Glauben Gott erkennt. Nun kann der Mensch auch auf andere Weisen Gott erkennen, z.B. durch naturhafte Erkenntnis oder durch die Gabe der Weisheit. Also ist kein Akt des Glaubens zur Rechtfertigung des Sünders erforderlich.

3. Es gibt verschiedene Glaubensartikel. Wenn also ein Akt des Glaubens zur Rechtfertigung des Sünders erforderlich wäre, müßte der Mensch, so scheint es, bei der ersten Rechtfertigung über alle Glaubensartikel nachdenken. Das aber scheint sinnlos zu sein, da ein solches Nachdenken eine lange Zeit erfordert. Also scheint es, daß der Glaubensakt zur Rechtfertigung nicht erforderlich ist.

Andererseits heißt es Röm. 5, 1: ,,Gerechtfertigt aus dem Glauben, wollen wir Frieden haben mit Gott.

Antwort: Die Regung der freien Selbstbestimmung ist zur Rechtfertigung des Sünders erforderlich, sofern der Geistgrund des Menschen von Gott bewegt wird. Gott aber bewegt die Seele des Menschen, indem Er sie zu Sich Selbst hinwendet, wie Ps. 85 (84), 7 - in einer anderen Textfassung - gesagt wird: ,,Gott, Du wendest Dich zu uns und machst uns lebendig''. Darum ist zur Rechtfertigung des Sünders eine Regung des Geistgrundes erforderlich, wodurch er sich zu Gott hinwendet. Die erste Hinwendung zu Gott aber erfolgt nach Hb 11, 6 durch den Glauben. ,,Wer sich Gott naht, muß glauben, daß Er ist''. Und darum ist eine Regung des Glaubens zur Rechtfertigung des Sünders erforderlich.

Zu 1.: Die Regung des Glaubens ist nur vollkommen, wenn sie von der Liebe geformt ist. Darum erfolgt bei der Rechtfertigung des Sünders zugleich mit der Regung des Glaubens auch eine Regung der Liebe. Nun wird die freie Selbstbestimmung zu Gott hingezogen zu dem Ende, daß sie sich Ihm unterwerfe; darum läuft zugleich ein Akt der kindlichen Furcht und ein Akt der

Demut mit. Es trifft sich nämlich, daß ein und derselbe Akt der freien Selbstbestimmung, insoweit er nämlich auf verschiedene Ziele ausrichtbar ist, verschiedenen Tugenden angehört, sofern die eine den Befehl erteilt und die andere den Befehl empfängt. Nun wirkt ein Akt der Barmherzigkeit gegenüber der Sünde in der Weise der Genugtuung, und so folgt er auf die Rechtfertigung oder in der Weise der Vorbereitung, insofern die „Barmherzigen Barmherzigkeit erlangen" (Mt. 5, 7); und auch so kann er der Rechtfertigung vorausgehen oder sogar im Verein mit den genannten Tugenden mit der Rechtfertigung zusammentreffen, insofern die Barmherzigkeit in der Nächstenliebe eingeschlossen ist.

Zu 2.: Der Mensch wird durch naturhafte Erkenntnis nicht auf Gott hingeordnet, insofern Er Gegenstand der Seligkeit und Ursache der Rechtfertigung ist; darum genügt eine solche Erkenntnis nicht zur Rechtfertigung. Die Gabe der Weisheit aber setzt die Kenntnis des Glaubens voraus.

Zu 3.: Der Apostel sagt Röm. 4, 5: „...wer an Den glaubt, der den Sünder rechtfertigt, dem wird sein Glaube zur Gerechtigkeit angerechnet nach dem Ratschluß der Gnade Gottes". Daraus geht hervor: bei der Rechtfertigung des Sünders ist ein Akt des Glaubens dazu erforderlich, daß der Mensch glaube, Gott sei der Rechtfertiger der Menschen durch das Geheimnis Christi.

Quelle: Thomas v. Aquin, Summa theologica.

22. Der Wendepunkt (1302)

75. Herrschaftsansprüche des Papsttums
Die Bulle „Unam Sanctam" des Papstes Bonifatius' VIII., 18. Nov. 1302
Friedberg CIC II, 1245 f.; Mirbt, Nr. 746

Eine heilige katholische Kirche und an diese als die apostolische im festen Vertrauen zu glauben und an ihr festzuhalten, sind wir genötigt. Und wir glauben standhaft an sie und bekennen in Einfalt sie, außerhalb derer es kein Heil gibt und keine Vergebung der Sünden, wie der Bräutigam im Hohenliede (6, 9) verkündet: „Eine ist meine Taube, meine Vollkommene; sie ist die Einzige ihrer Mutter, die Auserwählte, derer, die sie gebar." Sie stellt den einen geheimnisvollen „Leib" dar, dessen Haupt Christus ist. Christi Haupt aber ist Gott. In ihr ist „ein Herr, ein Glaube, eine Taufe"

(Eph. 4, 5). Eine nämlich war zur Zeit der Sintflut, die eine Kirche im voraus darstellend, die nach einem (bestimmten) Ellenmaß fertiggestellte Arche Noahs - Noah war nämlich ihr Lenker und Leiter - außerhalb welcher „alle Wesen auf der Erde", wie wir (1. Mose 7, 23) lesen, „vertilgt wurden". Diese verehren wir aber auch als die Einzige gemäß dem Wort des Herrn im Propheten (Ps. 22, 21): „Errette, o Gott, vor dem Schwerte meine Seele und aus der Gewalt des Hundes meine Einzige." Für die Seele nämlich, d.h. für sich selbst, das Haupt, bittet er zugleich wie für den Leib, welchen er die „Einzige", nämlich die Kirche nennt, wegen der Einheit des Brätigams, des Glaubens, der Sakramente und der Liebe der Kirche. Dies ist jener „ungenähte Rock" des Herrn (vgl. Joh. 19, 23), der nicht geteilt, sondern verlost wurde. Die eine und einzige Kirche hat also einen Leib und ein Haupt, nicht zwei Häupter wie eine Mißgeburt, nämlich Christus und den Stellvertreter Christi, Petrus, und den Nachfolger des Petrus, gemäß dem Wort des Herrn an Petrus (Joh. 21, 17): „Weide meine Schafe!" „Meine", sagt er ganz allgemein, nicht diese oder jene besonders. Daraus ersieht man, daß ihm alle anvertraut worden sind. Wenn also die Griechen oder andere behaupten, sie seien Petrus und seinen Nachfolgern nicht anvertraut worden, so müssen sie zugeben, daß sie nicht zu den Schafen Christi gehören, da doch der Herr im Johannes (-Evangelium 10, 16) sagt, daß eine Herde und ein Hirte ist.

In dieser seiner Gewalt sind, wie wir durch die Worte der Evangelien wissen, zwei Schwerter: das geistliche und das zeitliche. Als nämlich die Apostel (Luk. 22, 38) sagten: „Siehe, hier sind zwei Schwerter" - nämlich in der Kirche, da ja die Apostel redeten - antwortete der Herr nicht, es ist zuviel, sondern „es ist genug". Jedenfalls beachtet derjenige, welcher bestreitet, daß in der Gewalt des Petrus das weltliche Schwert ist, das Wort des Herrn (Matth. 26, 52), „stecke dein Schwert in die Scheide", schlecht. Beide Schwerter, das geistliche und das weltliche, befinden sich also in der Gewalt der Kirche. Das eine soll freilich für die Kirche gehandhabt werden, das andere aber von der Kirche. Jenes von der Hand der Priester, dieses von den Königen und Kriegern, aber nach dem Wink und im Sinn des Priesters. Es muß aber ein Schwert unter dem anderen und die weltliche der geistlichen Gewalt unterworfen sein. Wenn nämlich der Apostel (Röm. 13, 1) sagt: „Es gibt keine Obrigkeit ohne von Gott; wo aber Obrigkeiten sind, die sind von Gott verordnet"; sie würden nicht verordnet sein, wenn nicht ein

226

Schwert unter dem anderen wäre und gleichsam, als das untere durch einen anderen wieder als höchstes eingesetzt würde. Nach dem seligen Dionysius nämlich ist es ein Gesetz der Gottheit, daß das Unterste durch das Mittlere wieder zum Höchsten gebracht wird. Nach der Weltordnung werden also nicht alle Dinge gleich und unmittelbar, sondern die untersten durch die mittleren, die niederen durch die oberen zur Ordnung zurückgebracht. Wir müssen bekennen, daß die geistliche Gewalt an Würde wie an Adel jede irdische Gewalt um so glänzender übertrifft, als sich die geistlichen Dinge vor den zeitlichen auszeichnen. Das sehen wir auch klar an der Spende der Zehnten, an der Selig- und Heiligsprechung, an der Übernahme dieser Gewalt und aus der Leitung dieser (kirchlichen) Angelegenheiten selbst. Wie nämlich die Wahrheit bezeugt, hat die geistliche die irdische Gewalt einzusetzen und zu richten, wenn sie nicht gut ist. So bewahrheitet sich im Hinblick auf die Kirche und die kirchliche Gewalt die Weissagung des Jeremia (1, 10): ,,Siehe, ich setze dich heute über die Völker und über die Königreiche'', und was dann noch (bei Jeremias) folgt.

Wenn also die irdische Gewalt vom Wege abweicht, so wird sie von der geistlichen gerichtet; weicht aber die niedere geistliche Gewalt ab, wird sie von der höheren gerichtet; wenn aber die höchste Gewalt von dem Wege abweicht, so kann sie allein von Gott, nicht von einem Menschen gerichtet werden, wie der Apostel (1. Kor. 2, 15) bezeugt: ,,Der geistliche Mensch richtet alles, er selbst aber wird von niemandem gerichtet.'' Es ist aber diese Vollmacht, auch wenn sie einem Menschen gegeben ist und durch einen Menschen ausgeübt wird, keine menschliche, sondern eher eine göttliche Gewalt, durch den göttlichen Mund dem Petrus gegeben und ihm und seinen Nachfolgern in Christus selbst, den er erkannt hat, als Fels bestätigt, indem der Herr zu Petrus (Matth. 16, 19) sagte: ,,Was du auf Erden binden wirst'' usw. Wer also dieser von Gott so verordneten Gewalt widersteht, widersteht der Ordnung Gottes, wenn er nicht wie ein Manichäer zwei Anfänge erdichtet, was wir als falsch und ketzerisch verurteilen, da ja nach dem Zeugnis des Mose (1. Mose 1, 1) Gott nicht den Anfängen, sondern ,,im Anfang Himmel und Erde schuf''. Somit erklären, behaupten, entscheiden und verkünden wir, daß es für jedes menschliche Geschöpf zum Heile notwendig ist, dem römischen Bischof (auch) fernerhin untertan zu sein.

23. Die deutsche Mystik im 13. und 14. Jahrhundert

a) Meister Eckhart (um 1260 - 1327/28)

Traktat von der Abgeschiedenheit:
Ich habe viele Schriften gelesen sowohl der heidnischen Meister wie der Propheten, des Alten und des Neuen Testaments, und habe mit Ernst und mit ganzem Eifer danach gesucht, welches die höchste und die beste Tugend sei, mit der sich der Mensch am meisten und am allernächsten Gott verbinden und mit der der Mensch von Gnaden werden könne, was Gott von Natur ist, und durch die der Mensch in der größten Übereinstimmung mit dem Bilde stände, das er in Gott war, in dem zwischen ihm und Gott kein Unterschied war, ehe Gott die Kreaturen erschuf. Und wenn ich alle Schriften durchgründe, soweit meine Vernunft es zu leisten und soweit sie zu erkennen vermag, so finde ich nichts anderes, als daß lautere Abgeschiedenheit alles übertreffe, denn alle Tugenden haben irgendein Absehen auf die Kreatur, während Abgeschiedenheit losgelöst von allen Kreaturen ist ...
Die Lehrer loben die Liebe in hohem Maße, wie es Sankt Paulus tut, der sagt: „Welches Tun auch immer ich betreiben mag, habe ich die Liebe nicht, so bin ich nichts (vgl. 1. Kor. 13, 1f.). Ich hingegen lobe die Abgeschiedenheit vor aller Liebe.
Zum ersten deshalb, weil das Beste, das an der Liebe ist, dies ist, daß sie mich zwingt, daß ich Gott liebe, wohingegen die Abgeschiedenheit Gott zwingt, daß er mich liebe .... Zum zweiten lobe ich die Abgeschiedenheit vor der Liebe, weil die Liebe mich dazu zwingt, daß ich alle Dinge um Gottes willen ertrage, während Abgeschiedenheit mich dazu bringt, daß ich für nichts empfänglich bin als für Gott. Nun ist es viel wertvoller, für nichts empfänglich zu sein denn für Gott, als alle Dinge zu ertragen um Gottes willen ....
Die Meister loben auch die Demut vor vielen anderen Tugenden. Ich aber lobe die Abgeschiedenheit vor aller Demut, und zwar deshalb, weil Demut ohne Abgeschiedenheit, vollkommene Abgeschiedenheit aber nicht ohne vollkommene Demut bestehen kann, denn vollkommene Demut geht auf ein Vernichten des eigenen Selbst aus .... Der zweite Grund, weshalb ich die Abgeschiedenheit vor der Demut lobe, ist der, daß vollkommene Demut sich

selbst unter allen Kreaturen neigt, und in dieser Neigung geht der Mensch aus sich selbst heraus auf die Kreaturen (hin), wohingegen die Abgeschiedenheit in sich selbst bleibt. Nun kann kein Ausgehen je so edel werden, daß nicht das Innebleiben in sich selbst viel edler sei. Deshalb sprach der Prophet David: „Omnis gloria eius filia regis ab intus", das heißt: „Des Königs Tochter hat alle ihre Ehre von innen" (Ps. 44, 14). Vollkommene Abgeschiedenheit hat kein Absehen auf irgendwelche Neigung unter irgendeine Kreatur noch über irgendeine Kreatur; sie will weder drunter noch drüber sein, sie will aus sich selbst dastehen, niemand zu Liebe noch zu Leide und will weder Gleichheit noch Ungleichheit mit irgendeiner Kreatur haben noch dies und das: sie will nichts anderes als sein ....

Nun magst du fragen, was Abgeschiedenheit sei, da sie so gar edel ist in sich selbst? Hierzu sollst du wissen, daß rechte Abgeschiedenheit nichts anderes ist als daß der Geist so unbeweglich stehe gegenüber allem anfallenden Lieb und Leid, Ehren, Schanden und Schmähung, wie ein bleierner Berg unbeweglich ist gegenüber einem schwachen Winde. Diese unbewegliche Abgeschiedenheit bringt den Menschen in die größte Gleichheit mit Gott. Denn daß Gott Gott ist, das hat er von seiner unbeweglichen Abgeschiedenheit, und von der Abgeschiedenheit hat er seine Lauterkeit und seine Einfaltigkeit und seine Verwandelbarkeit. Und daher, soll der Mensch Gott gleich werden, soweit eine Kreatur Gleichheit mit Gott haben kann, so muß das geschehen durch Abgeschiedenheit. Die zieht dann den Menschen in Lauterkeit und von der Lauterkeit in Einfaltigkeit und von der Einfaltigkeit in Unwandelbarkeit, und die bringen eine Gleichheit zwischen Gott und dem Menschen hervor; diese Gleichheit aber muß in Gnade erstehen, denn die Gnade zieht den Menschen von allen zeitlichen Dingen weg und läutert ihn von allen vergänglichen Dingen. Und du sollst wissen: Leer sein aller Kreatur ist Gottes voll sein, und voll sein aller Kreatur ist Gottes leer sein ....

Nun könntest du sagen: So höre ich wohl, daß alles Gebet und alle guten Werke verloren sind, weil sich Gott ihrer nicht (so) annimmt, daß ihn jemand dadurch bewegen könnte, und doch sagt man: Gott will um alles gebeten werden. Hier sollst du mich wohl anhören und recht verstehen, wenn du kannst, daß Gott in seinem ersten ewigen Anblick - wann und wie er die Kreaturen erschaffen und wann der Sohn Mensch werden wollte und leiden sollte. Er sah auch das geringste Gebet und gute Werk, das jemand verrichten würde, und sah an, welches Gebet und (welche) andächtige Hingabe er erhören wollte oder sollte; er sah, daß du ihn morgen mit Ernst anrufen und bitten willst, und dieses Anrufen und Gebet wird Gott nicht (erst) morgen erhören; denn der hat es (bereits) in seiner Ewigkeit erhört, ehe du je Mensch wurdest. Ist aber dein Gebet nicht eindringlich und ohne Ernst, so wird dich Gott (erst) jetzt abweisen, denn er hat dich (ja schon) in seiner Ewigkeit abgewiesen. Und so denn hat Gott in seinem ersten ewigen Anblick alles angesehen, und Gott wirkt nichts neu, denn alles ist vorausgewirkt. Und so steht Gott allzeit in seiner unbeweglichen Abgeschiedenheit, und doch sind darum der Leute Gebet und gute Werke nicht verloren; denn wer wohl tut, dem wird auch wohl gelohnt, wer übel tut, dem wird auch darnach gelohnt ....

Nun könnte einer sagen: Hatte Christus auch unbewegliche Abgeschiedenheit, als er sprach: „Meine Seele ist betrübt bis in den Tod" (Matth. 26, 38; Mk. 14, 34), und Maria, als sie unter dem Kreuz stand, wo man doch viel von ihrer Klage berichtet - wie kann dies alles bestehen mit unbeweglicher Abgeschiedenheit? Hier sollst du wissen, daß die Meister sagen, daß in einem jeglichen Menschen zweierlei Menschen vorhanden sind: der eine heißt der äußere Mensch, das ist die Sinnlichkeit; diesem Menschen dienen die fünf Sinne, und doch wirkt der äußere Mensch kraft der Seele. Der andere Mensch heißt der innere Mensch, das ist des Menschen Innerlichkeit. Nun sollst du wissen, daß ein geistiger Mensch, der Gott liebt, die Kräfte der Seele im äußeren Menschen nicht mehr in Anspruch nimmt, als die fünf Sinne notwendig bedürfen; und das Innere kehrt sich den fünf Sinnen nur soweit zu, wie es ein Führer und ein Leiter der fünf Sinne ist und sie behütet, damit sie sich nicht wie die Tiere ihrem Sinnesgegenstand hingeben, wie etliche Leute es tun, die nach ihrer leiblichen Wollust leben, wie die Tiere tun, die ohne Vernunft sind, und solche Leute heißen eigentlicher Vieh als Menschen! Und was die Seele über das hinaus, was sie den fünf Sinnen zuwendet, an Kräften besitzt, diese Kräfte gibt die Seele alle dem inneren Menschen ....

Nun gibt es aber Menschen, die verbrauchen die Kräfte der Seele ganz und gar im äußeren Menschen. Das sind jene Leute, die alle ihre Sinne und ihre Vernunft vergänglichem Gut zukehren; die wissen nichts von dem innern Menschen. Nun sollst du wissen, daß der äußere Mensch sich in Bestätigung befinden kann und doch der innere Mensch davon gänzlich frei und unbewegt bleibt. Nun war in Christus auch ein äußerer und ein innerer Mensch und ebenso in Unserer Frau; und was Christus und Unsere Frau je über äußere Angelegenheiten redeten, das taten sie nach ihrem äußeren Menschen, und (dabei) stand der innere Mensch in einer unbeweglichen Abgeschiedenheit ....

Hier frage ich nun, was der lauteren Abgeschiedenheit Gegenstand sei. Darauf antworte ich wie folgt und sage, daß weder dies noch das der lauteren Abgeschiedenheit Gegenstand ist. Sie steht auf einem reinen Nichts, und ich sage dir, warum das so ist: Die lautere Abgeschiedenheit steht auf dem Höchsten. Nun aber steht der auf dem Höchsten, in dem Gott nach seinem ganzen Willen wirken kann. Nun kann Gott nicht in allen Herzen nach seinem ganzen Willen wirken, denn obgleich Gott allmächtig ist, so kann er doch nur soweit wirken, wie er Bereitschaft findet oder schafft. Und ich sage „oder schafft" Sankt Paulus wegen, denn bei ihm fand er keine Bereitschaft, doch bereitete er ihn durch das Eingießen der Gnade. Deshalb sage ich: Gott wirkt danach, wie er Bereitschaft findet. Sein Wirken ist anders im Menschen als im Steine. Dafür finden wir ein Gleichnis in der Natur: Wenn man einen Backofen heizt und darein einen Teig von Hafer und einen von Gerste und einen von Roggen und einen von Weizen legt, so ist da nun nur eine Hitze in dem Ofen, und doch wirkt sie nicht gleich in den Teigen; denn der eine wird zu schönem Brot, der andere wird gröber, der dritte noch gröber. Und das ist nicht der Hitze Schuld, es ist die Schuld der Materie, die da ungleich ist. Ebenso wirkt Gott nicht gleich in allen Herzen; er wirkt danach, wie er Bereitschaft und Empfänglichkeit findet. In welchem Herzen nun dies oder das ist, da kann in dem „dies oder das" etwas sein, wodurch Gott nicht auf das höchste zu wirken vermag. Soll daher das Herz Bereitschaft haben zum Allerhöchsten, so muß es auf einem reinen Nichts stehen, und darin liegt auch die größte Möglichkeit, die sein kann ....

Nun frage ich wiederum: Was ist des abgeschiedenen Herzens Gebet? Darauf antworte ich wie folgt und sage: Abgeschiedene Lauterkeit kann nicht beten, denn wer betet, der begehrt etwas von Gott, das ihm zuteil werden solle, oder aber begehrt, daß ihm Gott etwas abnehme. Nun begehrt das abgeschiedene Herz gar nichts, es hat auch gar nichts, dessen es gerne ledig wäre. Deshalb steht es ledig allen Gebets, und sein Gebet ist nichts anderes als einförmig zu sein mit Gott. Das macht sein ganzes Gebet aus ....

Nun gebt acht, alle Verständigen! Das schnellste Tier, das euch zu dieser Vollkommenheit trägt, ist das Leiden; denn es genießt niemand mehr ewige Süßigkeit als die, die mit Christus in der größten Bitterkeit stehen. Es ist nichts galliger als Leiden, und es gibt nichts Honigsüßeres als Gelitten-Haben; es entstellt nichts mehr den Leib vor den Leuten als Leiden, hingegen ziert nichts mehr die Seele vor Gott als Gelitten-Haben. Das festeste Fundament, worauf diese Vollkommenheit stehen kann, das ist Demut; denn wessen Natur hier in der tiefsten Niedrigkeit kriecht, dessen Geist fliegt empor in das Höchste der Gottheit, denn Liebe bringt Leid, und Leid bringt Liebe. Wer daher zu vollkommener Abgeschiedenheit zu kommen begehrt, der trachte nach vollkommener Demut, dann kommt er in die Nähe der Gottheit. Daß uns das allen widerfahre, dazu verhelfe uns die höchste Abgeschiedenheit, das ist Gott selber. Amen.

Predigt (Nr. 62) über Mt. 6, 33:

Meine Lieben! Nehmt des Grundes in euch wahr, sucht das Reich Gottes und allein seine Gerechtigkeit; das heißt: suchet Gott allein, er ist das wahre Reich. Um dieses Reich bitten wir, und darum bittet jeder Mensch im Vaterunser Tag für Tag. Meine Lieben! Das ist ein allzu hohes, starkes Gebet. Ihr wißt nicht, worum ihr bittet. Gott ist sein eigenes Reich; in diesem Reich herrschen alle vernünftigen Geschöpfe; daher kommen sie, dorthin streben sie zurück. Das ist das Reich, um das wir bitten: Gott selbst in seiner ganzen Herrlichkeit. In diesem Reich wird Gott unser Vater, und da offenbart sich väterliche Treue und väterliche Kraft. Dadurch, daß er eine Stätte für sein Wirken in uns findet, wird sein Name geheiligt, verherrlicht und erkannt. Das ist seine Heiligung in uns, daß er in uns walten könne und sein rechtes Werk in uns wirken; da geschieht sein Wille hier auf Erden sowie dort im Himmel; das heißt in uns wie in ihm selber, in dem Himmel, der er selbst ist. Ach, wie empfiehlt man sich so oft in seinen Willen und nimmt sich so rasch wieder zurück und geht ihm verloren.

Beginn von neuem, und überantworte dich ihm wieder! Gib dich dem göttlichen Willen gefangen in rechter Gelassenheit, und vertraue der väterlichen Kraft, die alles vermag und deren du oft in aller Öffentlichkeit hast gewahr

werden können und (noch) täglich und stündlich wirst. Wagst du nicht dich ihr zu überlassen? Suche seine - Gottes - Gerechtigkeit; das ist seine Gerechtigkeit, daß er bei denen bleibt, die ihn innerlich suchen, ihn im Sinne haben, sich ihm überlassen. In denen waltet Gott. Von allen denen, die sich in rechter Gelassenheit zu Gott halten und sich ihm überlassen, fällt alle ängstliche Sorge ab. Nicht daß man Gott versuchen dürfe: denn man muß durchaus eine vernünftige und kluge Vorsorge treffen, alle Dinge zu ordnen, wie es dir und deinem Nächsten gebührt, für unseren Gebrauch und den Dienst der allgemeinen Barmherzigkeit, und daß jedes Ding, wie es kommt, in guter Ordnung und Einsicht getan werde. Und dasselbe (göttliche Gut), das man, frei von äußerem Wirken in der Kirche, im Sinn hatte, das soll man auch in aller Tätigkeit im Sinn haben, sei es, daß man arbeite oder rede, esse oder trinke, schlafe oder wache: suche in allem das göttliche Gut und nicht das Deine ....
Suche also zuerst das Reich Gottes, das heißt: nur und allein Gott und nichts anderes.

1. Von der Erneuerung des Geistes

Nun spricht St. Paulus: ,,Ihr sollt euch erneuern in dem Geist eures Gemütes.'' Der Geist des Menschen hat viele Namen, je nach seiner Wirkungs- und Betrachtungsweise. Zuweilen heißt der Geist: Seele, sofern sie dem Leibe Leben eingießt, und so ist sie in jedem gleich und gibt demselben Bewegung und Leben. Und zuweilen heißt sie (die Seele): ein Geist, und dann hat sie eine nahe Verwandtschaft zu Gott, so, daß es über alle Maßen ist; denn Gott ist ein Geist und die Seele ist ein Geist, daher hat sie ein ewiges Widerneigen und Hineinschauen in den Grund ihres Ursprungs. Und da er aus der gleichen Geistigkeit kommt, so beuget und neiget der Geist sich zurück in den Ursprung, in die Gleichheit. Dieses Zurückneigen erlischt nie, auch nicht bei den Verdammten. Dann heißt sie (die Seele scl.) auch: Gemüt. Das Gemüt ist ein wonniglich Ding; in ihm sind alle Kräfte versammelt: Vernunft und Wille, aber es selber steht darüber und geht darin nicht auf. Es hat über das Wirken der Kräfte hinaus eine innwendige, wesentliche Aufgabe und wirkt auf die Kräfte tonangebend. Ist nämlich das Gemüt in Ordnung und ist es richtig ausgerichtet, so steht es auch um alles andere wohl; wo es aber abgekehrt ist, da erscheint auch alles übrige verkehrt, es sei bewußt oder unbewußt.

Zuletzt heißt sie auch: Mensch. Kinder! Das ist der Grund, worin das wahre Bild der heiligen Dreifaltigkeit verborgen liegt, und dieser Grund ist so edel, daß man ihm keinen eigenen Namen zu geben vermag. Zuweilen nennt man ihn Boden, zuweilen Dolde der Seele. So wenig man Gott einen richtigen Namen geben kann, so wenig kann man diesen (Grund) richtig bezeichnen. Wer sehen könnte wie Gott in diesem Grund wohnt, der würde von dieser Schau selig. Die Nähe und die Sippschaft, die Gott da mit uns hat, ist so unaussprechlich groß, daß man davon nicht viel sprechen kann noch darf.

Nun sagt St. Paulus: ,,Ihr sollt euch erneuern in dem Geist eures Gemütes.'' Dieses Gemüt, wenn es in rechter Verfassung ist, hat ein Zurückneigen zu dem Grund, in dem fern von allen (Seelen-)Kräften das Bild ist. Die Wirkung des Gemütes ist weit edler und größer als die (Seelen-)Kräfte, so wie ein Fuder Wein etwas mehr als ein Wassertropfen ist.

In diesem Grunde soll man sich erneuern, indem man sich stetig wieder in den Grund einsenkt und indem man mit einer wirkenden Liebe und mit reinem Willen sich Gott entgegenkehrt. Dieses Vermögen ist wohl im Gemüte, so daß es ein stetes Anhangen (an Gott) wohl haben mag und eine stete Gesinnung. Die Kräfte allein habe ein solches Vermögen des Anhangens nicht.

Also soll die Erneuerung in dem Geist des Gemütes sein, weil Gott Geist ist: daher soll der geschaffene Geist sich vereinen mit Gott und soll sich aufrichten und soll sich einsenken in den ungeschaffenen Geist Gottes mit einem ledigen Gemüt.

Wie der Mensch ewig Gott in Gott war in seiner Ungeschaffenheit (vor seiner Erschaffung), also soll er sich mit seiner Geschaffenheit wieder (in Gott) hineintragen. Nun ist da eine Frage unter den Meistern: wenn der Mensch sich absichtlich zu den Dingen, die verfließen, kehrt, ob dann der Geist mitverfließt? Und die einhellige Antwort lautet: Ja. Aber ein großer, edler Meister sprach (Meister Eckart): ,,Sobald sich dieser Mensch mit seinem Gemüt und mit seinem ganzen Willen zurückwendet und seinen Geist über die Zeit hinweg in Gott hineinträgt, so wird in einem Augenblick alles wiedergebracht, was je verlorengegangen war. Und könnte der Mensch das an einem Tag tausendmal tun, so wäre das jedesmal eine volle Erneuerung.

In solch einem innerlichen Werk ist die wahrste und lauterste Erneuerung, die es geben kann..... Kinder, in solch einer Erneuerung und Einkehr, da schwimmt der Geist jedesmal über sich selbst hinaus. Niemals konnte ein Adler der körperlichen Sonne so hoch entgegenfliegen, noch konnte das Feuer je so hoch gegen den Himmel schlagen, wie hier der Geist der göttlichen Finsternis entgegenschwimmt..... Wenn nun der Mensch in diesem inwendigen Werk begriffen wäre, und dann gäbe ihm Gott ein, daß er von dem hochedlen Werk ließe und stattdessen, einem Siechen dienen soll, möglicherweise ihm eine Suppe kochen soll, das soll dann dieser Mensch in großer Freude tun. Wenn ich solch ein Mensch wäre und sollte dies (mein inneres Werk; die Einkehr) lassen und sollte mich hinauskehren, um zu predigen oder dergleichen, so möchte es wohl sein, daß mir Gott da gegenwärtiger wäre und mir Gutes täte in dem äußerlichen Werk, mehr, als vielleicht bei noch so großer Schauung.
(Aus: Vetter Pr. 56, S. 259 - 266: Renovamini spiritu mentis vestre, Eph. 4, 23 - 28).

Aus: Der Frankfurter „Theologia Deutsch

b)   Theologia Deutsch
In der ersten Hälfte des 15. Jahrhunderts verfaßte „Der Franckforter" eine auf Tauler fußende mystische Schrift mit dem Titel „Theologia Deutsch". In der Vorrede wird berichtet, der Autor sei ein Priester und Custos des Deutsch-Herrnhauses zu Frankfurt (Möglicherweise handelt es sich um den Heidelberger Theologieprofessor Johannes de Francfordia, um 1380 - 1440). Die Schrift will die wahren Gottesfreunde von den sogenannten falschen freien Geistern, den häretischen Begarden, scheiden. Martin Luther gab 1516 einige Kapitel aus der Handschrift im Druck heraus, 1518 ließ er eine vollständige Ausgabe folgen.

Kap. 43
Wo die wahre Liebe und das wahre Licht ist in einem Menschen, da wird das vollkommene Gut erkannt und geliebt von ihm selber, doch nicht daß es sich als sich selber liebte, sondern das wahre einige vollkommene Gut

kann und will nichts anderes lieben, sofern es in sich Liebe ist, als das eine wahre Gut; und da es das nun selber ist, so muß es sich selber lieben und doch nicht sich selber als Selbst; sondern weil eben das eine wahre Gut das eine wahre vollkommene Gut liebt und von ihm geliebt wird. In diesem Sinne sagt man und ist auch wahr: Gott liebt sich selber nicht als sich selber. Denn gäbe es etwas Besseres als Gott, so würde Gott das lieben und nicht sich selber .... Sieh, hier muß alle Ichheit, Meinheit und Selbstheit zumal verloren und gelassen werden, das ist Gottes Eigen, außer soviel zur Persönlichkeit gehört.....

Kap. 44
Es ist eine große Torheit, daß ein Mensch oder eine Kreatur sich einbildet, sie wisse oder vermöge etwas aus sich selber, und besonders wenn sie wähnt, sie wisse oder vermöge etwas Gutes, womit sie groß was verdienen oder erlangen möge bei Gott. Man bietet, recht besehen, Gott eine Schmach damit. Aber das wahre vollkommene Gute übersieht es einem einfältigen, albernen Menschen, der es nicht selber weiß, und läßt ihm so wohl geschehen als ihm immer mag, und soviel Gutes er nur empfangen mag, das gönnt ihm Gott wohl gerne .....

Kap. 45
Wer das Christusleben kennt und erkennt, der kennt und erkennt auch Christum ..... Soviel Christusleben im Menschen ist, soviel ist auch Christus in ihm, und so wenig des einen, so wenig auch des andern. Denn wo Christusleben ist, da ist auch Christus, und wo sein Leben nicht ist, da ist auch Christus nicht. Wo aber Christusleben ist, da wird gesprochen, wie Sankt Paulus spricht: „Ich lebe, aber nicht ich, sondern Christus lebt in mir" (Gal. 2, 20).

Kap. 46
Wer Gott erleiden will, der muß alles erleiden in dem Einen und keinem Leiden irgend widerstehen. Da aber ist Christus. Wer dem Leiden widersteht und sich seiner erwehrt, der will und kann Gott nicht erleiden. Das ist so zu verstehen: Man soll keinem Ding und keiner Kreatur mit Gewalt widerstreben und mit Kampf in Willen oder Werk. Doch mag man wohl dem Lei-

den zuvorkommen oder ihm entweichen und entfliehen ohne Sünde.

Kap. 50

Was ist aber das Paradies? Das ist alles, was da ist; denn alles, was da ist, das ist gut und erfreulich. Darum heißt es und ist es wohl ein Paradies. Man sagt auch, das Paradies sei eine Vorstadt des Himmelreichs. So ist alles, was da ist, wohl eine Vorstadt des Ewigen und der Ewigkeit, und besonders, was man in der Zeitlichkeit und den zeitlichen Dingen und an den Kreaturen von Gott und der Ewigkeit wahrnehmen und erkennen mag. Denn die Kreaturen sind eine Weisung und ein Weg zu Gott und zu der Ewigkeit. So ist denn dies alles eine Vorburg und Vorstadt der Ewigkeit; und darum mag es wohl ein Paradies heißen und auch sein. Und in diesem Paradies ist alles erlaubt, was darin ist, ausgenommen ein Baum und seine Frucht. Das bedeutet folgendes: in allem, was da ist, ist nichts verboten und ist nichts, das Gott entgegen ist, als eines allein, das ist der Eigenwille oder daß man anders wolle als der ewige Wille will. Das ist zu beherzigen.
Quelle: Der Frankfurter. Eine Deutsche Theologie.

24. Die Geißler

a)   Beschreibung eines Geißlerzuges

Da man zählte 1349 Jahre und 14 Nächte nach Sonnwende, da kamen gen Straßburg wohl zweihundert Geißler ..... Sie hatten die kostbarsten Fahnen von Sammettüchern, rauh und glatt, und von Baldecken, die besten. Die trug man vor, wo sie in die Städte und Dörfer gingen, und man läutete alle Glocken ihnen entgegen.

.... Zwei oder vier sangen einen Leich vor, die andern sangen nach. So sie in die Kirchen kamen, knieten sie nieder und sangen:

> Jesus ward gelabet mit Gallen,
> Drum solln wir kreuzweis niederfallen.

Bei diesem Worte fielen sie alle kreuzweis auf die Erde, daß es klapperte. Als sie eine Weile so gelegen, so hub ihr Vorsänger an und sang:

> Nun hebet auf eure Händ,
> Daß Gott das große Sterben wend'.

Dann standen sie auf und wiederholten das zweimal. Man lud sie dann zum

Essen ein. Das Geißeln geschah auf einem Feld vor der Stadt. Wenn die Geißler büßen (sich geißeln) wollten, zogen sie sich nackt aus bis auf die Hose und sie taten Kittel oder weiße Tücher um sich, die reichten von dem Gürtel bis auf die Füße. Sie .... legten sich nieder in einen weiten Ring..... so fing ihr Meister an, wo er wollte, und schritt über einen und schlug ihn mit der Geißel auf den Leib und sprach:

> Steh auf durch der reinen Martel Ehre,
> Und hüt' dich vor der Sünden mehre.

Wer gegeißelt worden war, gesellte sich zum Meister, bis die Reihe um war. Hernach gingen sie je zwei um den Ring und geißelten sich mit Geißeln und Riemen, die hatten Knoten voran, darein waren Nägel gesteckt, und sie schlugen sich über ihren Rücken, daß mancher sehr blutete. Dann knieten sie alle nieder, streckten ihre Arme kreuzweise aus und sangen:

> Jesus, der ward gelabet mit Gallen,
> Drum sollen wir kreuzweis niederfallen.

Nun fielen sie alle kreuzweise nieder auf die Erde und lagen eine Weile da, bis daß die Sänger abermals anhuben zu singen:

> Nun hebet auf eure Händ',
> Daß Gott dies große Sterben wend',
> Nun hebet auf eure Arm',
> Daß Gott sich über uns erbarm',
> Jesus, durch deine Namen drei,
> Du mach' uns, Herr, von Sünden frei!
> Jesus, um deiner Wunden rot,
> Behüt uns vor dem schnellen Tod.

Volkstümliche Frömmigkeit

Eine Geißelfahrt (die jeweils viel Volk anzog) währte länger denn ein Vierteljahr, so daß alle Wochen gar manche Schar mit Geißlern kam. Darnach machten sich auch Frauen auf und fuhren auch über Land und geißelten sich. Darnach unternahmen auch junge Knaben und Kinder die Geißelfahrt. Und wie es zu Straßburg ergangen ist, also war es am Rhein in allen Städten, dasselbe war in Schwaben, in Franken, im Westreich und in vielen Gegenden deutschen Landes. - Quelle: Fritsch Closeners Straßburger Chronik.

238

25. Thomas von Kempen (1379 / 80 - 1471): „Die Nachfolge Christi"

a)   1. Buch 1. Kap.: Von der Nachahmung Christi und der Verschmäh-
     ung aller Eitelkeiten der Welt

1.   „Wer mir nachfolgt, wandelt nicht in der Finsternis" (Joh. 8, 12),
     spricht der Herr. Das sind die Worte Christi, durch die wir ermahnt wer-
     den, daß wir ja sein Leben und seinen Wandel nachahmen, wenn wir in
     Wahrheit erleuchtet und von aller Blindheit des Herzens befreit wer-
     den sollen. Darum soll unser höchstes Streben sein, das Leben Jesu
     Christi zu betrachten.

2.   Die Lehre Christi überragt alle Lehren der Heiligen; wer den Geist
     hätte, fände das hier verborgene Manna.
     Es ist aber so, daß viele infolge des häufigen Hörens des Evangeliums
     nur wenig Sehnsucht danach empfinden: weil sie den Geist Christi
     nicht haben. Wer aber Christi Worte vollkommen und in ihrer Süße
     verstehen will, muß trachten, sein ganzes Leben gleich dem Seinigen
     zu gestalten.

3.   Was nützt es dir, hohe Dinge über die Dreifaltigkeit zu reden, wenn du
     die Demut nicht hast und darum der Dreifaltigkeit mißfällst?
     Wahrlich, hohe Worte machen nicht heilig noch gerecht: aber ein
     tugendhaftes Leben macht den Menschen Gott lieb.
     Nicht daß ich noch so gut weiß, was den Begriff der Zerknirschung
     ausmacht, wünsche ich mir, sondern, daß ich ihren Stachel im Herzen
     spüre.
     Wenn du die ganze Bibel auswendig wüßtest und die Aussprüche aller
     Philosophen dazu: was frommte dies ohne die Liebe und Gnade
     Gottes? „Eitelkeit der Eitelkeiten und alles ist Eitelkeit" (Pred. 1, 2);
     außer Gott lieben und ihm allein dienen.
     Das ist die höchste Weisheit: die Welt zu verachten und nach dem
     Himmelreich zu verlangen.

4.   Eitelkeit demnach ist es, vergängliche Reichtümer zu suchen und auf
     sie Hoffnungen zu setzen.
     Eitelkeit auch ist es, Ehren zu erstreben und sich zu einem hohen
     Stand zu erheben.

Eitelkeit ist es, den Begierden des Fleisches nachzugeben und zu begehren, was sich hernach schwer rächen muß.

Eitelkeit ist es, ein langes Leben zu wünschen und sich zu wenig um ein gutes Leben zu kümmern.

Eitelkeit ist es, nur auf das gegenwärtige Leben zu achten und für das zukünftige nicht Vorsorge zu tragen.

Eitelkeit ist es, zu lieben, was gar schnell vergeht, und dorthin nicht zu eilen, wo ewige Freude währt.

5. Gedenke oft jenes Wahrworts: „Das Auge wird vom Sehen nicht gesättigt noch das Ohr erfüllt vom Hören" (Pred. 1, 8).

Daher trachte, dein Herz von der Liebe zu den sichtbaren Dingen abzuziehen und zu den unsichtbaren dich hinzuwenden. Denn die ihren Sinnen folgen, beflecken ihr Gewissen und verlieren Gottes Gnade.

b) 2. Buch 1. Kap.: Vom innerlichen Wandel

1. „Das Reich Gottes ist inwendig in euch" (vgl. Lk 17, 21), sagt der Herr. Bekehre dich also gänzlich zu Gott, verlasse diese elende Welt, und deine Seele wird Ruhe finden.

Lerne das Äußerliche verschmähen und dem Innerlichen dich hingeben: so wirst du das Reich Gottes in dich kommen sehen.

Es ist nämlich das Reich Gottes „Frieden und Freude im Heiligen Geist" (Röm. 14, 17) und wird den Gottlosen nicht beschieden.

Christus wird zu dir kommen und dir seine Tröstung weisen, wenn du ihm innerlich eine würdige Wohnung bereitet hast.

„All sein Ruhm und Schmuck ist innen" (Ps. 44, 14), und dort gefällt es ihm ....

3. Nicht ist großes Vertrauen zu setzen auf den gebrechlichen und sterblichen Menschen, auch wenn er nützlich wirkt und geliebt wird, und nicht ist darüber große Traurigkeit zu empfinden, wenn er bisweilen widerstrebt und widerspricht. Die heute mit dir sind, können morgen gegen dich sein und umgekehrt, wie oft ein Lufthauch umschlägt.

Setze all dein Vertrauen auf Gott, und er selbst sei deine Furcht und deine Liebe. Selbst wird er für dich antworten und wird es so gut machen, wie es für dich am besten ist. ....

4. Was hälst du hier Umschau, da dieser Ort doch nicht der deiner Ruhe ist? Im Himmel muß deine Wohnung sein, und als vorübergehend müssen die irdischen Dinge alle angeblickt werden.

Alles geht vorüber und du desgleichen.

Siehe zu, daß du an nichts hängst, auf daß du nicht gefangen werdest und umkommst.

Bei dem Höchsten sei dein Gedanke, und dein Gebet richte sich unablässig an Christus.

Wenn du die hohen und himmlischen Dinge nicht betrachten kannst, so ruhe im Leiden Christi und wohne gern in seinen heiligen Wunden. Denn wenn du zu den Wunden und kostbaren Malen Jesu andächtig deine Zuflucht nimmst, wirst du große Tröstung in der Trübsal fühlen, wirst dich nicht viel um die Mißachtung durch die Menschen kümmern und herabsetzende Worte leicht ertragen.

Quelle: Thomas von Kempen, Die Nachfolge Christi.

Im Kreuz ist das Heil, im Kreuz ist das Leben, im Kreuz ist Schutz vor den Feinden. Im Kreuz ist der Zufluß himmlischer Lieblichkeit; im Kreuz Stärke des Gemüts, im Kreuz Friede des Geistes, im Kreuz die höchste Tugend, im Kreuz die vollkommene Heiligkeit. Es gibt kein Heil für die Seele, noch Hoffnung auf ein ewiges Leben, ohne im Kreuz. ,,Nimm also dein Kreuz auf dich und folge Christus nach", so wirst du zum ewigen Leben eingehen! Er selbst ist vorangegangen, hat sein Kreuz auf dem Rücken getragen und ist für dich am Kreuz gestorben, damit auch du dein Kreuz tragest und gern am Kreuz sterben möchtest. Dann wirst du mit ihm sterben, so wirst du auch mit ihm leben. Und wenn du teilhaftig bist seiner Pein, dann wirst du auch teilhaftig seiner Herrlichkeit.

Siehe, im Kreuz hat alles seinen Bestand und am Sterben liegt alles. Zum Leben und wahren inneren Frieden gibt es keinen anderen Weg, als den Weg des heiligen Kreuzes, und des täglichen Sich-Abtötens. Geh hin, wo du willst, such, was du willst, du wirst keinen höheren Weg nach oben finden und keinen gewisseren Weg nach unten, als den Weg des heiligen Kreuzes ....

Du sollst fürwahr wissen, daß du dein Leben als Sterbender führen sollst. Je mehr einer sich selber stirbt, desto mehr beginnt er in Gott zu leben! Niemand ist geschickt, himmlische Dinge zu begreifen, wenn er sich nicht dazu hergibt, um Christi willen etwas Widriges zu ertragen .... Und hättest du die Wahl, so solltest du um Christi willen lieber etwas Widriges dulden, als dich mit vielen Tröstungen erquicken lassen, weil du dann Christus ähnlicher und allen Heiligen gleichförmiger wärest ....

(Aus: Buch II, Kap. 12)

26. Nikolaus von Kues (1401 - 1464)

a)   Aus der „Concordantia cathollca"
(Zum Kaiser macht der übereinstimmende Wille der Wähler, nicht der Papst).

Es genügt zu wissen, daß die freie Wahl, vom natürlichen und göttlichen Recht sich herleitend, ihren Ursprung nicht vom positiven Recht nimmt oder von irgend einem Menschen, so daß ihre Gültigkeit in dieser Beziehung in dessen Gutdünken läge. Ganz besonders gilt dies von der Wahl des Kaisers, dessen Dasein und Macht nicht von einem Menschen abhängt. So kommt es, daß die Kurfürsten, welche zu Heinrichs II. Zeit durch gemeinsamen und übereinstimmenden Willen aller Deutschen sowie der andern, dem Kaiserreich Unterworfenen, eingesetzt worden sind, ihre ursprüngliche Gewalt auf Grund dieses gemeinsamen, übereinstimmenden Willens besitzen; sie konnten nach natürlichem Recht sich auch einen Kaiser einsetzen, nicht vom römischen Papst empfangen, dessen Befugnis nicht das Recht umfaßt, irgend einer Provinz in der Welt ohne deren eigene Zustimmung einen König oder Kaiser zu geben.

Wohl aber wirkte (bei der Einsetzung der Kurfürsten) die Zustimmung Gregors V. mit, damals des einzigen (d.i. unbestrittenermaßen) römischen Papstes, der, seinem Rang gemäß, bei der Einsetzung des gemeinsamen Kaisers an der Äußerung des übereinstimmenden Willens teilzunehmen hatte.

Der Vorgang gleicht völlig dem bei allgemeinen Konzilien, wo sich seine (d. i. des Papstes) Autorität - wenn auch seiner Rangstufe entsprechend an erster Stelle - mit dem Willen der anderen Konzilteilnehmer in Übereinstimmung vereinigt: die Entscheidung aber empfängt ihr Gewicht nicht durch den Papst, obwohl er der erste Bischof unter allen Bischöfen ist, sondern durch die Übereinstimmung aller - des Papstes und der anderen.

Daß aber bei der Einsetzung des Kaisers oder Königs die Zustimmung des Priestertums als solchen sowie auch der Laienschaft statthaben muß, hat nicht darin seinen Grund, daß kaiserliche Herrschermacht mit Befehlsgewalt über dem Priestertum (an sich) steht, ... sondern darin, daß die Nebenumstände weltlicher Natur, ohne die das Priestertum in dieser gebrechlichen Welt zu keiner Zeit bestehen kann .... dem Kaisertum .... und seinen Gesetzen untertan sind ....

Quelle: Nikolaus von Kues, Von der allgemeinen Eintracht.

27. Die Ekklesiologie von John Wyclif (ca. 1320 - 1384): Ein Reformprogramm für die Gesamtkirche

Aus Wyclifs „Traktat von der Kirche"

Kap. 1.

Dies ist die heilige katholische Kirche, welche die Christen unmittelbar nach dem Glauben an den Heiligen Geist bekennen, und zwar aus drei Gründen: erstens weil sie, nach Augustin, das höchste Geschöpf ist .... zweitens weil sie durch die Liebe des Heiligen Geistes Christo in der Ehe ständig verbunden ist, und drittens weil, nachdem die Trinität gesetzt ist, diese einen Tempel oder ein Haus haben muß, in dem sie wohnt ....

Daraus folgen einige Schlüsse: Erstens, daß kein Stellvertreter Christi es wagen darf, zu behaupten, daß er das Haupt der heiligen katholischen Kirche sei; ja, wenn er nicht eine besondere Offenbarung empfangen hat, so sollte er nicht einmal behaupten, daß er ein Glied dieser Kirche sei .....

Der zweite Schluß, der aus dem Wesen der Mutter Kirche folgt, ist, daß es nur eine und nicht viele katholische Kirchen gibt. Das wird so bewiesen; eben dadurch, daß sie die allgemeine oder katholische Kirche ist, enthält sie alle Vorausbestimmten in sich; als solche muß sie aber eine einzige sein, eine einzige allgemeine Kirche; nach den Philosophen nämlich ist das Allgemeine etwas Ganzheitliches und Vollkommenes, dem nichts fehlt. Wie wir daher nach dem ersten Buche der Schrift, die Aristoteles "Über den Himmel" geschrieben hat, alles auf drei Dinge gründen, so nennen wir nur diejenige die katholische Kirche, welche die folgenden drei Teile in sich enthält: den im Himmel triumphierenden Teil, den an der Stätte der Läuterung schlafenden Teil und den auf Erden streitenden Teil ....

Der dritte Schluß ist, daß es außerhalb der heiligen katholischen Kirche „kein Heil und keine Vergebung der Sünden" gibt ....

Der vierte Schluß eben dieses Entscheides ist, daß es innerhalb der genannten Kirche beide Schwerter oder Gewalten gibt, nämlich das körperliche oder zeitliche und das geistliche; und beide müssen dem Haupt der Kirche und seinem Stellvertreter zustehen. Daraus geht hervor, daß der besagte Leib, da er für sich genügend ist, in sich die Fülle der Gewalt hat. Da also beide Gewalten der Mutter Kirche notwendig sind, ist der Schluß klar. Und das ist dargestellt im zweiundzwanzigsten Kapitel des Lukasevangeliums (Lk. 22, 38), als Christus den Aposteln, als sie sagten: „Siehe, hier sind zwei Schwerter" nicht sagte, es sei zu viel oder es sei zu wenig, sondern: „es genügt". Und um kundzutun, daß beide Schwerter dem Petrus zugehörten, sagte Christus in der Folge zu Petrus, als er den Knecht des Hohenpriesters schlug: „Stecke dein Schwert in die Scheide!" (Joh. 18, 11). Damit wird auf den geistlichen Sinn hingewiesen, nämlich, daß „beide Schwerter in der Gewalt der Kirche sein" sollen, „das leibliche als ein für die Kirche", jedoch durch Laien „zu handhabendes", das geistliche aber als ein zur Bestrafung der Sünden durch den Bischof zu handhabendes....

Der fünfte Schluß ist, daß „es heilsnotwendig ist, daß alle menschliche Natur dem römischen Papst untertan sei". Daraus geht hervor, daß niemand gerettet werden kann, wenn er nicht in rechtmäßiger Weise Christo untertan ist; er nämlich ist der römische Papst, wie er das Haupt der allgemeinen und jeder besonderen Kirche ist; in diesem Sinne gilt der Schluß ....

Daraus folgt (sechstens), daß man, wenn Christus allein das Haupt der ganzen Kirche .... ist, zugeben muß, daß, wie kein Christ beanspruchen darf, das Haupt der allgemeinen Kirche zu sein, keiner auch ohne Furcht und ohne eine besondere Offenbarung behaupten darf, das Haupt irgendeiner besonderen Kirche zu sein ....

Daraus folgt siebentens, daß der Herr Papst, wenn er vorausbestimmt ist und das Hirtenamt ausübt, das Haupt eines so großen Teiles der streitenden Kirche ist, als er ihn regiert, wie er, wenn er als Haupt nach dem Gesetz Christi die ganze streitende Kirche regiert, deren besonderer Hauptmann unter dem Oberhaupt, dem Herrn Jesus Christus ist ....

Kap. 5.

Daher ist es für den Papst gut, wenn er von Christus die Kraft bekommt, sich selbst und einige wenige Schafe in den geistlichen Dingen zu leiten, wenn er nur nicht der Lästerung sich hingibt, daß er das Haupt der allgemeinen Kirche von der gleichen Machtfülle sei, wie sie Christus besitzt. Und es darf dessen Vikar auch nicht in ketzerischer Weise denken, die auf der Pilgrimschaft befindliche Teilkirche sowohl auf weltliche wie auf geistliche Weise zu leiten, während Christus allein auf geistliche Weise beide Kirchen geleitet hat. Es muß daher seinem Stellvertreter genügen, sowohl in zeitlichen als in geistlichen Dingen die Jungfrau Christi auf geistliche Weise zu leiten. Während Christus nämlich in der Welt lebte, konnte er nicht beide Ämter ausüben. Wie also sollte es sein Stellvertreter tun können? ....

Die Herrschaft des Kaisers also ist unabhängig vom Regiment des Papstes und umgekehrt. Dennoch fördert jedes Amt das andere unabsichtlich, wenn auch die geistliche Vorsteherschaft die würdigere ist. Aber das Regiment Christi bezieht sich in wesentlicher Weise auf das Regiment seiner beiden Stellvertreter.

Quelle: John Wyclif, Tractatus De Ecclesia, Kap.1 und 5, J. Loserth (Hg). 1885

28. Die Ekklesiologie von Johannes Huß (ca. 1370 - 1415): Ein Reformprogramm für Böhmen

„Tractatus De ecclesia" (1412)

Kap. 18

Der apostolische Stuhl also ist die Vollmacht zu lehren und zu richten nach dem Gesetz Christi, das die Apostel gelehrt haben; auf dem sollen weise Männer sitzen, die den Herrn fürchten, in denen Wahrheit ist und die die Habsucht hassen. O, daß doch dieser Stuhl jetzt solche Männer hätte! Und wo kann man sie sehen? Gewiß in der römischen Kurie, wo sie dem Stuhl des heiligen Petrus vorsitzen, das ist, in der Vollmacht der Apostel sitzen, welche die Vollmacht ist, in geistlichen Dingen zu richten und das Gesetz des Herrn Jesu Christi zu lehren, wenn ausgeschlossen bleibt jene Habgier, Ungerechtigkeit, Überheblichkeit und heiliges Leben herrscht ....

Erwägen soll also jeder gläubige Jünger Christi, auf welche Weise ein Gebot vom Papst ausgeht, ob es ausdrücklich das Gebot eines Apostels oder des Gesetzes Christi ist oder seine Begründung in Christi Gesetz hat; und wenn er dies erkennt, so soll er ehrfürchtig und demütig diesem Gebot gehorchen. Wenn er aber wirklich erkennt, daß ein päpstliches Gebot dem Gebot oder Rat Christi widerspricht oder der Kirche zum Schaden gereicht, so soll er ihm kühn entgegentreten, auf daß er nicht durch Zustimmung Teilnehmer an einem Verbrechen wird.

Daher kann man feststellen, daß sich gegen einen vom rechten Weg abweichenden Papst auflehnen dem Herrn Christe gehorchen ist, was besonders bei den Einsetzungen zutrifft, die den Eindruck persönlicher Begünstigung machen. Darum rufe ich die Welt zum Zeugen, daß die päpstliche Pfründen-austeilung in der Kirche weit und breit Mietlinge aussät und auf seiten der Päpste Gelegenheit gibt, durch jene die Macht der Stellvertretung zu erhöhen, zuviel Wert zu legen auf weltliche Würde und allzusehr zu trachten nach einer Heiligkeit, die auf Einbildung beruht. Jene Doktoren aber, die weltlichen Lohn vom Papst erwarten oder knechtisch seine Macht fürchten und darum sagen, daß er von unermeßlicher Macht sei, unfehlbar, keiner Kritik unterworfen, daß ihm erlaubt sei, alles zu tun, was er will, sind falsche Propheten und falsche Apostel des Antichrist ....

Kap. 23:

Wer, sage ich, ist törichter als der Klerus, der sich auf den Unrat dieser Welt gründet und Christi Lehre und Leben zum Gespött macht. Soweit nämlich ist der Klerus schon verderbt, daß er diejenigen haßt, die häufig predigen und den Herrn Jesum Christum nennen, und wenn jemand Christus für sich anführt, reißen sie sofort den Mund auf und sagen mit gehässiger Miene: Bist du Christus? Und nach Art der Pharisäer entehren und exkommunizieren sie die, die Christum bekennen.

Daher haben die Prälaten, weil ich Christum und sein Evangelium gepredigt und den Antichrist entlarvt habe und wollte, daß der Klerus nach Christi Gesetz leben, zusammen mit Herrn Hbynek, dem Erzbischof von Prag, zuerst vom Papst Alexander V. eine Bulle erwirkt, daß in den Kapellen das Wort Gottes zum Volk nicht mehr gepredigt werden soll. Über diese Bulle habe ich appelliert und habe niemals Gehör finden können. Darum habe ich, als ich vorgeladen wurde, aus vernünftigen Gründen nicht Folge geleistet, weswegen sie meine Exkommunikation angeordnet haben durch Michael de Causis, nach geschehener Einigung; und zuletzt haben sie jetzt das Interdikt verhängt, wodurch sie das Volk Christi ohne seine Schuld beschweren.

Quelle: Johannes Huß, Tractatus De ecclesia, c. 18.23

b)   Die Verbrennung von Johannes Huß am 6. Juli 1415

Als der Magister zur Hinrichtungsstätte kam, beugte er die Knie, betete mit ausgebreiteten Händen und mit zum Himmel emporgerichteten Augen inbrünstig Psalmverse, besonders „Gott, sei mir gnädig" und „Herr, auf dich vertraue ich". Bei der Wiederholung des Verses „in deine Hände, o Herr" wurde er von den Seinen, die dabeistanden, gehört, wie er heiter und mit ruhigem Blick betete. - Die Hinrichtungsstätte aber war auf einer bestimmten Wiese zwischen Gärten, wenn man aus der Stadt Konstanz heraus gegen die Burg Gottlieben geht, zwischen den Toren und den Vorstadtgräben der genannten Bürgerstadt. Einige dabeistehende Laien sagten: „Wir wissen nicht, was er früher getan oder gesprochen hat. Jetzt aber sehen und hören wir, daß er heilige Worte betet und redet." Und andere sprachen: „Es wäre gewiß gut, daß er einen Beichtvater hätte, damit er gehört werde." Ein Priester aber, der in einem grünen, mit roter Seide verbrämten Gewande zu Pferde saß, sprach: „Er braucht nicht gehört zu werden, und man braucht ihm auch keinen Beichtvater zu geben, denn er ist ein Ketzer." Magister Johannes aber hat noch während seines Aufenthaltes im Kerker einem Doktor und Mönch gebeichtet, und er wurde von diesem gütig gehört und losgesprochen, wie er auf einem seiner Blätter, die der Magister aus dem Kerker an seine Anhänger geschickt hat, bekennt. - Während er nun so wie vorerwähnt, betete, fiel die genannte Schandkrone, die mit drei Dämonen ringsum bemalt war, von seinem Haupt. Er lächelte, als sein Blick darauf gefallen war. Und einige Söldner, die um ihn herumstanden, sagten: „Man soll sie ihm wieder aufsetzen, damit er zugleich mit seinen Herren, denen er gedient hat, den Dämonen, verbrannt werde." Auf Geheiß des Henkers aber erhob sich der Magister von der Stelle des Gebetes und sprach mit lauter und vernehmbarer Stimme, daß er auch von den Seinen gut gehört werden konnte: „Herr Jesus Christus! Diesen entsetzlichen, schändlichen und grausamen Tod will ich um deines Evangeliums und um der Predigt deines

Wortes willen auf das geduldigste und demütig ertragen." Dann wollte man, daß er an den Umstehenden überall reihum geführt werde. Er forderte sie auf und bat immer wieder, sie sollten nicht glauben, daß er die ihm durch falsche Zeugen aufgebürdeten Artikel irgendwie gehalten, gepredigt oder gelehrt habe. Als sie ihm sein Gewand ausgezogen hatten, banden sie ihn mit Tauen an eine Säule, wobei er mit den Händen rückwärts an die genannte Säule gefesselt war. Und da der Magister mit dem Gesicht nach Osten gewendet stand, sagten einige der Umstehenden: „Man soll ihn nicht gegen Osten richten, denn er ist ein Häretiker, sondern richtet ihn gegen Westen!" Das geschah auch. Als man ihn aber am Hals mit einer berußten Kette zusammenschnürte, betrachtete er sie, lächelte und sprach zu den Henkern: „Der Herr Jesus Christus, mein Erlöser und Heiland, ist mit einer härteren und schwereren Kette gefesselt worden, und ich Armer scheue mich nicht, um seines Namens willen gefesselt, diese Kette zu tragen." - Die Säule aber war ein dicker Balken von der Stärke ungefähr eines halben Fußes. Man hat sie an einem Ende zugespitzt und in die Erde, in die genannte Wiese eingerammt. Unter die Füße des Magisters aber hat man zwei Bund Holz gelegt. Der Magister trug noch seine Schuhe und eine Fessel an den Füßen, als er an den Pfahl gebunden war. Die genannten Holzbündel, die mit Stroh vermischt waren, legten sie überall rings um den Körper des so dastehenden Magisters bis an sein Kinn. An Holz aber waren es zwei Fuhren oder Wagen.
Dann zündeten die Henker den Magister an. Er sang darauf mit lauter Stimme zuerst: „Christus, Sohn des lebendigen Gottes, erbarme dich meiner", zum zweitenmal: „Christus, Sohn des lebendigen Gottes, erbarme dich meiner!" Und beim dritten Male: „Der du geboren bist aus Maria, der Jungfrau" - Und als er zum dritten Male begonnen hatte zu singen, schlug ihm alsbald der Wind die Flamme ins Gesicht, und also in sich betend und Lippen und Haupt bewegend, verschied er im Herrn. Im Augenblick der Stille aber, bevor er verschied, schien er sich zu bewegen, und zwar so lange, als man zwei oder höchstens drei Vaterunser schnell sprechen kann.
Als das Holz der genannten Bündel und Taue verbrannt war und immer noch eine Körpermasse dastand, die an der genannten Kette um den Hals hing, stießen darauf die Henker die genannte Masse zusammen mit der Säule zu Boden, belebten das Feuer weiter, und zwar mit einer dritten Holzfuhre und verbrannten die Masse vollständig. Sie gingen herum und schürten die Kno-

chen mit Stangen zusammen, damit sie um so schneller zu Asche würden.
Und als sie sein Haupt fanden, teilten sie es mit einer Stange in Stücke und
warfen es wieder ins Feuer. Da sie aber unter den inneren Organen sein
Herz gefunden hatten, spitzten sie eine Stange nach Art eines Spießes an
und befestigten am Ende das Herz, brannten es besonders und schüttelten es
beim Verbrennen mit Stangen und machten schließlich jene ganze Masse zu
Asche. Und auf Geheiß der genannten Herren des Klem und des Marschalls,
warfen die Henker sein Hemd zusammen mit den Schuhen ins Feuer und
sagten dabei: „Damit das die Böhmen nicht etwa wie Reliquien halten werden auch wir dir deinen Preis dafür geben." Das taten sie auch. Und so luden
sie zusammen mit den einzelnen genannten Aschenteilen der Holzscheite
alles auf einen Wagen und versenkten es im nahen Rheinfluß daselbst und
zerstreuten es.

Quelle: Huß in Konstanz. Der Bericht des Peter von Mladoniowitz.

29. Der Höhepunkt des Konziliarismus: Das Konstanzer Konzil (1414 - 1418)

a)   Die radikalste Formulierung des Konziliarismus: Das Dekret über die
     Vollmacht des Konzils (6. April 1415).

Diese heilige Synode zu Konstanz .... erklärt erstens, daß sie, im Heiligen Geist rechtmäßig versammelt, ein allgemeines Konzil abhaltend und
die katholische Kirche repräsentierend, von Christus unmittelbar Vollmacht hat. Ihr ist ein jeder, welchen Standes und welcher Würde auch
immer, einschließlich der päpstlichen, in denjenigen Stücken zu gehorchen verpflichtet, die sich auf den Glauben beziehen, auf die Ausrottung des besagten Schismas und auf die Reform der Kirche an Haupt und
Gliedern. Desgleichen erklärt sie, daß ein jeder, welcher Stellung, welchen Standes und welcher Würde auch immer, einschließlich der päpstlichen, der den Geboten, Satzungen oder Anordnungen oder Vorschrif-
ten dieser heiligen Synode und eines jeden anderen rechtmäßig versammelten allgemeinen Konzils in den genannten oder auf sie bezüglichen
Stücken den Gehorsam verweigert, sofern er nicht davon Abstand nimmt,
einer entsprechenden Buße unterworfen und gehörig bestraft wird, wobei
nötigenfalls auch zu anderen Rechtsmitteln gegriffen wird.

b) Die Verurteilung John Wyclifs: Aufstellung seiner Irrtümer (4. Mai 1415):

1. Die Substanz des stofflichen Brotes und die Substanz des stofflichen Weines bleiben im Sakrament des Altars bestehen.
2. Die Akzidenzien des Brotes bleiben im Sakrament nicht ohne Substanz.
3. Christus ist im Sakrament nicht ohne Verwandlung und nicht real leiblich gegenwärtig.
4. Wenn sich ein Bischof oder Priester im Stande der Todsünde befindet, so ordiniert er nicht, weiht weder Menschen noch Dinge und tauft nicht.
5. Die Ansicht, daß Christus die Messe eingesetzt habe, ist nicht im Evangelium begründet.
6. Gott muß dem Teufel gehorsam sein.
7. Wenn ein Mensch gebührende Reue empfindet, so ist für ihn jede äußere Beichte überflüssig und nutzlos.
8. Wenn ein Papst von Gott verworfen und böse und damit ein Glied des Teufels ist, so hat er über die Gläubigen allenfalls noch eine solche Macht, wie sie der Kaiser verleihen kann.
9. Nach Urban VI. darf man keinen Papst mehr anerkennen, sondern muß wie die Griechen nach eigenen Gesetzen leben.
10. Es widerspricht der Heiligen Schrift, daß Männer der Kirche Eigentum haben.
11. Kein Geistlicher darf jemanden exkommunizieren, wenn er nicht weiß, daß dieser bereits vorher von Gott exkommuniziert ist; andernfalls wird er eben dadurch zum Häretiker und ist selbst exkommuniziert.
12. Wenn ein höherer Geistlicher einen Kleriker exkommuniziert, der an den König oder ein Reichskonzil appelliert hat, so wird er dadurch zum Verräter an König und Reich.
13. Wer es wegen der Exkommunikation von Menschen unterläßt, Gottes Wort zu predigen oder zu hören, ist exkommuniziert und gilt nach Gottes Urteil als Verräter Christi.
14. Ein Diakon oder Priester kann Gottes Wort auch ohne Zustimmung des Apostolischen Stuhls oder eines katholischen Bischofs predigen.

15. Niemand ist weltlicher oder geistlicher Herr und niemand ist Bischof, solange er sich im Stande der Todsünde befindet.
16. Weltliche Herren können der Kirche irdisches Gut nach eigenem Gutdünken entziehen, da Besitzende grundsätzlich sündigen, d.h. da nicht nur ihre eigenen Handlungen, sondern ihr Habitus sündhaft ist.
17. Untertanen können sündige Herren nach eigenem Ermessen zurechtweisen.
18. Der Zehnte ist nur ein Almosen, das die Pfarrkinder den Geistlichen, wenn sie sündigen, nach eigenem Ermessen entziehen können.
30. Die Exkommunikation durch den Papst oder einen anderen Geistlichen darf man nicht fürchten; denn es ist ein Urteil des Antichrist.

Quelle: Errores Johannis Wyclif, Sessio VIII, 4. Mai 1415.

c)   Dekret über die Abhaltung von Konzilien (9. Oktober 1417)

Die häufige Abhaltung allgemeiner Konzilien bildet die hauptsächliche Pflege des Ackers des Herrn und rottet die Sträucher, die Dornen und das Unkraut der Häresien, der Irrtümer und der Schismen aus, berichtigt die Ausschreitungen, reformiert, was deformiert ist, und bringt den Weinberg des Herrn zum Nutzen überreicher Fruchtbarkeit. Ihre Unterlassung hingegen verbreitet und fördert die genannten Schäden, wie es uns die Erinnerung an die vergangene und die Betrachtung der gegenwärtigen Zeit vor Augen führt. Daher setzen wir fest, bestimmen und ordnen wir durch diesen Erlaß auf immer an, daß von jetzt an allgemeine Konzilien so abgehalten werden, daß ein erstes vom Ende dieses Konzils innerhalb des Zeitraumes des unmittelbar folgenden Jahrfünfts, ein zweites aber vom Ende des unmittelbar folgenden Konzils innerhalb des Zeitraums von sieben Jahren und von da an von Jahrzehnt zu Jahrzehnt beständig an solchen Orten abgehalten wird, welche der Papst einen Monat vor der Beendigung eines jeden Konzils, mit der Billigung und Zustimmung des Konzils (oder, falls er es unterläßt, das Konzil selbst) anzuordnen und zu ernennen verpflichtet ist, daß beständig entweder ein Konzil tagt oder an dem bestimmten Termin zu erwarten steht. Diesen Termin darf der Papst auf Anraten seiner Brüder, der Kardinäle der heiligen Kirche, aus zufällig auftretenden Ursachen vorverlegen, auf keinen Fall aber hinausschieben.

30. Die Anfänge der Hussittenbewegung
Die vier Prager Artikel von 1420

a)   Die Prager Formulierung der vier Artikel von 1420:

So erfordert der erste Artikel, daß das Wort Gottes, soweit das Königreich Böhmen reicht, frei und ungehindert von den Priestern Jesu Christi gepredigt und verkündet werde ....

Der zweite Artikel fordert, daß der Leib unseres Herrn Jesu Christi in Gestalt des Brotes und sein heiliges Blut in Gestalt des Weines allen gläubigen Christen, die das begehren und nicht durch Todsünden davon ausgeschlossen sind, uneingeschränkt und ungehindert gereicht werden sollen ....

Der dritte Artikel fordert, daß die weltliche Herrschaft über die zeitlichen Schätze und Güter der Priesterschaft, die sie entgegen dem Gebot Christi und zum Schaden der priesterlichen Würde und der weltlichen Herrschaft besitzt, genommen und befreit werde und daß das Priestertum zur Ordnung und zum Leben zurückgebracht werde ....

Der vierte Artikel verlangt, daß alle Todsünden, vor allem der Umgang mit Huren, die Sünden und jeder Verstoß gegen das Gesetz Gottes in jeder Hinsicht von den Amtsträgern, die vom Gesetz Christi her dazu verpflichtet sind, gründlich und bewußt vernichtet und beseitigt werden. Denn bei Sankt Paulus heißt es Röm. 1, 23: Die solches tun, sind des Todes schuldig, aber nicht nur sie, sondern auch alle, die denen, die das tun, die Sünde durchgehen lassen; Sünden, wie sie im Volk gemeinhin in aller Offenheit sichtbar werden: Umgang mit den Dirnen, Schlemmerei, Trachten und Ehebruch, Trunksucht, Diebstahl, Mord, Meineid, Wucher, Streitsucht, Zwietracht und andere Sünden. Gleichermaßen sind alle Arbeitenden, die nicht dem Nutzen der Christenheit dienen, für gierige Geldstreber zu halten. Und im Priestertum ist es die Ketzerei der Simonie. Und Ketzerei der Simonie ist es, wenn man Geld nimmt für die Taufe, für die Firmung, für die Beichte, für die heilige Ölung, für das Begräbnis, für Vigilien, für die 30 Totenmessen und für den Dreißigsten, für die Jahrzeiten und für sonstige Messen. Zu den erwähnten Ketzereien gehört auch der Verkauf der Grabstelle. Unter dasselbe Urteil fallen auch die Bischöfe, die um Geld Priester, Kirchen, Altäre, Kapellen, Kelche, Meßgewänder, Altartuch, Corporale weihen, und vor allem die falschen Ablaß verkauft haben, die anmaßend

Zitation und Bann über die Leute ausgesprochen haben zum Zwecke der Verurteilung oder erfundener Opferleistungen und die sonst noch betrügerisch die einfältigen Menschen beraubt haben. Darum ist jeder getreue Knecht Jesu Christi verpflichtet, diese Sünden in sich selbst und bei seinem Nächsten zu hassen und zu bekämpfen, damit jeder in der Ordnung seines Amts und seiner Stellung bleibt.

Quelle: Die vier Artikel der Hussitten. 1420, Prager Fassung.

b)   Die taboritische Formulierung der vier Artikel von 1420:
Wir tun Euch kund, daß wir alle üblen Christen hassen entsprechend vier Artikeln:

Erstens soll das Gotteswort in allen Stätten gepredigt werden und also in der ganzen Christenheit, was nicht geschieht.

Der zweite Artikel ist, daß der wahre Leib unseres Herrn und sein heiliges Blut allen rechten Christen, jungen wie alten, gereicht werden soll. Und der dritte Artikel ist, daß der Allherrschaft (der Kirche), vom höchsten Priester, dem Papst, bis zu den geringsten und niedrigsten, überlassen werde weder Güter noch Zins und daß diese Herrschaft der Geistlichen mit Hilfe der Weltlichen beseitigt werde.

Der vierte Artikel ist, daß alle offenkundigen Sünden abgestellt werden, es seien die des Königs oder die der großen Herren im Lande oder die der Plattenköpfe (Mönche) oder Pfarrer, ob geistliche oder weltliche.

Hans Zischo. Cwal, der oberste Hauptmann von Tabor, und Jencko, Hauptmann zu Prachatitz.

31. Die Gravamina der deutschen Nation: Frankfurter Avisamenta von 1456

Intelligentia principum, super gravaminibus nationis Germaniae
So wir betrachten und zu hertzen nemmen, wie gar hertenclich manigfeltenclich die dutsche landte beswert und angefachten worden sind, und noch tegelich beswert und angefachten werden, in dem das noch fast schedelich gemeyne und sunder gracien und reseruata in dem babstlichen hoffe gegeben, interpretert, abgedain und widder umb ander erlangt, die electien und wale durch ordenunge des rechten beschien vernychtet, die prelaturen,

digniteten und prunde den untogelichen, unwissenden und ußlendern, dießer nacion verlichen, der dan etwan viel uß denselben prelaturen, digniteten und prunden nit residieren, auch ire schefflin und underdain nit erkennen, underwilen ir gezonge und spraiche ganz nit verstene, und dar durch der sele heyle, auch der prelaturen, dignitet, und prunden gulde, nutzunge, uberkeit und gerechtickeit versumen, ir gebuwe gantz verwüsten und verfallan lassen, und nichts anders dan zytlich narunge suchen; darzu so werden auch gemeynlich alle sache, geistlich und werntlich, in den bebstlichen hofe uß dutschen landen gezogen, und daselbst durch geuerlich Commission und in ander wege also lange vorhalten, das manich mensche syner armut halber gedrungen wurdet, ungeburlich rachtunge uff zu nemmen, oder von siner gerichtikeit ganz abe zu stellen und die fallen zu lasen. Es werden auch die applaiß nyt als sich dan woil geburt gegeben, und wirdet auch nyt mit den Annaten gehalten, als dan sin solde, und die dutsche Nacion damit sere merglich beswert, und sußt vil und manicherley nuwe funde vurgenommen und gebrucht, Nemelich mit uffsetzunge des zehenden phynnyngs, die dann yezt durch den bebstlichen legaten in gallien geordineret in dem Stifft zu Collen, zu Metz, zu Trier etc. ane unser Erczbischoffe und bischoffe daselbst, auch ander unserer prelaten oder des merenteils verwilligunge geschien ist, da von dan groiß zweydracht und obel under den jhenen, die gots dinst zu plantzen und den Christenmenschen eyn lobelich exempel und byspel vur zu tragen schuldich und plichtig synt, wachsen und entsteen, das golt uß denselben dutschen landen gebracht, die armen mit sampt ihren frunden verdirpt, underwilen und underwegen ermordt, gotzdinst verlassen, der sele heyle versumet, der Kirchen und geistlich gerechtikeit verdruckt, die andacht des Christevolckß gemynnert, den geistlichen und werntlichen lehenherren der pfunden ihrer lebenschafft gerechtikeit entpfindt, und vil und manicherley widder gotlich und menschlich gesetze und der sele heyl vol bracht werden, des halb dutsche lant in yme selbst so gar verirret ist, das die dutschen ire groiße crafft und macht die sie hant manicher bißher zu redlicheit nit haben gebruchen mogen, und des Ryches gerechtikeit und oberkeit also sere verdruckt wirdet, daß die dutschen, die die wirden des Romischen Rychs und deshalbe die oberkeyt aller lande an sich bracht haben, nu von andern landen großlich angefachten, verachtet und kleyne gehalten werden. So wir daby bedencken, daz soliche ursache der Irrungen

und armut halbe dye Turcken und fyende des cristenglaubens nyt angefachten und des halben geduldet werden ir hand und macht zu erwitern und die
Christenheit ye merer und merer under sich zu brengen und zu verdrucken.
So werden wir nyt unbillich innbrunsteclich bewegt, unserer lybe und macht
nyt zu sparen, sunder getruwelich dar zu helffen und zuraten, damyt soliche
obgemelt obel by unsern zyten vorkommen und vermyetten, friede und
Eynickeit in dem h. Ryche gemacht, die lande und lute nyt vertirpt, und die
ere und wirde, die unsere vurfaren mit hertikeit und blutvergießen an sich
bracht haben, unserm tutschen namen nyt entzogen werde.
Quelle: L. von Ranke, Deutsche Geschichte im Zeitalter der Reformation
Bd. 6.

Anhang:

Frankfurter Sagen, Geschichten und Berichte

Sagen, Legenden und Geschichten knüpfen an ein historisches Ereignis, eine Persönlichkeit oder einen bestimmten Ort an und ranken sich darum. Deshalb können sie die Geschichte etwas bunter und anschaulicher werden lassen. Aus diesem Grunde wurden im Anhang dieses Bandes Frankfurter Kirchengeschichte auch einige Sagen und Geschichten aus Frankfurt aufgenommen.

1. Die Gründung Frankfurts
2. Der besessene Königssohn
3. Der Hainer Hof
4. Der Schelm von Bergen
5. Der Hahn auf der Brücke
6. Der Neuner in der Wetterfahne
7. Die Flaggelanten in Frankfurt
8. Die Pest in Frankfurt
9. Der Rattenpfennig
10. Der Lump
11. Die Kronberger Schlacht
12. Günther von Schwarzburg
13. Die goldene Bulle
14. Geschichten von Juden und Christen.

1. Die Gründung Frankfurts

In der Sage, die in einer doppelten Version erzählt wird, gilt Karl der Große
als Gründer Frankfurts, wahrscheinlich durch die Bedeutung bedingt, die die
Stadt durch die Anwesenheit Karls bei der Synode von 794 erhielt und
dadurch, daß hier auch der Sammelplatz der fränkischen Krieger war, die
gegen die Sachsen zogen.

Die erste Version der Sage erzählt, daß Karl der Große vor den Sachsen mit
seinem geschlagenen Heer bei Nacht und Nebel fliehen mußte und sie dabei
an den Main kamen, den sie aber nicht überschreiten konnten. In dieser
Not betete Karl und gelobte, daß er, wenn Gott ihn glücklich über den Fluß
gelangen lasse, dort zur Ehre des Herrn eine Stadt errrichten wolle.

Dies Gebet wurde erhört, der Nebel zerteilte sich und die Franken sahen
eine weiße Hirschkuh mit ihrem Kalb durch eine Furt im Main an das andere
Ufer gehen. Sie folgten ihr und erreichten wohlbehalten das rettende Ufer,
während die Sachsen im Nebel die Furt nicht mehr finden konnten. Der
Kaiser aber pries laut die göttliche Barmherzigkeit und nannte die Stätte
,,Franken-Furt''. Die besiegten Sachsen wurden am südlichen Mainufer angesiedelt und der Ort: ,,Sachsenhausen'' genannt.

In der zweiten Version wird berichtet: Als König Karl gegen die Sachsen
zog, kamen ihm diese mit großer Heeresmacht entgegen, so daß Karl auf
einen hohen Berg floh und dort die Hilfe Gottes erflehte. Sein Volk aber
floh über den Main. Da riefen die Sachsen: ,,Franke fort!'' und errichteten
in Sachsenhausen eine Festung. Aber Gott half Karl, und er zog gegen die
Sachsen und verjagte sie aus ihrer Festung. Auf der nördlichen Mainseite,
wo die Sachsen: ,,Franke fort!'' gerufen hatten, baute er, den Sachsen zum
Spott, die Festung Frankfort.

2. Der besessene Königssohn

König Ludwig ,,der Deutsche'' hatte viel Ärger mit seinen aufrührerischen
Söhnen und bestellte sie darum zum Weihnachtsfest nach Frankfurt. Sie
sollten ihre Intrigen bereuen und sich mit dem Vater aussöhnen. Karl
aber war vom Teufel besessen und rannte in die Kirche. Sein Vater und
die Großen des Reiches suchten ihn, fanden ihn in der Kirche und wollten

ihn wegführen. Karl aber brüllte und schäumte in teuflischer Wut und schlug um sich, so daß sechs Männer ihn nicht zu halten vermochten. Da trat der Erzbischof von Bremen hinzu und las die Messe lateinisch. Karl schrie aber weiter: „Wehe, wehe!" und tobte um sich. Sein Vater rief ihn an und sagte: „Du hast dich mit dem Teufel gegen mich verbunden, bekenne deinen Frevel, so will ich dir vergeben und Gott wird es auch tun!" Da rüttelte es Karl noch einmal mächtig und der Teufel fuhr aus. Nun bekannte Karl die Schuld seines Ungehorsams gegen den Vater und erhielt dessen Vergebung. Dem Erlöser zu Ehren nannte man die Kirche: „Salvatorkirche".

3. Der Hainer Hof

Bernhard von Clairvaux predigte 1142 in Frankfurt und wollte den Kaiser Konrad III. zum Kreuzzug bewegen. Man brachte aber auch die Siechen und Kranken zu seinen Predigten. Als einmal ein Gichtkranker gebracht wurde, reichte Bernhard ihm die Hand und der Kranke wurde gesund. Da rief ein anwesender Priester: „Nimm dein Bett und gehe heim", und das tat dieser vor dem staunenden Volk. Er heilte dann auch noch einen Taubstummen und eine lahme Frau. An der Stelle aber, wo dies alles geschah, bauten die Mönche des Klosters Haina eine Kapelle und darum den Hainer Hof.

4. Der Schelm von Bergen

Kaiser Friedrich Barbarossa veranstaltete in seiner Pfalz in Frankfurt einen Mummenschanz, an dem jedermann teilnehmen durfte. Auch die Kaiserin tanzte eifrig mit, besonders gern mit einem vermummten, stattlichen Tänzer. Schließlich kam die Demaskierung und alle nahmen die Masken ab. Da wichen alle mit Entsetzen vor dem nun entlarvten Tänzer zurück; denn sie erkannten in ihm den Schinder aus Bergen, der ein ehrloses Gewerbe hatte.
Der erzürnte Kaiser wollte den Schinder hart bestrafen lassen, aber die Kaiserin bat für ihn um Gnade. Der beherzte Schinder sprach zum Kaiser: „Herr Kaiser, nicht die Kaiserin ist ehrlos geworden, sondern ich ehrlich, sehts doch so herum!"
Da mußte der Kaiser herzlich lachen und sprach zu ihm: „Du Schelm von Bergen, für einen Schinder hast du zuviel Verstand, knie nieder, du hast

dich ehrlich getanzt", und er schlug ihn zum Ritter. Er behielt aber den
Namen: „Schelm von Bergen". Das Geschlecht ist erst 1844 ausgestorben.
Diese Sage wird aber noch in zwei anderen Variationen erzählt. Im Reichs-
forst Dreieich hatte Friedrich Barbarossa sein Jagdgefolge verloren und
irrte allein herum. Da traf er auf einen Mann mit einem Karren, der ihm zu
trinken gab und ihn auf seinem Karren zu dem Gefolge fuhr. Dies aber wich
entsetzt zurück; denn sie erkannten in dem Karrenführer den Schinder, auch
„Schelm" genannt und riefen erschrocken: „Der Schelm von Bergen"!
Der Kaiser aber machte ihn und seine Nachkommen zu Rittern mit dem
Namen: „Schelm zu Bergen".
Die dritte Variation erzählt: Als Barbarossa die Kaiserpfalz in Gelnhausen
beendet hatte, sagte er abends froh über das gelungene Werk: Der erste, der
morgen früh den Schloßhof betritt, wer er auch sei, der wird geadelt. Am
kommenden Morgen erschien als erster der Schelm von Bergen und wurde
geadelt. Sein Wappen erhielt zur Erinnerung an sein früheres Handwerk:
Zwei rote Rippen in silbernem Feld.

5. Der Hahn auf der Brücke

Im vierzehnten Jahrhundert wurde eine feste Brücke über den Main gebaut.
Der Baumeister hatte nun die Fertigstellung auf einen bestimmten Tag versprochen, was ihm aber nicht gelang. In seiner Not rief er den Teufel um
Hilfe, und der erschien ihm auch und verlangte als Lohn für seine Hilfe das
erste lebendige Wesen, das die Brücke überschreiten werde. Der Baumeister
war einverstanden. Noch in derselben Nacht baute der Teufel die Brücke
fertig und lauerte bereits am frühen Morgen auf der anderen Seite in Sachsenhausen auf die versprochene Seele. Da trieb aber der Baumeister einen
Hahn vor sich her über die Brücke. Der betrogene Teufel zerriß den Hahn
voller Zorn. Der Baumeister ließ aber zum Andenken auf das Brückenkreuz
einen Hahn setzen. Der Teufel wollte die Brücke wieder zerstören und riß
am Mühlberg Felsbrocken ab, um sie auf die Brücke zu werfen, es gelang
ihm, zwei Löcher zu werfen. Dann kam aber eine feierliche Prozession, und
der Priester weihte die Brücke, über die der Teufel nun keine Macht mehr
besaß. Die beiden viereckigen Löcher konnte man aber nicht zumauern,
sondern belegte sie mit Balken (Die konnte man aber auch in Kriegszeiten

leicht wegnehmen!).

6. Der Neuner in der Wetterfahne

Unter Kaiser Ludwig dem Bayern errichteten die Frankfurter 1346 den Eschenheimer Turm. Hier befand sich das Gefängnis, in dem der Wilddieb Hans Winkelsee eingesperrt war, ehe er an den Galgen kommen sollte. Zu dem Kerkermeister sagte er: „Wenn man mich laufen ließe, würde ich einen Meisterschuß tun und zum Andenken an die neun Nächte, die ich jetzt hier bin, einen Neuner in die Wetterfahne schießen." Der Kerkermeister berichtete das dem Rat der Stadt, und der beschloß, Winkelsee dürfe die Probe machen, aber wenn nur eine Kugel fehlgehe, so müsse er doch an den Galgen. Am folgenden Tage war eine große Menschenmenge am Turm versammelt, um den Meisterschuß zu sehen. Und siehe da, der Wilddieb schoß Loch um Loch zu einem schönen Neuner in die Wetterfahne. Da schenkte ihm der Rat das Leben und hätte ihn gern zum Hauptmann der Stadtschützen gemacht, aber Winkelsee wollte nicht in der Stadt leben und ging seinen Weg.

7. Die Flagellanten in Frankfurt

Im Jahre 1349 trieben die Flagellanten, auch Geißler genannt, ihr Unwesen in Frankfurt. Es herrschte ein großes Sterben im ganzen Land, so daß auch in Frankfurt bis zu hundert Personen täglich starben. Da bereuten die Menschen ihre Sünden und suchten sie durch Bußübungen wieder gutzumachen. Viele taten sich zu Geißlerscharen zusammen und zogen bis dreihundert an der Zahl, von Stadt zu Stadt mit Kreuz und Fahnen und geißelten sich. In den Städten zogen sie in die Kirchen. Sie hatten Hüte auf, an denen vorne ein rotes Kreuz befestigt war und sangen:

> „Ist diese Bedefahrt so here (diese Bittfahrt ist heilig)
> Christ fuhr selbst zu Jerusaleme
> und führt ein Kreuz in seiner Hand,
> nun helf uns der Heiland."

Wenn sie in die Kirche kamen, schlossen sie die Tür und legten ihre Kleidung bis auf die Unterkleider ab, um Lenden und Schenkel trugen sie ein Leintuch, dann zogen sie zu zwei und zwei in einer Prozession um Kirchhof und Kirche und schlugen sich dabei mit einer Geißel zu beiden Seiten über die Achsel, daß ihnen das Blut über die Schenkel floß und sangen dabei:

> „Tretet herzu wer büßen will,
> so fliehen wir die heiße Höll'
> Lucifer ist ein böser Gesell,
> wen er hat, mit Pech er ihn labt'
> Jesus ward gelabet mit Gallen,
> Des sollen wir an ein Kreuz fallen.''

Sodann knieten sie alle nieder und schlugen kreuzweise mit Armen und Händen auf die Erde und lagen dann so da.

Um dabei ihre Sünden zu bekennen, legte sich der Ehebrecher auf die Seite, der Mörder auf den Rücken und der Meineidige hob die Schwurfinger hoch. Wenn sie dann weiterzogen, sangen sie:

> O Herr Vatter Jesu Christ,
> wann du allein ein Herre bist
> Du hast Macht uns die Sünd zu vergeben,
> nun gefrist uns hie unser Leben,
> daß wir beweinen deinen Tod,
> wir klagen dir Herr all' unser Not.''

Die Geißler lagen fünf Paternoster lang auf der Erde bis die beiden Geißlermeister jedem einen Streich mit der Geißel gaben und dazu sagten: „Stehe auf, daß dir Gott alle deine Sünde vergebe.'' Sie standen nun auf und sangen:

> „Nun recket auf euere Händ,
> daß Gott das große Sterben wend.
> Nun recket auf euere Arm,
> daß sich Gott über uns erbarm!

Nun reckten sie alle ihre Arme kreuzweise auf, schlugen sich mehrmals auf die Brust und sangen:

> „Nun schlaget euch sehre,
> durch Christus Ehre,
> durch Gott, so laßt die Hoffart fahren,
> so will sich Gott über uns erbarmen.

Dann gingen sie wieder herum und schlugen sich mit ihren Geißeln. Danach ließen sie sich von den Bürgern einladen und versorgen. Am nächsten Morgen zog dann die Prozession weiter.

8. Die Pest zu Frankfurt

Auch in Frankfurt am Main kehrte die Pest gar häufig ein, und zwar allemal uneingeladen.

Aber die Frankfurter wissen schon mit solch schlimmen Gästen fertig zu werden.

Denn als die Schreckliche wieder einmal auf Besuch da war, und die Ärzte sich vergebens den Kopf zerbrachen, wie man ihr beikommen oder sie los werden könne, da trat ein weiser Mann zu der versammelten Bürgerschaft und sprach also:

„Aber die Sache ist ja doch so einfach, ihr lieben Leute! Wir mauern die Pest in die Stadtmauer! Da kann sie nicht heraus, und wir sind sie los!"

Das leuchtete allen Vernünftigen sehr ein; und mit feierlichen Zeichen und Sprüchen ward die Pest, die sich stets als ein blaues Flämmchen zeigte, in die alte Mauer festgebannt.

Seitdem wunderte sich Deutschland darüber, daß sie gar nicht mehr komme. Jetzt weiß man's, wo sie hingekommen und wie sich die Stadt Frankfurt um das deutsche Reich verdient gemacht hat.

Freilich hätt' es noch schlimm gehen können; denn als zu Zeiten des Fürsten Primas die Stadtmauer niedergerissen wurde, da hegte man große Furcht, die eingemauerte Pest möchte nun wieder herausschlüpfen. Sie kam aber nicht, und niemand weiß, wohin sie gekommen, und ob sie - die Pest - nicht selbst an der Pest gestorben sei.*)

Damit jedoch ihre sehr hochunwohlgeborene Familie, deren Ahnen aus Asiens Urgeschichte stammen, nicht ganz aussterbe, hat die ein Töchterlein hinterlassen, genannt: Cholera. Dieses mit großem Vernichtungstalente begabte Kind hat zwar bis jetzt Frankfurts Boden nicht seines Besuches gewürdigt und die Frankfurter haben es auch nicht zu sich eingeladen; sollt es

---

*) Zwischen dem Friedberger- und Allerheiligenthor war an der äußeren Seite der Stadtmauer ein berüchtigter tiefer Sumpf, der „mit dem schwarzen Namen des Pestilenzloches" belegt wurde.

aber dennoch einmal auf seinen deutschen Reisen in die Mainstadt kommen, so wird sich wohl auch eine Mauer finden, in die man es bannt - und wär' es jene zwischen Frankfurt und Eckenheim, zwischen welcher der ewige Friede weilt.**)

9. Der Rattenpfennig

Zu Ende des 15. Jahrhunderts muß es in Frankfurt am Main außerordentlich viele Ratten und Mäuse gegeben haben, so daß es einer nur einigermaßen ihres Berufs kundigen Katze nicht schwer werden konnte, eine solide Staatsanstellung zu erhalten.

,,1494. So fern Hartmann (wohl der Verwalter oder Kellermeister) uf dem Römer 17 Katzen hält, uf daß die Mäuse getödtet werden, will man ihm Jahrs ein Achtel Korns dafür geben, so lang dem Rath eben ist."

Aber die Ratzen müssen ,,pfiffiger" gewesen sein als die Katzen; denn ,,dieweil sich das Ungeziefer so vermehrt", wurde zu Rath beschlossen, noch ein anderes Vertilgungsmittel in Anwendung zu bringen.

,,1498. Hat man geben Carl von Hensperg Burgermeister 50 fl. davon zu lohnen und zu bestellen einen, der Tags Nachmittag uff der Brücken umb 2 Uhr sey, und warte, wer eine tode oder lebendige Ratt hie zu Frankfurt gefangen hette, bringen würde, dem soll man von jeder Ratten, ein alten Frackfurter Heller geben, und soll man jedem Thier seinen Schwanz abhauen und in den Mayn werffen, und solches thun so lang dem Rath eben ist, und soll dem Rattenmeister zu Lohn geben alle Tag 3 Heller. - In einem Jahr sind 8640 Ratten gefangen und in den Mayn getragen worden, uff ein Zeit aber sind in einem Tag und Nacht 200 hingericht worden. -- Im Jahr 1553 ist ein getauffter Jud zu solchem Ampt verordnet worden: das Ratten-Häuslein auf der Brücken hat man 1569 denen Burgern, so mit Pulffer gehandelt, eingegeben."

Der Rattenpfennig ist also ,,keine absonderliche Münz gewesen, sondern in einem bloßen Pfennig bestanden" und wurde bezahlt aus der Strafkasse der Juden. - ,,Kinder und geringe Leute haben den Ratten häuffig nachgestellt und solche dem Mann gebracht."

**)Der große Frankfurter Friedhof.

264

Die „gemeine alte Sage" von dem Rattenpfennig lautet „umbständlich"
folgendermaßen:

„Es hat im Jahr 1498 der Junge Land-Graff Wilhelm zu Hessen mit Fräulein
Elisabeth Pfalzgr. Philip Herzogen in Bayern Churf. am Rhein Tochter mit
großer Pracht und Herrlichkeit Beylager gehalten. Da waren fast viel Fürsten
und Herrn, auch sehr viel Fürstinnen, Grafen und Gräfinnen und andere Edl.
Ritter und Knecht in großer Zahle aus der Massen köstlich geziert mit
Kleidung, Kleynod und anderen Zierath, dergleich in Menschen Gedencken
hier zu Land nit gesehen worden.

Darauf hat man wunderbarliche Thurnier-Rennen und Stechen gehalten,
auch schöne Tänz und Reigen geführet biß zu Mitternacht in einem sonderli-
chen Hauß, so aus vielen Brettern aufgericht und gemacht gewesen,
welches die von Franckfurt in ihrer Rüstung bewarth. Es soll einer von
Glauburg Ambrosius mit dem Herzogen von Braunschweig geturnirt, ihn
gefellet und gleich mit ihm zu Ehren gefallen sein.

Einem Juden kommt ein sonderbahrer Lust an den staatlichen Fürsten-
Tanz anzusehen, zeugt derowegen in einem sammten Kleid auffs herrlichst
daher, und wird ohnerkannt durch die Bürger eingelassen, letzlich aber
erkannt, gegriffen und umb eine stattliche Summa Gelts gestrafft; das Gelt
hat man in keine andere Wege anzulegen wissen, dann den Juden zu mehre-
rem Spott und Verkleinern jährliches dazu verordnet, dieweil eben
dazumahl sehr viele Ratten gewest, so großen Schaden gethan, daß man
einem jeden, wer eine auff die Brucken gewissen dazu verordneten Personen
gebracht, einen Pfennig geben solches Jüdischen Gelts; den Ratten wurde
der Schwanz abgehauen und in Mayn geworffen, welcher Brauch noch einige
gute Zeit gewähret."

Aber auch selbst dieses Schreckensgericht, das jahrelang über sie ergangen,
scheinen sich die Ratten nicht allzusehr zu Herzen genommen zu haben;
denn bei dem großen „Juden-Brandt zu Frankfurt" Anno 1711 ist „beobachtet worden, daß eine große Menge Ungeziefers vieler 1000 Ratten und
Mäuse, die sich nicht zu salviren gewust, und häufig gesehen wurden, ver-
brandt, wie es dann deren in der Gaß überall voll gestocken, auch in denen
neuerbauten Häusern sich schon wieder häuffig spühren lassen, wie dann
unter den Juden hiesiges Orths eine gemeine Sage ist, daß der Polnische
R. Aharon Schmul Keidenauer, als er von hier, wo er Rabbiner gewesen,

unwillig, weil ihm nicht Ehr genug erzeigt worden, hinweg und wieder nach Krakau gezogen, der Juden-Gaß dieses als einen Fluch gewünschet, daß sie von Ratten und Mäusen sollen geplagt werden."

10. Der Lump

Im Jahre 1471 ward auf dem Römerberg zu Frankfurt am Main ein Turnier gehalten, dem gar hohe Herrschaften und viele schöne Jungfrauen von den Balkonen aus zusahen.

Die Ritter alle stolzirten heran in reichster Pracht und buntestem Schmucke, und ihre blanken Harnische glänzten und funkelten hell im Sonnenschein. Gleich den Fräulein droben, hatte es Jeder dem Andern zuvorzuthun gesucht, in höchster äußerer Pracht zu erscheinen, vielleicht um damit zu ersetzen, was ihnen an Tapferkeit abging.

Nun Einer von Allen hatte einen ganz unscheinbaren Harnisch, rostig und schmucklos. Aber kämpfen konnt' er, wie kein Anderer, und seine Lanze rannte die Gegner alle zu Boden.

Beifallssturm begrüßte den Tapferen darob; er aber hörte es kaum und blieb so gleichgültig dabei, als verstände sich das Alles so von selbst. Ruhig und sicher legte er immer wieder frisch eine Lanze ein und blieb Sieger über alle die glänzenden Herren - er war der Held des Tages.

Der Pfalzgraf, der das Turnier angeordnet hatte, ärgerte sich darob, daß ein solch schwarzer Unbekannter vor all seinen Rittern und Edlen den Preis und Dank allein davon trug, und frug: „Wer ist nur der Lump , der also tapfer ficht und sticht?"

„Peter Marpurg zum Paradies!" war die Antwort.

Und der rostige Ritter, der des Pfalzgrafen Wort gehört, grüßte höflich zum Balkon hinauf, als dank' er für die ganz besondere Auszeichnung - und nannte sich fernerhin: Ritter Peter, der Lump - welchen Zunamen auch sein Sohn beibehielt.

11. Die Kronberger Schlacht

1.

Ungefähr drei Stunden von Frankfurt am Main liegt das jetzt nassauische

Städtchen Kronberg und zwar in paradiesischer Gegend. Vor Zeiten lebten in der dortigen Burg die Ritter und Edlen von Kronberg, die mit den Frankfurtern eben nicht im besten Einvernehmen standen. Es war damals überhaupt eine bewegte, unruhige Zeit - die Zeit des Städtekriegs und der Städtebündnisse.

Ohne daß man eine rechte Ursache und nächste Veranlassung wüßte, zogen den 12. Mai 1389 am frühen Morgen 2000 gewappnete Frankfurter zu Fuß und Roß „uff die Herrn von Cronberg."

Vorher kamen sie in den vor Kronberg liegenden Wald; da sie aber hier den Feind nicht trafen, machten sie ihrem Kampfeseifer einstweilen auf andere Art Luft: sie sengten und brannten Dörfer und Wald, hieben die Bäume ab oder schälten sie.

Dann rückten sie weiter gen Kronberg vor.

Sobald die Ritter von Kronberg ihrer ansichtig wurden, kamen sie, ebenfalls schwer gewappnet, ihnen entgegen, mußten aber bald der Übermacht weichen. Sie flohen und wurden verfolgt.

Die Frankfurter hatten viele gefangen, die sie entwaffneten und hinter ihr Heer brachten.

Dann ward die Beute getheilt; man lagerte sich, aß und trank und freute sich des glorreichen Sieges.

Aber man soll den Tag vor dem Abend nicht loben.

Nachmittags wollten die Sieger „mit Frieden wiederumb heimfahren" und eilten sich auch nicht allzusehr.

Mancher träumte schon von Lorbeerkränzen und Siegesliedern; jedoch sie frohlockten zu früh; sie waren ja noch nicht daheim.

Die Kronberger, deren Burg der Waffenplatz des Wetterauischen Raubadels war, waren mit ihrer Niederlage durchaus nicht zufrieden. Eiligst sammelten sie Helfershelfer aus der ganzen Gegend um sich, und in stürmischer Hast, rachelechzend, eilten sie nun den Frankfurtern nach. Bei dem Dorf Eschborn wurden die Frankfurter von den grimmigen Feinden ereilt, und ein verzweiflungsvoller Kampf begann. Kein Theil wollte weichen. Zwar waren der Frankfurter wohl viermal so viel als der Gegner; aber jene hatten dafür auch einen sehr schlimmen Stand: die Nachmittagssonne schien ihnen blendend in die Augen, und der Wind blies ihnen mächtige Staubwolken ins Gesicht. Dennoch hätten sie gewiß mit ihrer Übermacht gesiegt, trotz der Kampfeswuth ihrer Feinde; jedoch im entscheidenden Augenblick bekamen diese Zuzug und Hülfe durch den rheinischen Pfalzgrafen. Die Schlacht ward mit erneuertem Eifer fortgesetzt. Da ging's auch im Rücken der Frankfurter los: es waren die vielen Gefangenen vom Morgen her, die nun mit den eigenen Waffen ihrer Wächter auf diese dreinschlugen.

Verwirrung - Rathlosigkeit - Flucht der Frankfurter - Zerbrechung ihres Stadtbanners.

Über 600 Gefangene, über 100 Todte, sehr viele Verwundete.

Ein Glück, daß die Sieger ihren Vortheil nicht verfolgten, oder es vielleicht auch, ihrer eigenen Verluste wegen, nicht konnten. Doch die am Morgen gewonnene Schlacht war am Abend gänzlich verloren.

„Also schlug der kleine Hauff den großen Hauffen nieder, das war mit Wunder, denn der große Hauffe flohe, und der kleine streite. O Franckfurt! Franckfurt! gedencke dieser Schlacht."

Das Schlachtfeld heißt heute noch das „Haderfeld."

Für die Auslösung der Gefangenen mußten 73000 Gulden bezahlt werden - eine ungeheure Summe für damals.

Das verlorne Stadtbanner veranlaßte das neue Wappen der Stadt: den weißen Adler in rothem Feld.

2.

„Wie die von Frankfurt darnyder logent" - erzählen auch die Verse unter einem alten Gemälde im Schlosse Kronberg:

> „Alß man zahlt 1389 Jahr
> Den 12ten May das ist wahr
> Als die herren mit den stetten
> Ein dag zu ergra(Eger) halten theten
> Von den Konigen des Kriegs wegen
> Wie der im Besten hinzulegen
> Zu solcher Zeit Franckfort die statt
> Nicht wenig sich gerüstet hat
>
> Zwey tausend starck zu fuß und roß
> Mit wagen Weren und Geschoß
> Die edlen von cronberg mit gewalt

Zu überzichen und dempfen bald
Sampt andern feindten und helffer wehr
Zogen also fort mit ihrem heer
Etliche Hoff und Dorff sie da verbrennten
Die Bam im walt vor Muthwill schölten
Als die von Cronberg das vernamen
Sie sich darauf nich lang Besonen
Und botten bald dem Feind die spitz
Doch geriets nit wol in erster Hitz
Dann die von Franckforth gar starck waren
Und wolten mit Sieg wieder heimfahren
So kompt des Pfalzgrafen Horst zu Handt
Der zu Oppenheim war zu gerant
Wol mit anderthalb hundert klem (Lanzen)
Auch Heerhörner und ein groß gethön
Schluchen sämplich in die Franckforther Frey
Schlugens in die Flucht mit Großenem Geschrey
Wiewol der Franckforther doch mehr war
Dann der ganz Cronberger Schaar
Der Zeit blieb das gar balt und geschwind
Manch Frankförther mutter Liebes Kind
Sechshundert wurden gefangen
Zu Cronberg gefürt zu handen
Also der Franckforther böse macht
Hiernieder Lag in dieser Schlacht."

12. Günther von Schwarzburg

Als im Jahre 1347 der deutsche Kaiser Ludwig V., der Bayer, gestorben war, gab es, wie gewöhnlich, wieder gewaltige Wahlstreitigkeiten um die deutsche Kaiserwürde.
Der Markgraf von Mähren, Karl (IV.) war schon 1346, also zu Lebzeiten Ludwigs, auf Betrieb des damaligen Papstes, Klemens VI., zum römischen König ernannt und in Bonn gekrönt, weil Kaiser Ludwig sich nicht fügsam genug gegen die geistliche Macht zeigte und nicht für nöthig erachtete, daß

einem deutschen Kaiser ein päpstlicher Vormund in Rom Verhaltungsmaßregeln diktire. Und Ludwig wußte auch, unterstützt von Fürsten und Städten, sein kaiserliches Ansehen und seine Macht zu behaupten, trotz aller Ränke der Gegenparthei. Sein Gegner Karl war einstweilen nur dem Namen nach auch König. Am 11. Oktober 1347 starb Ludwig. Die Anhänger Karls boten nun alle offenen und geheimen Mittel auf, des schon Gewählten und Gekrönten Macht zu sichern; jedoch die Freunde Ludwigs wollen nichts von ihm wissen, erkannten ihn nicht als König an, und, nachdem einige andere Fürsten die angebotene Krone ausgeschlagen hatten, ward sie dem getreuen Mitkämpfer Ludwigs, dem Grafen Günther von Schwarzburg, (geboren auf der Bergfeste Blankenburg in Thüringen) angetragen - einem tapfern, biedern Manne, einem kraftvollen unerschrockenen Krieger.

Günther, der nach so hoher Würde nie gestrebt hatte, lehnte sie anfangs aus Bescheidenheit und Friedensliebe ab; doch die Kurfürsten und andere Große des Reichs redeten ihm so lange zu, bis er nachgab, mit der Bemerkung, daß er es um Gotteswillen thue, d. h. ohne menschliche Rücksichten, sondern nur allein der Wohlfahrt des Reichs wegen, zu dessen Schützer und Schirmer berufen zu werden, er allein der Liebe Gottes verdanken wolle.

Seine Ernennung zum deutschen König geschah am 1. Jan. 1349 im Predigerkloster zu Frankfurt am Main; am 30. Januar wurde die Wahl mit allen Förmlichkeiten vollzogen; die Kurfürsten verkündigten:

„Wir erklären für gültig und machen bekannt die Kur des edlen Herren Günther, Grafen von Schwarzburg, wiederholend und mit einem Eide bekräftigend, daß wir keinen würdigeren Kaiser kennen und keinerlei Versprechen, Geschenke und Angelobungen uns zu seiner Erwählung bewogen haben." -

Die Bürger von Frankfurt jedoch verweigerten den sofortigen Einzug Günthers in die Stadt und verschlossen ihm die Stadtthore.

„Es sei ein altes gutes Herkommen, daß bei streitiger Wahl zweier Kaiser sie keinem den Einzug zu gewähren brauchten, er habe denn sechs Wochen und drei Tage seinen Gegner vor der Stadt erwartet, um das Schwert über den Sieg entscheiden zu lassen."

Auf dem Wahlfeld jedoch draußen vor der Stadt, woselbst Günther mit seinem Heeresgefolge in der strengsten Winterkälte lagerte, war lauter Jubel: „Es lebe das Reich! Glück dem neuen König! Heil Günther!" - Die Kurfürsten redeten nun den Bürgern so lange zu und begründeten ihnen, daß Günther der rechtmäßige König sei, bis sie sich bewegen ließen, nach sieben Tagen ihre Thore zu öffnen.

Da wurden denn die Zelte verbrannt, und am 6. Februar hielt König Günther mit Gepräng und Jubel seinen Einzug in die alte Reichsstadt.

An denThoren standen Reihen von Bewaffneten; die Geistlichkeit kam dem neu erwählten König entgegen, vor dem die Reichsfahne hergetragen wurde. Mit allen Glocken ward geläutet und auf dem Hochaltar der St. Bartholomäuskirche, in der die Orgel feierlichst ertönte, brannten geweihte Kerzen.

Am Kirchhof stieg der König vom Pferde, trat in die Kirche, woselbst er die Reliquie, von der die Kirche den Namen hat, die Hirnschale des heiligen Bartholomäus, mit frommer Verehrung küßte.

Dann setzte er sich mit gefalteten Händen, auf einen in der Mitte der Kirche stehenden Sessel; die Erzbischöfe von Mainz und Köln in festlichem Ornate zu seinen Seiten. Nach abwechselndem Gesange der Erzbischöfe und des Chors der Geistlichkeit ward gebetet um Gottes Schutz für den neuen Schirmer des Reichs.

Der Erzbischof von Mainz machte dann über den knienden König das Zeichen des heiligen Kreuzes, besprengte ihn mit Weihwasser, richtete ihn auf und hob, unterstützt von den andern Kurfürsten, den König auf den Altar, anstimmend den Gesang: Herr Gott, dich loben wir! - Nach geendigtem Gesang stieg der König vom Altar wieder herab, und nachdem er sein Opfergeld, das die Chorherren bekamen, entrichtet, war die heutige Feier beendet.

Zwei Tage darnach, am 8. Februar, wurde auf dem Samstagsberg ein hoher prachtvoller Stuhl aufgestellt, worauf sich König Günther setzte. Die Glocke ertönte. Der Erzbischof von Mainz trat vor den König und leistete feierlich den Eid der Huldigung. Sodann überreichte er dem König das Reichsschwert. Gegen die Sonne gewendet und das Schwert an die Brust gelegt, schwur nun Günther den Reichseid. Darauf huldigten ihm auch die Bürger von Frankfurt.

So war also Günther rechtmäßig erwählter deutscher König.

Günthers Gegenkönig, Karl, dem es ganz besonders um die Ehre der Kaiserwürde zu thun war, gab seine Bemühungen darum nicht auf. Was er auf gradem Weg nicht zu erreichen vermochte, versuchte er auf krummen, mehr durch Ränke, Bestechungen und Hinterlist, als durch Tapferkeit und Waffenführung. Günther mußte stets gefaßt sein, in seinem Königsrechte angegriffen, wohl gar entthront zu werden. Aber ein so tapferer Mann sah nicht nur allen Gefahren furchtlos entgegen, sondern wußte sie auch mit kräftiger Hand zurückzuweisen.

Jedoch das Schicksal spielte ihm einen schlimmen Streich und trat ihm auch heimlicherweise, in einer Art nahe, die für ihn und das Reich entscheidende Folgen hatte.

Ihn befiel eine leichte Unpäßlichkeit, vielleicht veranlaßt durch die damals herrschende Pest. Er suchte deshalb Hülfe und Rath bei einem Frankfurter Arzte, Freidank von Heringen.

Der sehr in Zweifel gestellte Vorfall wird in sagenhafter Weise also erzählt:

Der Arzt versprach einen köstlichen Heiltrank zu bereiten, der schnell das Übel lindern solle. Als der Arzt nun denselben dem König darreichte, ward dieser von einer bösen Ahnung geängstigt und nöthigte den Arzt, sein Wundermittel zuvor selbst zu versuchen. Dieser folgte dem Befehl. Und darauf trank Günther den Becher leer. Sogleich aber erblaßte der Arzt, sank nieder - und war nach dreien Tagen gestorben.

Das Gerücht verbreitete sich, die Vergiftung sei auf Anstiften Karls geschehen.

Obgleich es nun möglich ist, daß Günther wirklich vergiftet worden, so ist doch urkundlich erwiesen, daß der Frankfurter Arzt, Meister Freidank, nicht der Giftmischer war, auch nicht sein konnte, indem er schon einige Monate vor Günthers Tod, gestorben und in der St. Bartholomäuskirche beigesetzt war. -

Karl hatte sich mit seinem Heere im Rheingau gelagert. Vergleiche und Güteversuche führten zu keinem Ziel. Der immer kränker werdende, heftig leidende Günther, unfähig seine Rüstung zu tragen und sein Schwert mit gewohnter Kraft zu gebrauchen, eilte dennoch seinem Gegner entgegen und erwartete ihn zu Eltville. Es kam aber zu keinem entscheidenden Treffen.

Karl, der auch jetzt noch sich vor einer Schlacht scheute, ließ Günther Vorschläge machen, ihm unter vortheilhaften Bedingungen das Reich abzutreten.

Günthers Krankheit nahm mehr und mehr zu; er wurde immer schwächer und die Anforderungen Karls immer dringender. Endlich, im Vorgefühl des nahen Todes, gab Günther nach und entsagte seiner königlichen Herrschaft und Kaiserwürde zu Gunsten Karls, feierlich es mit seinem Ehrenworte bekräftigend. Der Vertrag wurde am 26. Mai im Felde zu Eltville geschlossen.

Dem Tode nahe, ließ sich sogleich darnach Günther auf einer Tragbahre von Eltville nach Frankfurt bringen. Als halte er einen Siegeseinzug, so ward der todtkranke, allverehrte Fürste in der Stadt empfangen und mit fliegenden Fahnen und festlicher Musik nach seinem Quartier, dem Johanniterhof, geleitet. War er ja doch nicht vor der feindlichen Macht geflohen, sondern nur einem unerforschlichen und unbekämpfbaren düstern Verhängnis gewichen.

Noch mehrere Tage rang er mit dem Tode; sterbend leistete er nochmals auf das Reich Verzicht, entband die Bürger ihres Eides und versöhnte sich selbst mit seinem Feind und Gegner Karl.

Am 14. Juni 1349 erlag der Held nach einem thatenreichen Leben dem Tode, - er, auf den die Hoffnung einer schöneren, besseren Zeit gesetzt war, die er auch gewiß herbeigeführt hätte. Sein Lebensalter war 45 Jahre; seine Regierungszeit betrug kaum fünf Monate.

„Klage habe sich an den Rhein und in Thüringen um den neuen König, Herrn Günther von Schwarzburg, da die Seinen mit Betrübnis zu Lande wieder kamen, und sageten von seinem schnellen Tode und seiner kurzen Herrschaft."

Mit aller Pracht ward sein Leichnam in der Domkirche vor dem Hochaltar beigesetzt; zwanzig Reichsgrafen trugen den Sarg; in dem feierlichen Leichenzuge waren alle anwesenden Großen des Reichs; auch Karl erzeigte die letzte Ehre dem, den er ja nun nicht mehr zu fürchten hatte.

Nach drei Jahren ward dem Verstorbenen von seinen Freunden ein Denkmal in der St. Bartholomäuskirche gesetzt: ein Stein, auf welchem ein Ritter in voller Rüstung dargestellt ist, mit Heiligenbildern und Wappen umgeben. Über dem Haupte des Ritters halten zwei langbärtige Männer zwei fliegende Blätter, worauf eine, nicht eingehauene, sondern nur draufgemalte, jetzt halbverwischte Inschrift, von der gegenwärtig nur noch wenige Worte ganz zu erkennen sind, und die auf die Art von Günthers Tod schließen lassen, wenn sie, wie auch behauptet worden ist, nicht vielleicht gar zur Sage der Vergiftung den Anlaß gegeben haben.

Vervollständigt lautet die Inschrift:

> Falsch. undruwe. schande, tzymt.
>
> des. stede, druwe, schaden. nymt.
>
> undruwe. nam. gewinnes. hort.
>
> undruwe. falsch. mit. giftes. wort.

Ungefähr:

> Der falschen Untreue Schande ziemt,
>
> Weil durch sie stete Treue Schaden nimmt.
>
> Die Untreue nahm des Gewinnes Hort (den Schatz).
>
> Die Untreue ist falsch mit (wie) Giftes Wort.

Vier Jahrhunderte lang stand (oder eigentlich lag) dieses Denkmal in der Mitte des Chors und war mit einem Kasten bedeckt, der eine Thüre zum Hineinschauen hatte und mit einem Teppich verhüllt war.

Bei einer Feierlichkeit im Jahre 1743 ließ Karl VII. es wegnehmen und es aufrecht in die Wand einmauern, rechts im Chor der Domkirche, neben der kaiserlichen Wahlkapelle - woselbst es noch steht.

Nach dem Bilde des Ritters auf dem Grabdenkmal ist das Bild Günthers im Kaisersaal gemalt.

Die Limburger Chronik erzählt die Geschichte Günthers von Schwarzburg also:

„In derselbigen Zeit wurden zween Römische Könige gekohren und auserwehlet von den Churfürsten. Ein Part wollte haben des blinden Königs Johannes Sohn von Böheim. Die ander Part wollte haben einen Graffen von Schwarzburg aus Thüringer Land, der war genannt Günther. Und in der neuen Weise als man solte vor Frankfurt liegen nach Gewohnheit des heiligen Reichs, da wurd König Günthern vergeben, daß er starb. Und das thäte ein Arzt, der war genannt Freydanck, und dem solte darum worden seyn das Bistum zu Speier. Als aber er dem König den Trank zu sehr gelobet, mußte derselbige Freydanck antrincken, den er dem König geben wolte, den er vergifft hatte, und starb er mit dem König. Und hatte der vorgenannte König gefolgt der Lehr als der weise Cato seinem Sohn lehrete:

> Consilium arcanum tacito committe sodali,

Corporis auxilium medico committe fideli.
(Gheime Pläne vertraue einem verschwiegenen Freunde; die Heilung des
Körpers vertraue einem treuen Arzte.)"

13. Die goldene Bulle
1.

Um eine bestimmte gesetzliche Ordnung - die früher nicht vorhanden war,
später aber auch nicht allzustrenge gehandhabt wurde - bei der Wahl und
Krönung eins deutschen Königs und römischen Kaisers einzuführen, sowie
noch andere für den inneren Frieden des Reichs wichtige Gegenstände zu
reguliren, ließ Kaiser Karl IV. ein Reichsgrundgesetz entwerfen und verkünden auf den im Jahre 1356 zu Nürnberg und Metz gehaltenen Reichstagen.
Dieses Gesetz - das erste geschriebene Verfassungswerk für das deutsche
Reich und eines der wichtigsten von allen, das bis zur Auflösung des Reichs
(1806) seine Gültigkeit behielt - war für Frankfurt am Main besonders insofern von besonderer Wichtigkeit, als die Stadt dadurch gesetzlich zur Kaiser-
wahlstadt bestimmt wurde.
Im Jahre 1366 erhielt der Rath von Frankfurt eine Abschrift des Gesetzes
- das am berühmtesten gewordene authentische Original-Exemplar - auf
43 Pergamentblättern im Quart, welche in ein Buch vereinigt sind in roth
gewesenes, nun aber altersgrau gewordenes Leder.
Unten quer durch sämmtliche Blätter ist ein Loch gebohrt, durch welches
die 24 gelben und schwarzen (reichsfarbenen) Seidenfäden gezogen sind, die
herunterlaufend, sich in eine Schleife vereinigen und durch eine Wachsschei-
de gehen, an der die langen Fadenenden herunterhängen. Diese Wachsscheibe ist nicht sichtbar, sondern von einer runden Kapsel aus Goldblech um-
schlossen, die ungefähr einen viertel Zoll dick ist und deren Kreisfläche
ungefähr drei Zoll im Durchmesser hat.
Von dieser Kapsel (lateinisch Bulla) erhielt das ganze Schriftstück den
Namen: Aurea Bulla (goldne Bulle).
Auf der Kapsel nun (also nicht auf der Wachsscheibe, die hier bloß zum Zu-
sammenhalt der Fäden und zur Ausfüllung des Goldblechs dient) ist das
Siegel:
Auf der einen Seite das Bildniß Kaiser Karls IV. im Krönungsornat, umge-
ben von zwei Wappenschildern (auf dem einen ein Adler, auf dem andern

ein Löwe), und mit der Kreisrandschrift: Karolus Quantus divina favente clementia Romanorum imperator semper Augustus et Boemiae rex. (Kaiser Karl IV. von Gottes Gnaden römischer Kaiser, allezeit Mehrer des Reichs und König von Böhmen);

auf der andern Seite: eine Burg mit drei Thürmen; in der breiten Thoröffnung des mittelsten die Inschrift:

A U R
E A. R
O M A.

14. Geschichten von Juden und Christen

1. Die Bartschuld

Ein Edelmann war einem Juden 500 Thaler schuldig, konnt's aber nit bezahlen. Der Jude drangsalierte ihn, wo er ihn traf; aber der Edelmann war kein Schelm, der mehr gibt als er hat. Da saß er nun einmal in einer Barbierstube in Frankfurt am Main und ließ sich rasieren, als der Jude auch hereinkam und dem eingeseiften Schuldner hart zusetzte wegen der Bezahlung. Der Edelmann, dessen eine Barthälfte so eben wegrasiert war, sagte: „Wilt du wol warten mit der Zahlung, bis die andere Hälfte meines Bartes auch abgenommen ist?" - Das versprach der Jude gern und betheuerte es mit einem Eide; woraufhin aber der Edelmann dem Barbier befahl, ihm die andere Barthälfte stehen zu lassen. Und so verblieb er die ganze Zeit seines Lebens Schuldner des Juden, der ihm diesen Zahlungsaufschub selbst verwilligt hatte.

2. Der getäuschte Roßtäuscher

Ein durchtriebener Gast kam in ein vornehmes Wirthshaus und bestellte eine gute Mahlzeit mit dem Bemerken, es kämen etliche Kutschen voll Leuten hinter ihm - seine Herrschaft, die ihn vorausgeschickt. Der Wirth glaubte ihm und richtete stattlich zu. Wie aber Niemand kam, stellte sich der Gast, als verwundere er sich höchlichst darüber, und verlangte unterdessen Etwas für den Hunger. Der Wirth trug ihm wohl auf, und der Gast ließ sich's wohl schmecken.

Nach der Mahlzeit sprach der schlaue Geselle: „Kann mir der Herr Wirth nicht ein Pferd schaffen? Ich will hinausreiten und sehen, wo meine Herrschaft bleibt! Es muß ihr gewiß ein Unglück begegnet sein!" - Der Wirth antwortete: „Ich habe zwei Pferde in meinem Stalle; wenn es dem Herrn beliebt, so steht ihm eines zu Diensten!" - Jener nahm es an, ließ satteln und ritt zum Thore hinaus.

Als er nun ein paar Meilen von der Stadt weg war, begegnete ihm ein Jude, ein Roßtäuscher, der auf einem hagern Klepper ritt. Das schöne Pferd des Roßdiebs stach dem Juden in die Augen, er ritt hinzu und fragte, ob es nicht feil sei. Der Andere bejahte und ward mit dem Juden eins, daß dieser ihm 50 Thaler und seinen Klepper dafür gab. Der Jude probierte nun sein neugekauftes Pferd und es gefiel ihm so wohl, daß er wünschte, noch ein solches zu haben. Der Verkäufer wies ihn darauf in die Stadt und zwar in das Wirthshaus, darinnen er so gut und billig gegessen; dort sei noch ein solches Pferd zu finden. Beide ritten nun von einander; der Roßdieb, lachend über den gelungenen Betrug - der Roßtäuscher, lachend über den guten Handel.

Als nun der Jude in das ihm bezeichnete Wirthshaus kam, fragte er sogleich am Eingange den Wirth, ob er ein solches Pferd hätte. Der Wirth bejahete und hieß den Juden mit seinem Pferd zu jenem in den Stall kommen. Da sie aber wieder heraus gingen, schloß der Wirth den Stall zu und sprach: „Gott sei Dank, mein Pferd hab ich wieder! Seht nun, wo Ihr das Eurige wieder bekommt!" - Da sah der Jude, daß er betrogen war.

3. Theures Salz

Mehrere Kaufleute kamen auf die Frankfurter Messe, kehrten in einem Wirthshaus ein, und ließen sich die Mahlzeit wohlschmecken. Der Wirth aber hatte aus Versehen kein Salz auf den Tisch gestellt, und deßhalb wollten die Kaufleute, nach altem Gebrauch, Nichts bezahlen, als sie fortgingen. Der Wirth ließ es auch geschehen und war noch besonders höflich dabei, indem er ihnen sein Gasthaus für die Zukunft empfahl. Wirklich kehrten dieselben Kaufleute später wieder in demselben Wirthshaus ein; der Wirth aber stellte bei der Mahlzeit nun jedem von ihnen ein absonderliches Salzfaß vor, und jeder der Esser mußte einen Thaler bezahlen - viel Geld für ein

4. Lehrgeld

Ein Frankfurter Jude fragte kurz vor der Ostermesse 1715 einen Kaufmann, ob dieser nicht wisse, ob junge angehende Kaufleute, so noch nie hier gewesen, auf die bevorstehende Messe kämen - er wolle dieselben „Lehrgeld" geben lassen. Und er erfuhr, daß von Verviers einige kämen, die mit wollenen Tüchern handelten.

Des Juden Frau ging nun mit einer andern Jüdin köstlich geputzt in die Messe und in des „wollenen Tuchhändlers" Laden; sie suchten eine gute Parthie Tücher aus, konnten aber - „mit Fleiß" über den Preis nicht einig werden und gaben daher vor, zu andern Kaufleuten zu gehen, die billigere Ware hätten. Indessen kommt der Ehemann der Judenfrau in den Laden und hat einen diamantenen Ring von 500 Thaler am Finger, überreicht ihn seiner Frau und bittet diese, die Kleinigkeit für diesmal zur Messe freundlichst anzunehmen. Der Kaufmann machte große Augen und dachte: „die Frau ist so kostbar gekleidet - der Mann schenkt ihr einen so kostbaren Ring: - das müssen sehr reiche Juden sein!" - Indessen sagte die Frau zu ihrem Manne, mit dem Herrn sei Nichts zu handeln; er fordere zu viel. Darauf stellten sie sich, als wollten sie weiter gehen. Der Kaufmann bat sie, zu bleiben, er wolle, der Kundschaft wegen, thun, was möglich. Sie wurden nun um eine ansehnliche Parthie Tücher einig, und der Kaufmann ging darauf ein, daß der Jude den dritten Theil des Preises sogleich bezahle, den Rest aber in weiteren Terminen. Die Käufer schleppten nun die Ware fort; den Rest des Preises aber hat der Kaufmann nimmer bekommen; denn der Jude fallirte.

5. Die Weinfässer

Zwei Juden führten auf dem Marktschiff drei Fässer mit Wein von Mainz nach Frankfurt. Weil sie aber den Christen, von denen das Schiff voll war, nicht trauten und dachten, diese möchten davon trinken, legten sie die Fässer nicht unten in's Schiff, sondern oben auf's Verdeck. Die Christen aber bohrten unten im Schiff Löcher durch die Bretter und sodann auch Löcher in die Fässer. Von dem herunterlaufenden Wein trank nun, wer wollte: sodann füllten sie alle Krüge, Flaschen, Schalen, Kessel und Töpfe damit. Endlich landete das Schiff und jeder Weintrinker ging schweigsam taumelnd seinen Weg. Die jüdischen Weinreisenden aber holten Arbeitsleute herbei, die da helfen sollten, die Fässer fortzubringen. Indem diese nun die vermeintlich vollen, in Wirklichkeit aber leeren Fässer mit rechter Riesenkraft anfassen und aufheben wollten, purzelten etliche der Lastträger in's Wasser. Die Juden aber, die in ängstlicher Hut bei ihren Fässern gesessen hatten, merkten nun, daß sie wohl Weinfässer bewacht hatten, aber leere.

So geht es in der Welt: der Eine hat das Faß, der Andre hat den Wein. Womit hältst du's?